Como ser um bom ancestral

Roman Krznaric

Como ser um bom ancestral
A arte de pensar o futuro num mundo imediatista

Tradução:
Maria Luiza X. de A. Borges

Copyright © 2020 by Roman Krznaric

Grafia atualizada segundo o Acordo Ortográfico da Língua Portuguesa de 1990, que entrou em vigor no Brasil em 2009.

A editora não se responsabiliza por links ou sites aqui indicados, nem pode garantir que eles continuarão ativos e/ou adequados, salvo os que forem propriedade do Grupo Companhia das Letras.

Título original
The Good Ancestor: How to Think Long Term in a Short-Term World

Capa
Estúdio Insólito

Preparação
Natalie Lima

Índice remissivo
Luciano Marchiori

Revisão
Marise Leal
Clara Diament

Dados Internacionais de Catalogação na Publicação (CIP)
(Câmara Brasileira do Livro, SP, Brasil)

Krznaric, Roman
Como ser um bom ancestral : A arte de pensar o futuro num mundo imediatista / Roman Krznaric ; tradução Maria Luiza X. de A. Borges. — 1ª ed. — Rio de Janeiro : Zahar, 2021.

Título original: The Good Ancestor : How to Think Long Term in a Short-Term World.
Bibliografia
ISBN 978-65-5979-023-4

1. Conduta de vida 2. Empatia 3. Previsão 4. Valores I. Título.

21-67399	CDD–170.44

Índice para catálogo sistemático:
1. Conduta de vida : Futuro : Filosofia 170.44

Cibele Maria Dias – Bibliotecária – CRB-8/9427

[2021]
Todos os direitos desta edição reservados à
EDITORA SCHWARCZ S.A.
Praça Floriano, 19, sala 3001 — Cinelândia
20031-050 — Rio de Janeiro — RJ
Telefone: (21) 3993-7510
www.companhiadasletras.com.br
www.blogdacompanhia.com.br
facebook.com/editorazahar
instagram.com/editorazahar
twitter.com/editorazahar

A pergunta mais importante que devemos fazer a
nós mesmos é: "Estamos sendo bons ancestrais?"

JONAS SALK

São 3h23 da madrugada
e não consigo dormir porque
meus tetranetos me perguntam
nos meus sonhos: o que você fez
enquanto a Terra estava se desfazendo?

DREW DELLINGER

Sumário

Prefácio 9

PARTE I **O cabo de guerra pelo tempo** 11

1. Como podemos ser bons ancestrais? 13

2. O marshmallow e a noz: Dentro de nosso cérebro dilacerado pelo tempo 27

PARTE II **Seis maneiras de pensar a longo prazo** 47

3. Humildade diante do tempo profundo: A humanidade como um piscar de olhos na história cósmica 49

4. Mindset de legado: Como podemos ser bem lembrados? 67

5. Justiça intergeracional: Razões para respeitar a sétima geração 81

6. Pensamento de catedral: A arte de planejar para o futuro distante 103

7. Previsão holística: Caminhos de longo prazo para a civilização 127

8. Meta transcendente: Uma estrela Polar para guiar a humanidade 151

PARTE III **Provocar a rebelião do tempo** 175

9. Democracia profunda: Há um antídoto para a miopia política? 177

10. Civilização ecológica: Do capitalismo especulativo à economia regenerativa 209

11. Evolução cultural: A narrativa, o design e a ascensão de futuros virtuais 235

12. O caminho do bom ancestral 255

Apêndice: O Índice de Solidariedade Intergeracional 263

Agradecimentos 267

Notas 269

Lista de ilustrações 297

Bibliografia 298

Índice remissivo 311

Prefácio

O NOVO CORONAVÍRUS (COVID-19) SE ESPALHOU pelo mundo todo exatamente quando este livro estava indo para a gráfica. É compreensível que a pandemia tenha concentrado nossa atenção no aqui e agora, com famílias, comunidades, empresas e governos agindo para enfrentar a feroz urgência da crise. Em meio a uma ameaça imediata como essa, que revelações o pensamento de longo prazo oferece?

Obviamente, aqueles países que já tinham feito preparativos a longo prazo para possíveis pandemias foram capazes, até agora, de lidar com o vírus de maneira mais eficaz: enquanto Taiwan tinha testes para o vírus e mecanismos para identificá-lo estabelecidos em decorrência de sua experiência com o surto de Sars em 2003, a resposta dos Estados Unidos foi dificultada pelo desmembramento da unidade pandêmica do Conselho Nacional de Segurança em 2018. Ao mesmo tempo, os impactos catastróficos dos coronavírus são um cruel lembrete de que deveríamos estar pensando, planejando e alocando dinheiro para múltiplos riscos que assomam no horizonte — não só pela ameaça de outras pandemias, mas da crise climática e do desenvolvimento tecnológico desenfreados.

A resposta da humanidade ao vírus terá claramente consequências a longo prazo que se farão sentir por décadas. Muitos governos podem tentar se agarrar aos poderes emergenciais que concederam a si mesmos — como a vigilância mais intensa dos cidadãos —, deixando um resíduo autoritário que solapa novas possibilidades democráticas. Por outro lado, a ruptura que a pandemia causou pode abrir espaço para uma reconsideração fundamental de nossas políticas, economias e estilos de vida. Assim como instituições pioneiras pensadas para serem duradouras, como o Estado de bem-estar social e a Organização Mundial da Saúde, que emergiram das cinzas da Segunda Guerra Mundial, o coronavírus poderia provocar uma reflexão a longo prazo, algo que se faz necessário agora para questionar-mos os perigos do pensamento a curto prazo e desenvolvermos resiliência diante de um futuro muito incerto.

Fazendo escolhas sábias — e de longa duração — neste tempo de crise, poderíamos de fato nos tornar os bons ancestrais que as futuras gerações merecem.

Oxford, março de 2020

PARTE I

O cabo de guerra pelo tempo

1. Como podemos ser bons ancestrais?

SOMOS OS HERDEIROS DAS DÁDIVAS do passado. Considere o imenso legado deixado por nossos ancestrais: aqueles que semearam as primeiras sementes na Mesopotâmia 10 mil anos atrás, que limparam a terra, construíram as vias navegáveis e fundaram as cidades onde hoje vivemos, que fizeram as descobertas científicas, venceram as lutas políticas e criaram as magníficas obras de arte que nos foram transmitidas. Raramente paramos para pensar como eles transformaram a nossa vida. A maioria deles foi esquecida pela história, mas entre aqueles que são lembrados está o médico e pesquisador Jonas Salk.

Em 1955, após quase uma década de meticulosos experimentos, Salk e sua equipe desenvolveram a primeira vacina bem-sucedida e segura para a poliomielite. Foi uma conquista extraordinária; na época, a pólio paralisava ou matava meio milhão de pessoas por ano no mundo todo. Salk foi imediatamente aclamado como um milagreiro. Mas ele não estava interessado em fama e fortuna — nunca procurou patentear a vacina. Sua ambição era "ter alguma utilidade para a humanidade" e deixar um legado positivo para futuras gerações. Não há dúvida de que conseguiu.

Anos depois, Salk expressou sua filosofia de vida numa única pergunta: "Estamos sendo bons ancestrais?".[1] Ele acreditava que, assim como herdamos tantas riquezas do passado, devemos também transmiti-las aos nossos descendentes. Estava convencido de que para isso — e para enfrentar crises globais como a destruição da natureza pela humanidade e a ameaça da guerra nuclear — precisávamos de uma mudança radical em nosso panorama temporal, de uma perspectiva cuja direção fosse mais concentrada no pensamento de longo prazo e nas consequências de nossas ações para além de nossa própria vida. Em vez de pensar numa escala de segundos, dias e meses, devíamos ampliar nossos horizontes temporais de modo a abranger décadas, séculos e milênios. Só então seríamos capazes de respeitar e honrar verdadeiramente as gerações vindouras.

A pergunta de Salk pode vir a ser nossa maior contribuição para a história. Formulada de uma maneira mais ativa — "Como podemos ser bons ancestrais?" —, eu a considero a questão mais importante de nosso tempo, e uma questão que oferece esperança para a evolução da humanidade. O desafio de respondê-la, além de ter inspirado este livro, também frequenta suas páginas. Ele nos convoca a considerar como seremos julgados por futuras gerações, e se deixaremos um legado que as beneficia ou as prejudica. A velha aspiração bíblica de ser um Bom Samaritano já não basta. É hora de uma atualização para o século XXI: ser um Bom Ancestral.

O futuro foi colonizado

Tornar-se um bom ancestral é uma tarefa formidável. Nossas chances de fazê-lo serão determinadas pelo resultado de uma luta pela mente humana que acontece neste momento, e em escala global, entre as forças opostas do pensamento de curto e de longo prazo.

Neste momento da história, a força dominante é clara: vivemos numa era de predomínio patológico do pensamento de curto prazo. Os políticos mal conseguem enxergar além da próxima eleição ou da última pesquisa de opinião ou de um tuíte. As empresas são escravas do próximo relatório trimestral e da constante exigência de aumentar o retorno para os acionistas. Os mercados chegam a seu ponto máximo e depois quebram em bolhas especulativas conduzidas por algoritmos que têm a rapidez de milissegundos. Em conferências internacionais, concentradas em seus interesses de curto prazo, nações se reúnem em mesas de discussão enquanto o planeta pega fogo e espécies desaparecem. Nossa cultura de gratificação instantânea nos leva a nos exceder no consumo de fast food, no envio de mensagens de texto rápidas e no uso do botão "Compre agora". "A grande

Como podemos ser bons ancestrais?

ironia de nosso tempo", escreve a antropóloga Mary Catherine Bateson, "é que ao mesmo tempo que estamos tendo vidas mais longas, estamos tendo pensamentos mais curtos."[2] Esta é a era da tirania do agora.

O pensamento de curto prazo está longe de ser um fenômeno novo. A história está repleta de exemplos — da temerária destruição das florestas virgens japonesas no século XVII até a especulação desenfreada que levou ao crash de Wall Street em 1929. Não é sempre uma coisa ruim: assim como um pai pode precisar de repente correr com uma criança ferida para o hospital, um governo precisa responder com rapidez e agilidade a crises como um terremoto ou uma epidemia. Mas dê uma olhada nas notícias diárias e você vai encontrar múltiplos exemplos da tendência nociva ao pensamento de curto prazo.[3] Governos preferindo a solução rápida de encarcerar mais criminosos a lidar com as causas sociais e econômicas mais profundas do crime. Ou subsidiando a indústria do carvão em vez de apoiar a transição para a energia renovável. Ou socorrendo nossos bancos insolventes depois de uma quebra em vez de reestruturar o sistema financeiro. Ou deixando de investir em assistência médica preventiva, no combate à pobreza infantil e em políticas habitacionais. Ou... a lista se prolonga indefinidamente.

Os perigos do pensamento de curto prazo vão muito além dessas áreas de política pública e nos trouxeram ao ponto de crise em que estamos agora. Isso se deve, em primeiro lugar, à perspectiva crescente do chamado "risco existencial", que se refere normalmente a eventos de baixa probabilidade mas de grande impacto que poderiam ser causados por novas tecnologias. No topo da lista estão as ameaças decorrentes de sistemas de inteligência artificial, como as armas autônomas letais que não podem ser controladas por seus fabricantes humanos. Outras possibilidades incluem pandemias geneticamente engendradas ou uma guerra nuclear provocada por um Estado desonesto numa era de crescente instabilidade política. Especialista em riscos existenciais, o filósofo Nick Bostrom está particularmente preocupado com o impacto futuro da nanotecnologia molecular e teme que terroristas possam se apropriar de nanorrobôs autorreplicadores de bactérias que saem de controle e envenenam a atmosfera. Diante dessas ameaças, muitos especialistas em risco existencial acreditam que a probabilidade de a humanidade chegar ao fim do século sem perder vidas em escala catastrófica é de uma em seis.[4]

Igualmente séria é a possibilidade de um colapso civilizacional devido à nossa persistente destruição dos sistemas ecológicos de que nosso bem-estar e a própria vida dependem. À medida que continuamos a extrair combustíveis fósseis impensadamente, a envenenar nossos oceanos e a destruir espécies num ritmo que equivale ao de uma "sexta extinção", a perspectiva de impactos devastadores torna-se ainda mais próxima. Em nossa era hiperconectada, essa ameaça existe agora em escala mundial; não há um planeta B para onde correr. Segundo o historiador ambiental Jared Diamond, essa destruição ecológica esteve na raiz do colapso civilizacional ao longo de toda a história humana. Sua principal causa subjacente, ele afirma, é uma overdose de "tomadas de decisão de curto prazo" associada a uma ausência de "pensamento corajoso de longo prazo".[5] Fomos avisados.

Esses desafios nos põem diante do inescapável paradoxo de que a necessidade de pensar a longo prazo seja uma questão da máxima urgência, exigindo ação imediata no presente. "Agora mesmo estamos diante de um desastre de escala global produzido pelo homem, nossa maior ameaça em milhares de anos: as mudanças climáticas", disse David Attenborough a líderes mundiais na Conferência da onu sobre o Clima em 2018. "Se não tomarmos uma atitude, o colapso de nossa civilização e a extinção de grande parte do mundo natural estão no horizonte." Segundo o naturalista, "O que acontece agora, e nos próximos anos, afetará profundamente os próximos milhares de anos".[6]

Declarações como essas deveriam nos deixar em alerta vermelho. Mas elas muitas vezes falham em expressar quem exatamente suportará as consequências de nossa miopia temporal. A resposta não é apenas nossos próprios filhos e netos, mas os bilhões de seres humanos que nascerão nos séculos vindouros, e cujo número é muitíssimo maior do que o de todos que vivem hoje.

Chegou o momento, especialmente para aqueles que vivem em nações ricas, de reconhecer uma verdade perturbadora: que colonizamos o futuro. Tratamos o futuro como um posto avançado colonial distante, desprovido

Como podemos ser bons ancestrais?

de pessoas, onde podemos despejar livremente degradação ecológica, risco tecnológico e lixo nuclear, e que podemos saquear à vontade. Quando a Grã-Bretanha colonizou a Austrália nos séculos XVIII e XIX, ela se valeu de uma doutrina legal hoje conhecida como *terra nullius* — terra de ninguém — para justificar sua conquista e tratar a população nativa como se ela não existisse ou tivesse quaisquer direitos sobre a terra.[7] Hoje nossa atitude social é de *tempus nullius*: o futuro é visto como "tempo de ninguém", um território não reivindicado que é similarmente desprovido de habitantes e que está à disposição, como os domínios distantes de um império. Assim como os nativos australianos ainda lutam contra o legado de *terra nullius*, há também uma luta a ser travada contra a doutrina de *tempus nullius*.

A tragédia é que as gerações ainda não nascidas nada podem fazer com relação a essa pilhagem colonialista de seu futuro. Elas não podem se jogar na frente do cavalo do rei como uma sufragista, bloquear uma ponte no Alabama como um defensor dos direitos civis ou empreender uma Marcha do Sal para desafiar seus opressores coloniais como fez Mahatma Gandhi. Não possuem nenhum direito político ou representação, não têm nenhuma influência nas urnas ou no mercado. A grande maioria silenciosa das futuras gerações fica impotente e é apagada de nossa mente.

A emergência conceitual do pensamento de longo prazo

Esse não é o fim da história humana. Estamos num ponto de virada potencial na história, com múltiplas forças começando a se unir num movimento global determinado a nos libertar de nossa dependência do tempo presente e forjar uma nova era do pensamento de longo prazo.

Seus defensores incluem designers urbanos e cientistas climáticos, médicos hospitalares e CEOs de empresas de tecnologia que começam a reconhecer que uma tendência bitolada ao pensamento de curto prazo encontra-se na raiz de muitas das crises atuais — a ameaça do colapso do ecossistema, os riscos da automação, o aumento da migração global em massa, a ampliação da desigualdade —, e a solução óbvia é o pensamento de longo prazo. Al Gore afirma que as instituições governamentais foram subornadas por interesses particulares obcecados pelo ganho a curto prazo em detrimento da sustentabilidade a longo prazo. O astrofísico Martin Rees está preocupado com a existência de "muito pouco planejamento, muito pouca visão sistêmica, muito pouca consciência de riscos a longo prazo" e sugere que deveríamos aprender com a China em matéria de políticas de longo prazo.[8] O ex-executivo do Facebook Chamath Palihapitiya admitiu que os "ciclos de retroalimentação a curto prazo impulsionados pela dopamina que criamos estão destruindo o modo como a sociedade funciona", enquanto o economista-chefe do Banco da Inglaterra criticou abertamente a "crescente maré de miopia" nos mercados de capital e no comportamento corporativo.[9] Ao mesmo tempo, há um consenso internacional emergente de que a vida das pessoas das próximas gerações não deveria ser desconsiderada nas deliberações morais e nas decisões políticas atuais. Durante os últimos 25 anos, mais de duzentas resoluções da ONU mencionaram explicitamente o bem-estar de "futuras gerações", enquanto o papa Francisco proclamou que a "solidariedade intergeracional não é opcional, mas uma questão básica de justiça".[10]

Essa crescente crença pública na importância do pensamento de longo prazo como uma prioridade civilizacional é algo sem precedentes. Ainda mais impressionante do que essa abundância de belas palavras foi uma explosão de projetos e iniciativas práticas dedicadas a transformar isso numa realidade. O Silo Global de Sementes de Svalbard, construído dentro de um bunker rochoso no Ártico remoto, pretende manter mais de 1 milhão de sementes de 6 mil espécies em segurança por pelo menos mil anos. Há novas estruturas políticas, como o Comissariado das Gerações Futuras em Gales, o Ministério dos Assuntos de Gabinete e o Futuro dos Emirados Árabes. Elas foram seguidas pelas ações de jovens ativistas, incluindo a campanha Plants-for-the-Planet iniciada em 2007 por um menino alemão de nove anos, Felix Finkbeiner, que resultou no plantio de dezenas de milhões de árvores em 130 países. Nas artes criativas, a composição "Longplayer", criada pelo músico Jem Finer a partir de uma combinação algorítmica, começou a ser executada no farol de Trinity Buoy Wharf em

Como podemos ser bons ancestrais?

Londres, e pôde ser ouvida no Domo do Milênio à meia-noite de 31 de dezembro de 1999, e continuará sendo tocada, em toda a sua extensão, sem repetição durante um milênio, quando será resetada.

O pensamento de longo prazo parece estar ganhando força, mas há um problema. Embora possa ser encontrado nos bolsões das comunidades científicas e artísticas, e em meio a alguns ativistas do meio empresarial e políticos previdentes, ele ainda se concentra nas margens, não só na Europa e na América do Norte, mas também em economias emergentes que são fortes e vigorosas. Não conseguiu — até agora — penetrar profundamente nas estruturas da mente moderna, que continuam amarradas pela camisa de força da tendência ao pensamento de curto prazo.

Além disso, o pensamento de longo prazo como conceito é visivelmente embrionário. Em inúmeras conversas das quais participei, ele é oferecido como uma solução para nossos males planetários, mas ninguém consegue realmente explicar do que se trata. Numa busca online, a expressão pode gerar quase 1 milhão de entradas, que raramente explicam seu real significado e funcionamento, bem como os horizontes temporais envolvidos e os passos que devemos dar a fim de transformá-la em norma. Embora figuras públicas como Al Gore possam defender suas virtudes, ela continua abstrata, sem forma, uma panaceia sem princípios ou programa. Esse vácuo intelectual equivale a nada menos que uma emergência conceitual.[11]

Se aspiramos a ser bons ancestrais, nossa primeira tarefa é preencher esse vácuo. Este livro tenta fazer isso oferecendo um conjunto de seis maneiras visionárias e práticas de cultivar o pensamento de longo prazo. Juntas, elas fornecem uma caixa de ferramentas essencial para questionar nossa obsessão pelo aqui e agora.

Meu foco nessas seis formas baseia-se numa profunda convicção de que ideias importam. Concordo com H.G. Wells — talvez o mais influente de todos os pensadores de futuros — quando diz que "a história humana é, em essência, uma história de ideias". As ideias que predominam culturalmente são aquelas que moldam a direção de uma sociedade, que determinam o que é pensável e impensável, o que é possível e impossível.

Sim, fatores como estruturas econômicas, sistemas políticos e tecnologia desempenham papéis vitais, mas nunca subestime o poder das ideias. Considere apenas algumas que foram extremamente influentes: que a Terra é o centro do universo; que somos movidos fundamentalmente pelo interesse pessoal; que os seres humanos estão separados da natureza; que os homens são superiores às mulheres; que o caminho para a salvação é Deus ou o capitalismo ou o comunismo. Chame-as de visões de mundo, atitudes mentais, paradigmas ou mindsets: todas elas determinaram o curso de civilizações.[12] E hoje, neste momento da história, o pensamento de curto prazo — uma crença na primazia do agora — é uma das ideias que reinam soberanas e precisam urgentemente ser questionadas.

O músico e pensador cultural Brian Eno já tinha reconhecido a importância dessa questão nos idos dos anos 1970, quando cunhou o conceito de "longo agora". Eno começara a perceber quantas pessoas estavam imersas numa mentalidade de "curto agora", em que "agora" significava segundos, minutos ou talvez alguns dias. Uma consequência dessa cultura de curto prazo de alta velocidade foi a falta de preocupação com futuras gerações que estavam enfrentando inúmeras ameaças, do colapso ambiental à proliferação de armas. "Nossa empatia não se estende até muito longe no tempo", ele escreveu. O antídoto era uma percepção mais longa do agora, em que nossa ideia do que constitui o "agora" abrange períodos maiores, centenas, se não milhares de anos, e nossa visão moral a acompanha.[13] Este livro oferece fundamentos para a criação de uma "civilização do longo agora", uma civilização que terá superado sua mentalidade colonial, na qual as futuras gerações são escravizadas pelo presente.

Por mais de uma década, minha própria pesquisa e meus escritos sobre a empatia concentraram-se em como podemos nos colocar no lugar de pessoas de diferentes origens sociais no mundo de hoje e compreender seus sentimentos e perspectivas (o que é tecnicamente conhecido como "empatia cognitiva" ou empatia de "adoção de perspectiva"). Mas há muito tempo luto com um desafio ainda maior: como fazer uma conexão empática, pessoal, com futuras gerações que nunca encontraremos e cujas vidas mal podemos imaginar? Em outras palavras: como estender nossa empatia não só através do espaço, mas através do tempo? Este livro explora como poderíamos fazer isso. Nos três anos em que o escrevi, pude reconhecer que a empatia não é a única ponte de que precisamos para estender nossa visão moral diante do tempo e que outros conceitos relacionados, como justiça intergeracional e perspectivas indígenas de administração planetária, também podem desempenhar um papel fundamental. O resultado é um livro que empreende uma jornada interdisciplinar através de domínios que vão da filosofia moral e da antropologia à mais recente pesquisa em neurociência, arte conceitual e ciência política. Embora tentando levar em conta uma ampla variedade de perspectivas sociais, econômicas e culturais, a análise que faço aqui é também inevitavelmente limitada por minha própria condição social, de modo que o "nós" que aparece neste livro se refere em geral aos habitantes economicamente seguros das nações industrializadas do Ocidente, às vezes denominadas de Norte Global.

O cabo de guerra pelo tempo

As lutas de libertação nacional ocorridas ao longo do século XX foram travadas com armas. A luta pela libertação intergeracional do século XXI é uma batalha de ideias, tomando a forma de um titânico cabo de guerra pelo tempo (ver a seguir). De um lado, seis forças propulsoras da tendência de pensar a curto prazo ameaçam nos arrastar para além do limite do colapso civilizacional. Do outro, seis formas de pensar a longo prazo estão nos atraindo para uma cultura de horizontes temporais mais longos e de responsabilidade pelo futuro da humanidade.

As seis formas de pensar a longo prazo, exploradas na Parte II, são as habilidades cognitivas necessárias para se tornar um bom ancestral: um conjunto de atitudes, crenças e ideais fundamentais. Elas pertencem a três grupos. *Imaginar* o futuro baseia-se na Humildade diante do Tempo Profundo e no desenvolvimento de uma Meta Transcendente para a humanidade. *Importar-se* com o futuro requer um Mindset de Legado e um senso de Justiça Intergeracional. *Planejar* para o futuro além de nosso tempo de vida é uma habilidade que está emergindo do pensamento de catedral e da Previsão Holística. Nenhuma delas, se tomadas isoladamente, será suficiente para revolucionar a mente humana a longo prazo. Juntas, porém — e quando praticadas por uma massa crítica de pessoas e organizações —, produzem uma sinergia a partir da qual uma nova era de pensamento de longo prazo poderia surgir.

Embora os propulsores do pensamento de curto prazo que vão aparecer ao longo deste livro sejam uma força formidável, sua vitória no cabo de guerra pelo tempo não está garantida de maneira alguma. Ao contrário do que pensa a opinião popular, o pensamento de longo prazo talvez seja um dos maiores talentos não reconhecidos de nossa espécie. Não pensamos apenas de modo rápido ou lento, como Daniel Kahneman nos ensinou — pensamos também a curto e a longo prazo. A capacidade de pensar e planejar por longos períodos está programada em nosso cérebro e permitiu feitos monumentais, como a construção dos esgotos de Londres após o Grande Fedor de 1858, o investimento público do New Deal de Roosevelt e a maneira dedicada com que lutaram os ativistas antiescravidão e os defensores dos direitos das mulheres. Como descobriremos, ela é o ingrediente evolucionário secreto que confere às seis formas de pensar a longo prazo seu potencial e poder.

Como o salto imaginativo para o pensamento de longo prazo pode ser transformado em ações que remodelem os contornos na história? Esta pergunta é o foco da Parte III, que conta as histórias dos "rebeldes do tempo", um bando pioneiro que luta contra a irrefreável tendência de pensar a curto prazo do mundo moderno e tenta pôr as seis formas de pensar a longo prazo em prática. Eles incluem o movimento Greve das Escolas pelo Clima, liderado pela adolescente sueca Greta Thunberg, bem como organizações como Extinction Rebellion no Reino Unido e Our Children's Trust nos Estados Unidos. Outros rebeldes podem ser encontrados no movimento econômico regenerativo e entre defensores das assembleias de cidadãos da Espanha ao Japão.

Eles enfrentam alguns adversários formidáveis, inclusive aqueles que tentam sequestrar o pensamento de longo prazo para fins egoístas,

O cabo de guerra pelo tempo

Seis propulsores do pensamento de curto prazo

Seis formas de pensar a longo prazo

Tirania do Relógio
a aceleração do tempo desde a Idade Média

Humildade diante do Tempo Profundo
saber que somos um piscar de olhos no tempo cósmico

Distração Digital
o sequestro da atenção pela tecnologia

Mindset de Legado
deixar uma boa lembrança para a posteridade

"Presentismo" Político
foco míope nas próximas eleições

Justiça Intergeracional
considerar a sétima geração à nossa frente

Capitalismo Especulativo
mercados financeiros voláteis oscilando entre a elevação e a quebra

Pensamento de catedral
planejar para além de uma vida humana

Incerteza em Rede
o aumento do risco e do contágio globais

Previsão Holística
antever múltiplos caminhos para a civilização

Progresso Perpétuo
a busca do crescimento econômico interminável

Meta Transcendente
lutar pelo florescimento de um único planeta

Gráfico: Nigel Hawtin

especialmente no setor financeiro. Um exemplo disso é Gus Levy, antigo diretor do banco de investimentos Goldman Sachs, que certa vez declarou orgulhosamente: "Somos gananciosos, mas gananciosos a longo prazo, não a curto prazo".[14] Além disso, os rebeldes do tempo têm de se defrontar com a dura realidade de que algumas das formas fundamentais pelas quais organizamos nossa sociedade — de Estados-nação e democracia representativa à cultura do consumo, passando pelo próprio capitalismo — não são mais apropriadas para a era em que vivemos. Elas foram inventadas séculos atrás, no Holoceno — a era geológica de 10 mil anos de clima estável ao longo do qual a civilização humana prosperou. Durante esse tempo nosso planeta pôde absorver em grande parte o impacto ecológico do progresso material, os custos e os riscos de novas tecnologias e as pressões do crescimento populacional. Agora essa época chegou ao fim, uma vez que entramos no Antropoceno, a nova era em que os seres humanos criaram um sistema terrestre instável ameaçado pelo colapso ecológico.[15]

Trata-se do clássico problema QWERTY, só que em escala muito maior: assim como o layout de nossos ineficientes teclados QWERTY foi, na realidade, projetado nos anos 1860 para evitar que as teclas da máquina de escrever mecânica emperrassem, deixando as letras comumente usadas bem longe umas das outras, nós fomos projetados para os desafios de uma era diferente. É praticamente impossível escapar da conclusão de que, se quisermos criar um mundo adequado tanto para as gerações atuais quanto para as gerações futuras, precisaremos repensar profundamente e reprojetar aspectos essenciais da sociedade — os modos de funcionamento de nossas economias, de nossa política, a configuração de nossas cidades — e assegurar que eles sejam sustentados por novos valores e novas metas para garantir que, a longo prazo, a humanidade prospere. E temos pouquíssimo tempo para fazê-lo.

Há um horizonte de tempo ideal a que deveríamos aspirar no cabo de guerra contra a tendência ao curto prazo? Este livro propõe que cem anos são um limiar mínimo para o pensamento de longo prazo. Essa é a duração atual de uma vida humana longa, levando-nos para além do limite egoico de nossa própria mortalidade de modo a começar a imaginar futuros que podemos influenciar sem contudo participar deles nós mesmos.[16] Ela se estende muito além da perspectiva hoje encontrada em corporações — de no máximo cinco ou dez anos — e visa o horizonte temporal de ações como plantar um carvalho, que amadurecerá muito depois que tivermos partido. Podemos também aprender com aqueles cuja visão é de alcance muito mais longo. A maneira com que muitos povos indígenas tomam decisões levando em conta sua sétima geração abarca um período de quase dois séculos. Na Califórnia, a Long Now Foundation é ainda mais ambiciosa e fixa o horizonte temporal em 10 mil anos, com base no fato de que as primeiras civilizações humanas emergiram dez milênios atrás, no fim da última Era do Gelo — deveríamos, portanto, desenvolver uma perspectiva igual para o futuro.[17] Precisamos ser ambiciosos com nossas imaginações temporais. Quando você almeja pensar "a longo prazo", respire fundo e pense, no mínimo, em "mais cem anos".

A perspectiva de esperança radical

Podemos realmente fazer essa mudança radical de paradigma, de modo que o pensamento de longo prazo permeie não apenas nossas decisões pessoais, mas o próprio tecido de nossas instituições públicas, sistemas econômicos e vida cultural? O crítico literário Terry Eagleton estabelece uma distinção útil entre otimismo e esperança.[18] O otimismo pode ser pensado como uma animada disposição para olhar sempre para o lado positivo da vida, mesmo apesar das evidências. É uma atitude que pode facilmente gerar complacência e inação. A esperança, por outro lado, é um ideal mais ativo e radical que reconhece a real possibilidade de fracasso, mas ao mesmo tempo se agarra à perspectiva de sucesso apesar das probabilidades, movido por um profundo compromisso com um resultado que valorizamos.

Este livro é sobre esperança, não sobre otimismo. Há uma possibilidade real de que a humanidade não desperte da letargia que a faz permanecer no curto prazo até que ocorra um cataclismo extremo — e então pode ser tarde demais para alterar nosso curso e escapar do mesmo destino autodestrutivo que tiveram o Império Romano e os maias. Mas a perspectiva de colapso civilizacional está longe de ser inevitável, especialmente se empregarmos o poder da ação coletiva para forjar uma mudança radical. A primeira lição que a história ensina é que nada é inevitável até que aconteça. Deveríamos ter esperança ao lembrar que o colonialismo e a escravidão chegaram ao fim. Deveríamos ter esperança no potencial transformativo das seis formas de pensar a longo prazo e na rebelião temporal emergente dedicada a vencer o cabo de guerra contra a tendência ao pensamento de curto prazo. Deveríamos reconhecer que as futuras gerações nunca nos perdoariam se desistíssemos enquanto ainda houvesse a possibilidade de mudança, fossem quais fossem as chances. Devemos ouvir suas vozes em nossos sonhos e prestar atenção nelas em nossas decisões.

O caminho do bom ancestral se estende diante de nós. Cabe a nós escolher se o trilhamos ou não.

2. O marshmallow e a noz

Dentro de nosso cérebro dilacerado pelo tempo

FECHE OS OLHOS E IMAGINE que segura na palma de cada mão um pequeno objeto que encapsula o dilema cotidiano que enfrentamos em nossa tensa relação com o tempo. Em sua mão esquerda você encontrará um marshmallow macio cor-de-rosa. E na direita há uma noz reluzente, mas ainda não madura.

Juntos eles simbolizam a tensão fascinante que existe dentro dos horizontes temporais da mente humana. Nosso cérebro está programado para o pensamento tanto a curto quanto a longo prazo, e há um constante cabo de guerra entre eles. Do âmbito pessoal ao político, de nossa vida privada à vida pública, essa tensão está sempre presente. Você vai gastar uma bolada em férias na praia ou economizar para sua aposentadoria? Os políticos anunciarão políticas adequadas para o século vindouro ou vão se concentrar em vitórias rápidas para as próximas eleições? Você está mais propenso a postar uma selfie no Instagram para obter popularidade ou a plantar uma semente na terra para a posteridade?

Cada um de nós tem o que vejo como um "cérebro de marshmallow", que pode se fixar em desejos e recompensas de curto prazo. Mas possuímos também um "cérebro de noz", que nos permite imaginar futuros distantes e trabalhar para a conquista de metas de longo prazo. A interação dessas duas zonas temporais em nossa mente é, em boa parte, o que nos caracteriza como humanos.

Pensar com o cérebro de noz faz parte da narrativa do conto de Jean Giono "O homem que plantava árvores", a história de um pastor que estoura sementes no chão todos os dias enquanto cuida de suas ovelhas e que, depois de várias décadas, cultivou uma vasta floresta — e achamos essa narrativa cativante. Apesar disso, e de nossas evidentes capacidades de pensar a longo prazo, a narrativa dominante na sociedade enfatiza constantemente nossa inerente tendência ao pensamento de curto prazo. Em minha pesquisa para este livro, conversando com psicólogos ou economistas, futurologistas ou funcionários públicos, encontrei repetidas vezes a crença de que somos impulsionados predominantemente por recompensas imediatas e gratificação instantânea, e de que há, como consequência, pouca esperança de que possamos encarar os desafios de longo prazo de nossa era. Um ensaio de Nathaniel Rich sobre nossa deficiência no enfrentamento da crise climática ilustra essa opinião. "Os seres humanos", ele escreve, "seja em organizações globais, democracias, indústrias, partidos políticos ou em nível individual, são incapazes de sacrificar a vantagem presente a fim de evitar uma penalidade imposta a futuras gerações."[1]

Se temos a esperança de sermos bons ancestrais, é essencial questionar essa suposição e reconhecer plenamente que nossa mente é de fato capaz de pensar a longo prazo. Fazê-lo é um ponto de partida para construir uma sociedade que supere seu atual foco míope no presente. As várias formas de pensamento de longo prazo exploradas neste livro — como o pensamento de catedral, a previsão holística e a aspiração a uma meta transcendente — se baseiam em nossa capacidade inerente de imaginar e planejar o futuro. Sem ela, nunca teríamos inventado a agricultura, construído as catedrais da Europa medieval, criado sistemas de saúde pública ou viajado para o espaço. E hoje precisamos dela mais do que nunca.

Este capítulo mostra que somos capazes desses feitos de longo prazo explorando o modo como o cérebro de noz trabalha e como ele se desenvolveu ao longo de 2 milhões de anos de história evolucionária. Mas devemos começar revelando as engrenagens de seu grande rival: o cérebro de marshmallow.

Como o cérebro de marshmallow impulsiona o comportamento humano

Estou sentado num café de Oxford com o neurocientista Morten Kringelbach, um especialista de renome mundial em prazer e cérebro, ansioso para discutir a capacidade humana de pensamento de longo prazo. Morten pede um brownie de chocolate, e quando ele chega desliza o prato para a minha frente. Recuso a oferta, dizendo-lhe que estou empenhado em me manter saudável. Olho para o brownie. Ele me olha de volta. Continuamos a trocar olhares. Depois de alguns minutos não consigo mais resistir à minha dependência de chocolate e pego um pedaço.

Nós seres humanos, Morten me diz, temos um sistema de prazer em nosso cérebro que nos impele a buscar prazeres e recompensas a curto prazo, ao mesmo tempo que nos instiga a evitar a dor imediata. Muitos desses prazeres desempenham um papel positivo em nossa vida, como a cálida sensação do sol na pele, o conforto de um abraço ou os prazeres que nos proporcionam o compartilhamento e a conversa. Algumas vezes, contudo, o sistema de prazer se desvia e passa a ser dominado por desejos e impulsos de curto prazo que podem facilmente se transformar em vícios: ansiamos pela adrenalina do açúcar de uma bebida gasosa ou não conseguimos fugir de um video game. É nesse "cérebro propenso a vícios", diz ele, que realmente temos de ficar de olho e que nos impele a comportamentos prejudiciais de curto prazo (inclusive ser fissurado por chocolate). Esses traços viciantes e impulsivos de curto prazo são o que descrevo como cérebro de marshmallow, por razões que ficarão claras a seguir.

Uma compreensão precoce sobre seu funcionamento foi revelada num estudo pioneiro de 1954, em que eletrodos foram implantados no hipotálamo de ratos e em seguida conectados a uma alavanca que os ratos podiam pressionar para receber um estímulo elétrico cerebral. Verificou-se que os ratos pressionavam repetidamente a alavanca — até 2 mil vezes por hora — e para tanto deixavam de lado atividades normais como se alimentar, beber água e fazer sexo. Essa pesquisa, e suas subsequentes reproduções, sugere que há regiões cerebrais específicas associadas com desejos viciantes, e que a dopamina química desempenha um papel fundamental reforçando a sinalização neural nessas áreas.[2] Quer gostemos disso ou não, compartilhamos uma linhagem comum com ratos (que remonta a cerca de 80 milhões de anos), por isso não é surpreendente que pesquisas posteriores tenham mostrado que seres humanos possuem regiões cerebrais similares.[3]

Biólogos evolucionários sugerem que nosso foco em prazeres e recompensas de curto prazo se desenvolveu como um mecanismo de sobrevivência em condições em que o alimento podia ser escasso ou a segurança estar ameaçada. Muito antes da invenção de brownies de chocolate, nosso cérebro desenvolveu sistemas de processamento de curto prazo que nos impeliam a comer tudo que pudéssemos quando podíamos e a fugir quando encontrávamos predadores. É por isso que, de maneira automática, nos inclinamos para cheirar um bolo recém-saído do forno sem uma pausa para a reflexão e fugimos de imediato se um Rottweiler correr em nossa direção.[4]

Portanto, quando nos parece difícil resistir à tentação de comida ou drogas, sabemos que nosso antigo cérebro propenso à dependência provavelmente está funcionando. Quando tocamos a tela de nossos celulares para ver novas mensagens, assemelhamo-nos àqueles ratos que pressionavam obsessivamente a alavanca, buscando a excitação instantânea de uma súbita liberação de dopamina que foi intencionalmente introduzida na tecnologia. E, quando não podemos resistir a dar uma tragada num cigarro depois de alguns drinques numa festa, estamos obedecendo ao profundo chamamento de nossa linhagem paleomamária. Que tal isso como uma desculpa?

De fato, grande parte da propensão ao curto prazo da cultura de consumo — do ato de se empanturrar de porcarias até ser um dos muitos clientes numa liquidação superlotada — pode ser rastreada até os instintos de aqui e agora que fazem parte de nossa herança evolucionária. "A propensão ao consumismo excessivo", afirma o neurocientista Peter Whybrow, "é a relíquia de um tempo em que a sobrevivência individual dependia de feroz competição por recursos [...] O cérebro antigo que nos impulsiona — desenvolvido na escassez, impelido pelo hábito e concentrado na sobre-

O marshmallow e a noz 31

vivência de curto prazo — é pouco compatível com a afluência frenética da cultura material contemporânea."[5]

Os seres humanos chegam até a favorecer a satisfação de desejos de curto prazo em detrimento de interesses pessoais de longo prazo. Fumar é um exemplo óbvio, mas podemos também comer alimentos gordurosos sabendo perfeitamente que eles podem causar doenças cardíacas mais adiante, ou optamos por gastar nossas economias em espetaculares férias no Caribe em vez de guardar o dinheiro para dias mais difíceis. Quando se trata de nossos horizontes temporais pessoais, nossos egos futuros frequentemente vêm só depois dos prazeres imediatos do presente. É comum preferirmos uma recompensa menor mais cedo a uma maior mais tarde — um fenômeno conhecido como "desconto hiperbólico".[6]

Um dos exemplos mais conhecidos de nossa impulsividade de curto prazo e desejo de recompensas instantâneas é o teste do marshmallow. Nos anos 1960, o psicólogo de Stanford Walter Mischel colocou um único marshmallow ou uma guloseima semelhante diante de crianças que tinham entre quatro e seis anos. Se elas pudessem resistir a comer o doce por 15 minutos quando deixadas sozinhas numa sala, ele lhes disse, seriam recompensadas com um segundo marshmallow. O fato de dois terços das crianças não terem conseguido resistir a comer o marshmallow que estava na frente delas é frequentemente tomado como uma prova de nossa natureza inerentemente propensa a favorecer o curto prazo.

No entanto, o teste do marshmallow, apesar de toda a sua fama, é apenas parte da história de quem somos. Para começar, vale a pena reconhecer que nada menos que um terço das crianças no experimento de Mischel resistiu à tentação. Além disso, a reprodução do teste mostrou que a capacidade de adiar a gratificação é extremamente dependente do contexto. Se não confiam que o pesquisador vai voltar, as crianças ficam mais propensas a pegar o marshmallow, e aquelas de famílias mais abastadas acham mais fácil resistir à guloseima; falta de confiança e medo de escassez podem nos impelir à satisfação a curto prazo.[7]

Mais importante, e neurocientistas tais como Morten Kringelbach reconhecem, somos muito mais que ratos pressionando alavancas ou ladrões de um petisco açucarado; o antigo cérebro de marshmallow existe ao lado de partes muito mais novas de nossa neuroanatomia, as quais nos dão a capacidade de pensar e planejar para o longo prazo. É hora de descobrir o cérebro de noz.

Conheça seu cérebro de noz

Cerca de 12 mil anos atrás, no início do período Neolítico, um de nossos ancestrais fez algo extraordinário: em vez de comer uma semente, decidiu guardá-la para plantar na estação seguinte. Esse momento — o início da revolução agrícola — marca uma virada decisiva na evolução da mente humana e é o nascimento simbólico do pensamento de longo prazo.

Ter a premonição de guardar sementes para cultivá-las, bem como se conter a fim de resistir a comê-las durante os longos e famintos meses de inverno, são ações que demonstram a notável capacidade do *Homo sapiens* para catapultar sua mente do presente para o futuro distante, e embarcar em projetos e aventuras com longos horizontes temporais. Esse aspecto de nossa programação neurológica merece um nome: o cérebro de noz. E todos nós temos um. Mas como exatamente ele funciona, de onde ele vem e qual é o seu poder?

O funcionamento do cérebro de noz é o objeto de um novo campo de pesquisa conhecido como psicologia prospectiva, que afirma que o que torna o ser humano único é nossa capacidade de pensar o futuro, ou prospectá-lo. Para tomar emprestada uma expressão do psicólogo Martin Seligman, somos *Homo prospectus*, uma espécie "guiada pela imaginação de alternativas que se estendem no futuro".[8] Embora Freud possa ter nos estimulado a uma jornada rumo ao passado, nossa mente é naturalmente atraída para olhar na direção oposta. Como expressou o psicólogo Daniel Gilbert, somos "o macaco que olha para a frente".[9]

As evidências são convincentes. Nenhum outro animal parece pensar conscientemente sobre o futuro e planejar tanto quanto os seres humanos. Esquilos podem enterrar suas nozes para o inverno, mas eles o fazem por instinto quando a duração da luz do dia começa a diminuir, não porque decidiram conscientemente fazer um plano de sobrevivência. Estudos do comportamento animal revelam que outras espécies, como os ratos, têm excelente memória, mas só podem pensar com cerca de meia hora de antecipação. Embora chimpanzés arranquem as folhas de um galho a fim de produzir um artefato com o qual vão cutucar um buraco de cupins, não há nenhuma evidência de que prepararão uma dúzia desses instrumentos a fim de reservá-los e então usá-los na semana seguinte.[10]

Mas esse é exatamente o tipo de coisa que um ser humano fará. Somos planejadores *extraordinários*. Planejamos férias para o próximo verão, projetamos jardins que só ficarão bonitos dentro de uma década, poupamos para a educação universitária de nossos filhos e até compilamos listas de canções para nosso próprio funeral. Isso é o cérebro de noz em ação. Essa capacidade de prospectar é o que nos permite sobreviver e prosperar. "Nossa capacidade singular de sermos previdentes criou a civilização e sustenta a sociedade", afirma Martin Seligman. "O poder de prospecção é o que nos torna sábios. Olhar para o futuro, consciente e inconscientemente, é uma função central de nosso grande cérebro."[11]

Tudo começa na nossa primeira infância. Com cerca de cinco anos, as crianças são capazes de imaginar o futuro, prever eventos futuros e distingui-los do passado e do presente — razão pela qual quando tinham mais ou menos essa idade meus gêmeos começaram a me dar pequenas listas do que queriam ganhar de aniversário com vários meses de antecipação. Quando chegarem à adolescência, terão desenvolvido uma sofisticada capacidade para viajar mentalmente no tempo, o que permitirá que se antecipem e planejem por longos períodos, compreendendo que o tempo histórico se estende por séculos e sendo capazes de contemplar a própria morte.[12]

A que quantidades de pensamento e planejamento voltados para o futuro nos dedicamos diariamente? Muito mais do que a psicologia tradicional tipicamente supõe. Em Chicago, quinhentos moradores responderam a uma pesquisa que lhes perguntou, por meio de um aplicativo de celular, sobre o que estavam pensando em momentos aleatórios durante o dia. O estudo mostrou que eles passavam cerca de 14% do dia pensando sobre o futuro e somente 4% pensando sobre o passado (o resto de seus pensamentos ou era sobre presente ou não estava associado a nenhum momento específico). Do tempo que passavam pensando no futuro, cerca de três quartos envolviam a feitura de planos.[13] Portanto, pensamos sobre o futuro cerca de três vezes mais que no passado, e, para cada sete horas que passamos pensando, cerca de uma hora diz respeito a coisas que ainda estão para acontecer.

A maior parte desse processamento neural sobre o futuro tem lugar numa área do cérebro chamada lobo frontal, que se situa na parte da frente da cabeça e acima dos olhos. As pessoas que sofrem alguma lesão nesse lobo podem com frequência parecer perfeitamente normais, sendo capazes de tagarelar com alegria sobre o tempo, tomar uma xícara de chá e fazer um teste de memória. Mas elas podem fracassar por completo em qualquer coisa que envolva planejamento, como dizer o que farão à tarde ou completar um quebra-cabeça que requeira pensar com antecedência. O lobo frontal (e especialmente a parte dele conhecida como córtex pré-frontal dorsolateral) é o centro de operações do cérebro de noz, uma máquina do tempo que nos permite imaginar situações com semanas ou até décadas de antecedência, e traçar planos e processos complexos durante longos períodos.

O curioso sobre o lobo frontal é ele ser um acréscimo relativamente recente ao cérebro, tendo se desenvolvido apenas nos últimos 2 milhões de anos (os primeiros cérebros apareceram na Terra cerca de 500 milhões de anos atrás). Durante esse período, nossa matéria craniana mais do que dobrou em massa, passando do cérebro de 560 gramas do *Homo habilis* para o de aproximadamente 1,36 quilo do *Homo sapiens*. Porém esse súbito arranque de crescimento não foi distribuído por igual; ele apareceu desproporcionalmente na frente, de modo que as testas baixas e inclinadas de nossos ancestrais mais antigos foram aos poucos empurradas para a frente até que alcançaram a posição quase vertical que têm hoje. E é bem essa parte de nosso aparato cerebral a responsável sobretudo pelo planejamento do futuro e outras das chamadas "funções executivas", como raciocínio abstrato e solução de problemas.[14]

Apesar desse avanço evolucionário em nossa capacidade de pensar a longo prazo, a maior parte de nossa prospecção se concentra num futuro muito próximo. O estudo de Chicago mostrou que cerca de 80% dos pensamentos relacionados com o futuro se referiam ao mesmo dia ou ao dia seguinte, com apenas 14% dizendo respeito a mais de um ano à frente e apenas 6% olhando para mais de dez anos no futuro.[15] Portanto, embora o cérebro de noz certamente exista como parte de nossa neuroanatomia funcional, ele é claramente dominado por nosso cérebro de marshmallow de curto prazo e luta para escapar à sua influência.

As implicações disso são profundas. Segundo Daniel Gilbert, um dos fundadores da psicologia prospectiva, se cientistas extraterrestres quisessem destruir nossa espécie, não enviariam homenzinhos verdes para nos mergulhar no esquecimento — isso iria rapidamente provocar nossos mecanismos de defesa bem afiados. Em vez disso, inventariam algo como o aquecimento global, que iria escapar sorrateiramente do radar do cérebro humano porque nós não somos bons para agir em resposta a ameaças de longo prazo. Embora saiamos depressa do caminho de uma bola de beisebol que vem em disparada rumo à nossa cabeça, somos muito menos hábeis para lidar com um perigo que chegará daqui a vários anos ou décadas. Mas o fato de sermos capazes de ter algum pensamento de longo prazo "é uma das inovações mais assombrosas do cérebro", afirma Gilbert; precisamos apenas compreender que ela está num estágio inicial de desenvolvimento.[16]

> Somos muito bons para enfrentar um perigo claro e presente, como todos os mamíferos. Mas aprendemos um novo truque nos últimos 2 milhões de anos — pelo menos o aprendemos de certa forma. Nosso cérebro, diferentemente dos de quase todas as outras espécies, está preparado para tratar o futuro como se ele fosse o presente. Podemos pensar em nossas futuras aposentadorias ou numa consulta ao dentista, e podemos agir hoje para poupar para nossa aposentadoria ou passar o fio dental para não termos más notícias seis meses adiante. Mas estamos apenas aprendendo esse truque. É uma adaptação muito nova no reino animal e não fazemos tudo isso lá muito bem.[17]

Não é que sejamos incapazes de pensar sobre o futuro de longo prazo — essa seria uma desvantagem neurológica genuinamente desastrosa que inibiria qualquer reação às ameaças ecológicas, sociais e tecnológicas que assomam no horizonte, dos conflitos por causa de recursos hídricos ao risco de ciberataques ao sistema de defesa de um país. O problema é que *não fazemos tudo isso lá muito bem*. Como não é de surpreender, algumas pessoas já aprenderam a fazer isso com competência, de comunidades indígenas que tomam decisões levando em conta até sua sétima geração a engenheiros que projetam pontes que duram um século e cosmólogos mergulhados nos mistérios do tempo profundo. A maioria de nós, contudo, é como cachorro velho se esforçando para aprender um novo truque.

O cérebro de noz da humanidade claramente tem enorme potencial, e se temos a esperança de nos tornar bons ancestrais devemos aprender a tirar proveito de seu poder. A simples compreensão de que temos um é um primeiro passo decisivo. Mas a própria existência do cérebro de noz suscita uma questão crítica: como, para início de conversa, ele se desenvolveu?

O salto cognitivo para o pensamento de longo prazo

Ao longo de 2 milhões de anos, nossos ancestrais levaram a cabo uma incrível proeza: desenvolveram cérebros que lhes permitiam escapar do momento presente a fim de habitar o futuro durante certa quantidade de tempo. Psicólogos evolucionários e arqueólogos sugerem que a capacidade de pensar e planejar a longo prazo deve ter conferido a nós uma vantagem evolucionária. As capacidades de considerar o que se encontra à frente, de se antecipar à mudança e de fazer planos emergiram como mecanismos de sobrevivência que compensaram o que talvez faltasse à nossa espécie em força, rapidez ou agilidade.[18] Quatro fatores principais possibilitaram esse salto cognitivo radical: o senso de direção, o "efeito da avó", a cooperação social e a inovação das ferramentas (veja a seguir). Cada um deles representa uma cena essencial no lento psicodrama da evolução humana.

"Nossa natureza reside no movimento; a calma completa é a morte", escreveu o pensador do século XVII Blaise Pascal. Essa foi uma observação acertada porque nossos ancestrais proto-humanos vagaram pela Terra desde os tempos mais remotos — procurando comida, caçando, procurando água, migrando com as estações e adaptando-se a novos ambientes. Ao longo de múltiplos milênios, eles desenvolveram uma habilidade para sobreviver conhecida como "senso de direção" — a capacidade de se orientar no espaço físico e de se deslocar de um lugar para outro. Parte dessa habilidade envolvia a criação de "mapas cognitivos" mentais que os ajudavam a registrar pontos de referência essenciais, seguir caminhos familiares e retornar para casa em segurança. Essa cartografia mental, no entanto, exigia não apenas mapeamento de *lugar*, mas também mapeamento de *tempo*. Caçadores podiam poupar uma energia preciosa e até vidas se não planejassem apenas a rota, mas pudessem planejar o tempo necessário para viajar de um lugar para outro. Como explica o ecologista Thomas Princen, foi assim que os primeiros seres humanos começaram a desenvolver uma capacidade de planejar para o futuro: "a capacidade cognitiva para conceber esses lugares e imaginar o tempo requerido para chegar a eles era, então, tanto geográfica (onde se localiza o riacho em relação à floresta) quanto temporal (quantos dias e noites se levará para ir tanto ao riacho quanto à floresta)".[19]

Durante o século passado, antropólogos estudaram o senso de direção entre povos nativos — dos mapas náuticos feitos à base de gravetos contendo a cartografia de recifes perigosos e movimentos complexos de maré criados pelos canoístas nas Ilhas Marshall às *songlines* ou pistas de sonho de povos aborígenes na Austrália, que lhes permitem literalmente cantar um percurso em que marcos de referência aparecem por meio de vastos territórios.[20] Somos os herdeiros de tradições como essas. Elas nos legaram o talento cognitivo para planejar não só nossas viagens através dos territórios, como também nossas perspectivas através de longos períodos, guiados pelo GPS da mente humana.

Um segundo fator que estimulou o cérebro alongado, por vezes chamado de "efeito da avó", deriva de uma peculiaridade biológica de nossa

Como os seres humanos desenvolveram cérebros alongados
Uma história de 2 milhões de anos

Senso de direção
A sobrevivência humana dependia da capacidade de planejar viagens para caçar e procurar comida e desenvolver "mapas cognitivos" específicos para o momento

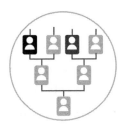

Efeito da avó
As avós forneciam cuidados essenciais para as crianças, estendendo os horizontes de tempo intergeracionais

Cooperação social
Relações cooperativas de confiança, reciprocidade e empatia são baseadas na criação de vínculos que persistem através do tempo

Inovação nas ferramentas
Os avanços na tecnologia das ferramentas de pedra exigiram uma capacidade de planejar processos sequenciados complexos e identificar objetivos futuros.

Gráfico: Nigel Hawtin

espécie: o prolongado período de dependência de uma criança humana. A maioria dos mamíferos pode andar numa questão de horas e se reproduzir dentro de um ano depois que nasce. Com os seres humanos não é assim. Somos praticamente indefesos e vulneráveis durante nossos primeiros anos e não nos tornamos inteiramente independentes e capazes de reproduzir até a adolescência. Mas não são apenas os pais que ajudam a criar filhos para que eles possam passar adiante os seus genes: estudos mostram que a presença de avós — em especial avós maternas — é importante para reduzir a mortalidade de bebês e crianças. Assim como, num rebanho de veados, a presença de fêmeas mais velhas pós-reprodutivas aumenta as chances de sobrevivência dos jovens porque os mais velhos sabem onde encontrar alimento ou água em tempos de escassez, assim também uma avó humana fornece cuidados, conhecimento e outras formas valiosas de apoio.[21]

O fato de termos avós que vivem muito além de sua idade reprodutiva é provavelmente um resultado de seleção darwiniana: a presença delas permitiu a sobrevivência de todos. Foi por meio do efeito da avó que nossos ancestrais foram integrados em grupos de parentesco multigeracionais que os ajudaram a desenvolver horizontes temporais — e uma ética de cuidado e responsabilidade — que abrange cerca de cinco gerações, estendendo-se por pelo menos duas para a frente e duas para trás a partir da sua própria.[22]

O efeito da avó foi reforçado e ampliado por um terceiro fator: nosso profundo instinto de cooperação social. Por pelo menos dois séculos — remontando aos escritos de figuras como Thomas Hobbes e John Locke — foi-nos dito que os seres humanos são uma espécie naturalmente egoísta e individualista.[23] Mas, numa das maiores viradas da história da ciência, os biólogos evolucionários reconhecem agora que somos classificados como o mais social de todos os mamíferos. Darwin sempre soube disso: "Um avanço no padrão de moralidade dará certamente uma imensa vantagem a uma tribo sobre outra", ele escreveu em *A origem do homem e a seleção sexual* (1871). Darwin acreditava que o sucesso de uma tribo seria maior se seus membros "estivessem sempre prontos a ajudar uns aos outros e a se sacrificar pelo bem comum".[24] Isto é, a seleção natural funciona no nível do grupo, não apenas no do indivíduo: quando o alimento é escasso e predadores estão à espreita, trabalhar em conjunto é a melhor maneira de assegurar a sobrevivência. Isso explica como desenvolvemos traços cooperativos como ajuda mútua, empatia, altruísmo e confiança. Como o primatólogo Frans de Waal ressaltou para mim, "A empatia e a solidariedade estão inculcadas em nós".[25]

Mas o que isso tem a ver com o pensamento de longo prazo? A cooperação social requer que tenhamos a capacidade imaginativa de divisar o futuro. Relações de confiança e reciprocidade funcionam melhor quando as pessoas sabem que a ajuda que dão a alguém no presente será provavelmente retribuída depois, quando elas próprias estiverem necessitadas: o tempo está inscrito no contrato social, está enredado no próprio tecido da ajuda mútua. De maneira semelhante, a empatia se baseia numa capacidade de antecipar as necessidades, os sentimentos e os objetivos de outros. Quando um amigo perde o emprego, tentamos imaginar qual é seu estado emocional e o melhor apoio que podemos lhe dar. Ao fazer isso, estamos prospectando o futuro mediante a simulação de uma gama de possibilidades. De fato, a maior parte dos aspectos da vida social requer uma capacidade de fazer nossa mente saltar no tempo: emoções sociais como culpa e vergonha antecipam nossos próprios sentimentos futuros; fazer uma promessa a alguém envolve uma cronologia de obrigação e responsabilidade; e o simples ato de avaliar as intenções de alguém baseia-se na identificação de diferentes futuros possíveis. Como sustenta Martin Seligman, "Como iríamos coordenar a nós mesmos e cooperar se não pudéssemos formar expectativas confiáveis do que outros fariam em diferentes situações? Ou ter expectativas confiáveis do que nós mesmos seremos capazes de fazer ou estar suficientemente motivados para fazer?".[26] A conclusão é clara: nossa natureza social evoluiu junto com um talento para viajar mentalmente no tempo.

Um último propulsor, que acelerou rapidamente o desenvolvimento evolucionário do pensamento de longo prazo e sua capacidade de planejamento, transfere nossa atenção do relacional para o tecnológico: o gênio humano sem igual para a fabricação de ferramentas.

O marshmallow e a noz

Tenho de admitir que em visitas a museus sempre fiquei apático ao olhar para aqueles gabinetes com ferramentas de pedra enfileiradas e suas lascas de sílex toscamente esculpidas. Mas tudo isso mudou quando descobri a pesquisa do arqueólogo Sander van der Leeuw, uma autoridade mundial em tecnologia das ferramentas da Idade da Pedra. Ocorre que essas ferramentas de pedra lascada são um indicador da evolução cognitiva do cérebro humano e fornecem as melhores evidências conhecidas de nossa crescente capacidade para planejar em múltiplos estágios. Segundo Van der Leeuw, o desenvolvimento das ferramentas de pedra passou por vários estágios ao longo de um período de 2 milhões de anos. As ferramentas mais simples eram aquelas com pontas e gumes naturais. Mas depois nossos ancestrais paleolíticos aprenderam a criar um gume afiado descamando parte da pedra, e faziam isso quando a batiam contra uma outra superfície. Em seguida, eles deram um salto para a criação de ferramentas com duas bordas lascadas que se encontravam para formar uma linha, algo que outros primatas nunca aprenderam a fazer. Depois disso, cerca de 20 mil anos atrás, eles tinham dominado a fabricação de ferramentas e armas em três dimensões, removendo múltiplas lascas em ângulos específicos para criar pontas afiadas com base na interseção de três planos.

Que revelações sobre o cérebro humano esses avanços tecnológicos propiciam? Fabricar essas ferramentas não era apenas uma questão de golpear pedaços de pedra aleatoriamente sem nenhum plano predeterminado. À medida que se tornaram mais sofisticadas, as ferramentas passaram a exigir uma concepção cada vez mais clara de como deveria ser o acabamento de um objeto. Sua feitura também passou a demandar de nossos ancestrais que fossem capazes de levar em conta experiências anteriores a fim de planejar os múltiplos estágios de quebra da pedra necessários para a criação de um artefato. No que é conhecido como a técnica Levallois, por exemplo, a remoção de uma lasca era ao mesmo tempo preparação para a remoção da seguinte. Isso só podia ser feito mediante o desenvolvimento de uma habilidade para inverter sequências causais na mente ("A causa B, portanto se quero que B aconteça, tenho de fazer A").[27] Um planejamento tão complexo se assemelha ao de um escultor que lança mão do cinzel a fim de remover material supérfluo de uma pedra para revelar uma forma que já tenha visualizado dentro dela.

Os avanços nas técnicas de quebra, afirma Van der Leeuw, refletem uma mudança significativa na mente humana:

> No processo de adquirir a capacidade de conceber e fabricar ferramentas de pedra em três dimensões, nossos ancestrais tinham também adquirido várias outras ferramentas conceituais. Uma delas é a capacidade de planejar e executar sequências complexas de ações [...] Assim é transposto um limiar que, desse momento em diante, permite uma grande aceleração no desenvolvimento do controle humano sobre a matéria.[28]

Segundo ele, o próprio nascimento de sociedades agrícolas mais de dez milênios atrás nunca poderia ter ocorrido sem esse salto na destreza cognitiva. A capacidade de fazer planos complexos envolvendo múltiplos processos sequenciais, e de inventar estratégias dirigidas para objetivos futuros, permitiu aos seres humanos do Neolítico empreender atividades que requeriam longos horizontes temporais, como a prática da rotação de colheitas, a domesticação de grãos silvestres, a criação de animais e, finalmente, a construção das primeiras cidades. De fato, não havia nenhuma diferença conceitual fundamental entre fazer ferramentas de pedra em pequenas etapas durante várias horas e planejar colheitas ao longo de vários meses ou construir uma pirâmide durante várias décadas. Como escreve Van der Leeuw: "Vemos então os mesmos mecanismos em ação como na manufatura de artefatos: o alongamento de sequências temporais e a separação temporal entre diferentes partes de uma sequência 'de fabricação'".[29] Assim, todas aquelas ferramentas de pedra juntando poeira em museus revelam a maior de todas as façanhas humanas: o surgimento da própria civilização.

O dom da pirueta temporal

O cérebro de marshmallow e o cérebro de noz podem estar lutando entre si constantemente, mas ao mesmo tempo nos legaram um assombroso dom evolucionário: temos imaginações ágeis, capazes de fazer o pensamento ir, em questão de instantes, de uma escala de segundos para uma escala de anos. Nossa mente dança diariamente através de múltiplos horizontes temporais, fazendo nossa atenção girar com rapidez de uma perspectiva para outra. Somos especialistas em pirueta temporal. Se estamos fazendo pleno uso desse dom, no entanto, é outra questão.

O quadro revela como nossa mobilidade temporal é expressa tanto na vida pessoal quanto na pública. Na vida pessoal às vezes pensamos, planejamos e operamos numa escala de minutos ou segundos, como ao responder uma mensagem de texto. Mas nossa mente pode mudar instantaneamente para uma escala de horas (pensar em quando a bateria do nosso celular vai acabar), dias (ansiar por uma aula de ginástica semanal) ou anos (decidir fazer um curso de graduação) e, ocasionalmente, para uma escala de décadas (fazer um financiamento). Contudo, raramente pensamos além do limiar de nossa própria vida: em nossa imaginação, a morte é o ponto de corte comum. Levantamentos mostram que, para a maioria das pessoas, mesmo sendo de diferentes culturas e religiões, é difícil enxergar o futuro se ele ultrapassa um período de quinze a vinte anos.[30] Simplesmente achamos complicado imaginar mais do que algumas décadas à frente, razão por que pode ser tão difícil poupar para a velhice.

Também na vida pública há uma gama de horizontes temporais. O mercado de ações de alta frequência funciona em milissegundos, modismos e relatórios trimestrais de empresas funcionam em meses e ciclos eleitorais em anos. A visão temporal raramente se estende para além de uma década, embora haja exceções, como o programa de exploração do espaço de trinta anos da Nasa, os Planos Nacionais de 35 anos de duração do governo chinês e os bancos de sementes de longo prazo. Em geral, o futuro público fica obscuro depois de cerca de três décadas. Em 2020, é difícil encontrar algum governo, corporação ou organização internacional que esteja fazendo planos substanciais para além de 2050.

Tanto na vida pública quanto na vida privada, portanto, estamos operando dentro de espectro temporal relativamente estreito, deixando de fazer uso da capacidade imaginativa de nosso cérebro de noz para pensar

VIDA PÚBLICA		VIDA PESSOAL
Construção de uma igreja Pensamento que inclui até a sétima geração Bancos de sementes	**Séculos**	Plantar um carvalho Cápsulas de tempo Crença na vida após a morte
Programas espaciais Transições de energia Planejamento chinês	**Décadas**	Financiar a própria casa Poupança para a aposentadoria Fazer um testamento
Negociações comerciais Jogos Olímpicos Ciclos eleitorais	**Anos**	Tirar o diploma universitário Planos de carreira Criar filhos
Relatórios trimestrais Modas Atualizações de software	**Meses**	Trimestre escolar Gravidez Dieta
Jornais diários Liquidações Festivais de música	**Dias**	Postagem Compra semanal Aulas de ginástica
Horário de abertura Parquímetros Reuniões públicas	**Horas**	Jornada de trabalho Almoço de domingo Bateria do celular
Sinais de trânsito Notícias 24/7 Atendimento do 190	**Minutos**	Enviar e-mail Tomar banho Pausa para um café
Programas de perguntas e respostas Bolsas de valores Leilões públicos	**Segundos**	Enviar mensagens de texto Comprar com um clique Ciclo respiratório

VIDA PÚBLICA   VIDA PESSOAL

HORIZONTES TEMPORAIS DO HOMEM

Gráfico: Nigel Hawti

num futuro distante. Além disso, forças como a tecnologia digital estão nos impelindo para horizontes ainda mais curtos do que no passado, de modo que uma parcela cada vez maior de nossa atividade está sendo concentrada no presente. O futuro está se fechando rapidamente sobre nós.

Devemos contudo estender nossa visão se esperamos ter uma chance de enfrentar os desafios de risco existencial e colapso civilizacional com que nossa espécie vai se defrontar não apenas nas décadas futuras, mas nos séculos e milênios por vir. O futuro precisa permanecer iluminado por muito mais que vinte ou trinta anos.

Sabemos que somos mais do que capazes de alargar nossa mente para esses horizontes distantes. Graças aos descobridores de caminhos e seu senso de orientação, às avós, aos cooperadores sociais e aos fabricantes de ferramentas do passado, temos uma profunda nova história sobre a natureza humana, uma história que nos conta que não somos meramente prisioneiros de nosso cérebro de marshmallow, mas que temos também um cérebro de noz instalado dentro de nós. Isso nos prepara para saltar para as diferentes formas de pensamento de longo prazo que aparecem nos próximos capítulos: nossa mente está preparada para forjar legados de longo prazo, para o planejamento estratégico de pensamento de catedral, para prever os caminhos da civilização e para identificar objetivos distantes e lutar por eles.

Mudar a história sobre quem somos faz diferença. Se continuarmos dizendo a nós mesmos que somos fundamentalmente impelidos pela tendência ao curto prazo e à gratificação instantânea, é provável que venhamos a exacerbar esses traços; criaremos expectativas, ofereceremos incentivos e projetaremos um mundo que alimenta nosso cérebro de marshmallow. Isso, é claro, já está acontecendo. Pense sobre aquele símbolo ubíquo da cultura de consumo instantâneo: o botão "Compre agora". Talvez nenhuma outra tecnologia tenha sido tão perfeitamente projetada para tirar proveito de nossa impulsividade. Mas imagine se, exatamente quando você estivesse prestes a clicar, uma caixa se abrisse oferecendo opções alternativas — como "Compre daqui a uma semana", "Compre daqui a um mês", "Compre daqui a um ano" ou mesmo "Pegue emprestado de um amigo" — e que depois que o prazo escolhido tivesse transcorrido você recebesse um lembrete perguntando se ainda queria realmente o item a ser comprado. E agora imagine se projetos de longo prazo equivalentes fossem embutidos em nossas instituições políticas, marcos legais, sistemas de energia, regulações financeiras, organizações econômicas e currículos escolares. O mundo pareceria muito diferente.

Esse é o tipo de mundo que precisamos criar. O desafio que enfrentamos é amplificar nosso cérebro de noz e liberar seu poder latente. Dessa maneira, ele pode competir pelo menos em termos de igualdade com nosso antigo cérebro de marshmallow, que está constantemente nos puxando para horizontes temporais mais curtos. Devemos ligá-lo, acendê-lo e enviá-lo para um agora mais longo. É hora de pôr nosso cérebro de noz em ação.

PARTE II

Seis maneiras de pensar a longo prazo

Os capítulos que se seguem descrevem as seis maneiras de cultivar o pensamento de longo prazo. Juntas, elas compõem uma caixa de ferramentas mental para que nos tornemos bons ancestrais. O propósito delas é nos ajudar a imaginar os muitos futuros possíveis que estão à espera da humanidade, fazendo com que nos importemos com eles e os planejemos. Algumas nos tocam pessoalmente, nos ajudando a repensar nossas relações com a morte, a família e a comunidade. Outras dizem respeito a nossos planos e objetivos coletivos como espécie, estendendo-se pelos séculos vindouros. Todas elas, de diferentes maneiras, dizem respeito à nossa interdependência com o mundo vivo e à necessidade de nos reconciliarmos com o oásis frágil e finamente equilibrado conhecido como planeta Terra.

3. Humildade diante do tempo profundo
A humanidade como um piscar de olhos na história cósmica

Nossa espécie, nesse momento da história, está sofrendo uma aguda crise de perspectiva. Nossos horizontes temporais estão se encolhendo rapidamente e indo em direção a uma estreita janela de segundos, horas e dias, justamente quando nossa sobrevivência depende do alargamento de nossa visão temporal. Enquanto checamos ativamente nossos celulares, ameaças existenciais que vão do bioterrorismo à guerra de drones podem estar à espreita logo além do horizonte, ao passo que os níveis dos mares sobem lenta e imperceptivelmente, ameaçando submergir nossas cidades costeiras. Como podemos expandir nossa mente e ganhar um senso visceral de um agora mais prolongado que ajude a desviar nossa civilização do caminho perigoso a que somos levados pela tendência de privilegiar o curto prazo?

Um ponto de partida essencial é desenvolver um senso de humildade diante do tempo profundo. A partir daí, podemos compreender a insignificância de nossa própria existência transitória em relação ao vasto marco temporal da história cósmica, libertando nossa mente para olhar tanto para o passado remoto quanto para um futuro distante, além de nossa vida. Devemos aceitar a realidade de que nossas histórias pessoais, do nascimento à morte, e todas as conquistas e tragédias da civilização humana mal serão registradas nos anais do tempo cosmológico.

Desviar nosso olhar de um foco afunilado sobre o presente para abarcar o tempo profundo requer um imenso salto imaginativo. Este capítulo explora as diferentes formas, durante os dois últimos séculos, pelas quais a humanidade encarou esse desafio. Mas antes precisamos enfrentar a maior barreira que se interpõe no caminho, que tem alimentado nossa tendência ao curto prazo há mais de meio milênio: o tirânico domínio do relógio desde a Idade Média.

A tirania do relógio

Durante a maior parte da história humana, nossos ancestrais tiveram uma visão cíclica do tempo. Eles viviam em sintonia com os ritmos circulares da vida e estes estavam incrustados em todas as coisas, desde padrões diários de sono às revoluções regulares da Lua, das estrelas e do próprio planeta. Nos anos 1930, o líder dos sioux oglalas — tribo indígena da Dakota do Sul, nos Estados Unidos — Hehaka Sapa, ou Alce Negro, falou de sua concepção circular do tempo e do cosmo:

> Tudo que um indígena faz é num círculo, e a razão disso é que o Poder do Mundo sempre funciona em círculos [...] O vento, em seu máximo poder, gira. As aves fazem seus ninhos em círculos, pois a religião delas é a mesma que a nossa. O sol nasce e se põe novamente em círculo. A Lua faz o mesmo e ambos são redondos. Até as estações formam um grande círculo em sua mudança, e sempre voltam novamente para onde estavam. A vida de um homem é um círculo da infância à infância, e assim é em tudo em que o poder se move.[1]

Uma das grandes tragédias da civilização humana é que a maior parte das sociedades, em especial no Ocidente, perdeu contato com esse tempo cíclico e sua inerente perspectiva de longo prazo acerca do eterno retorno, em que o tempo está sempre recomeçando. A antiga ideia do tempo como um círculo foi substituída pela noção de tempo linear, a flecha do tempo que corre numa linha reta desde o passado e através do presente rumo ao futuro. Por que importa se concebemos o tempo com um círculo ou uma linha? Porque uma linha, diferentemente de um círculo, pode ser encurtada.

O tempo cíclico começou a ruir com a invenção do relógio mecânico na Europa, no século XIV. Esses relógios não permitiam simplesmente que

Humildade diante do tempo profundo

o passar das horas fosse medido com mais precisão do que com velhos instrumentos como relógios de sol ou de água. Eles se tornaram também instrumentos de poder que podiam regulamentar, mercantilizar e acelerar o próprio tempo. "Quem controla o tempo?" apareceu como uma nova questão na história humana.

A tirania do relógio veio à tona na luta entre o conceito cristão de tempo e o que o historiador Jacques Le Goff denominou "tempo mercantil". Segundo a doutrina social da Igreja, o tempo era uma "dádiva de Deus e por isso não pode ser vendido". O resultado foi sua oposição à prática da usura — emprestar dinheiro a juros — pois isso envolvia ativamente usar o tempo para auferir lucro. Essa foi uma má notícia para os comerciantes, que dependiam de linhas de crédito para dirigir seus negócios. De maneira mais ampla, seu sucesso comercial era, em grande medida, baseado na habilidade de usar o tempo em proveito próprio: saber quando comprar barato e vender caro, ter em vista quanto tempo os carregamentos demorariam para chegar, prever o momento de flutuações da moeda e o preço provável da colheita da próxima estação e descobrir como fazer com que os empregados produzissem mais na menor quantidade de tempo possível. A ideologia dominante em meio à crescente classe mercantil na Europa medieval era que "tempo é dinheiro" em vez de uma dádiva divina.

Pouco a pouco, com a ajuda do relógio, o tempo mercantil passou a subjugar o tempo da Igreja. Em 1355, um novo relógio na cidade francesa de Aire-sur-la-Lys repicava para demarcar as horas em que o comércio podia ocorrer e as horas de labuta dos trabalhadores têxteis, tudo em benefício dos comerciantes que dirigiam a comuna. Em 1374, apenas quatro anos depois que um relógio público apareceu na cidade alemã de Colônia, surgiu a primeira lei para regular a quantidade de tempo de que os trabalhadores dispunham para almoçar — um sinal presciente do que estava por vir. "O relógio comunal", escreve Le Goff, "foi um instrumento de dominação econômica, social e política" que permitiu a ascensão do capitalismo comercial.[2]

Embora esses primeiros relógios só marcassem a hora ou o quarto de hora, na altura de 1700 a maioria dos relógios tinha adquirido ponteiros de minutos e em 1800 ponteiros de segundos eram comuns.³ Essa capacidade sem precedentes de medir o tempo com precisão encontrou sua expressão mais autoritária no relógio da fábrica, que se tornou numa arma fundamental da Revolução Industrial. Como afirmou o historiador da tecnologia Lewis Mumford, "o relógio, não a máquina a vapor, é a máquina essencial da moderna idade industrial".⁴ Logo os trabalhadores estavam batendo ponto, preenchendo planilhas de horários e sendo punidos por atraso. Com o tempo fatiado em períodos cada vez menores, os donos de empresas podiam medir a velocidade de seus trabalhadores até o segundo e aumentar o ritmo da linha de produção. Trabalhadores que tentavam rejeitar esse regime "fazendo corpo mole" eram logo demitidos. A tirania do relógio alimentou a crescente cultura da eficiência utilitária, tão brilhantemente descrita por Charles Dickens em seu romance de 1854 *Tempos difíceis*, em que o escritório do sr. Gradgrind continha um "mortal relógio estatístico que media cada segundo com uma batida feito uma pancada numa tampa de caixão".

O tempo se torna dinheiro: trabalhadoras fazem fila diante do relógio de ponto na fábrica de chocolates Rowntree, Yorkshire, 1933.

Humildade diante do tempo profundo

Encarnada no relógio da fábrica, a cobiça por velocidade assinalou o triunfo do tempo linear. Agora era o construto artificial de minutos e segundos que importava em vez dos ciclos naturais da Lua ou das estações. O futuro de longo prazo começou a desaparecer enquanto o presente parecia cada vez mais ameaçador.

O futuro desapareceu ainda mais do horizonte com as revoluções do transporte e das comunicações ocorridas no século XIX. A chegada dos trens a vapor nos anos 1830 aumentou o ritmo da vida diária, até então sem pressa, tomando o lugar do cavalo e da carroça, enquanto o telégrafo e o telefone aniquilaram tanto o espaço quanto o tempo (já não era mais necessário esperar semanas ou meses pela chegada de cartas). Hoje a internet e as mensagens instantâneas globalizaram completamente o tempo presente acelerando a velocidade dos fluxos de informação numa escala mundial. No entanto, elas deram origem também a um novo instrumento que favorece o predomínio do curto prazo, o qual ameaça nos enredar permanentemente no aqui e agora: a distração digital.

A tecnologia digital tem um poder sem paralelo para monopolizar nossa atenção imediata. Nunca toleraríamos um GPS que insiste em nos conduzir para o destino errado, embora seja exatamente isso o que acontece com tecnologias que nos dirigem através do espaço informacional.[5] Entramos na internet para fazer algo útil, como marcar uma consulta com o médico, e de alguma maneira somos atraídos para assistir a paródias de filmes no YouTube, comprar um novo tapete de yoga ou checar nosso e-mail (de novo). Os aplicativos e websites das mídias sociais são projetados para alcançar "metas de envolvimento": eles visam a nos manter clicando, rolando a página e deslizando o dedo, enquanto nos mostram o maior número possível de anúncios ou páginas. As empresas de tecnologia se dedicam a nos fazer imergir num presente digital que nos desvia de nossos próprios objetivos e com o qual o pensamento de longo prazo dificilmente pode competir. Sean Parker, presidente-fundador do Facebook, admitiu que monopolizar nossa atenção era um objetivo intencional da companhia. "O processo de pensamento foi esse", disse ele. "Como podemos consumir o máximo possível de seu tempo e atenção consciente?"[6]

Os celulares em nossos bolsos tornaram-se os novos relógios de fábrica, capturando o tempo que outrora era nosso e oferecendo em troca um contínuo agora eletrônico cheio de infoentretenimento, propaganda e fake news. A indústria da distração opera tirando proveito astutamente de nosso antigo cérebro de mamíferos: nossas orelhas se levantam ao som de uma mensagem que chega, ou nossa atenção se desloca para um vídeo que cintila de repente na borda da tela, gerando uma sensação de antecipação que põe nosso sistema de dopamina em ação. O Facebook é Pavlov, e nós somos os cachorros.

Essa história de quinhentos anos revela uma verdade essencial: que o tempo se transformou numa fonte de poder. Forças formidáveis procuraram controlá-lo, dos industriais do século xix às companhias de mídia social que hoje almejam capturar e vender nossa atenção. Elas são responsáveis por estimular o que o teórico social Jeremy Rifkin descreveu como "guerra temporal", buscando dominar, acelerar e encurtar o tempo para seu próprio proveito.[7]

A guerra pelo tempo também cortou nossos vínculos com a coreografia ecológica do planeta, formada por ciclos de eterno retorno. Quebramos o círculo e pusemos uma linha em seu lugar: a flecha do tempo sempre impulsionada para a frente. Sua direção foi impelida por ciclos artificiais feitos por nós mesmos. O que parece importar agora é o ano fiscal e não o ano solar, o relatório trimestral e não as quatro estações, o ciclo eleitoral e não o ciclo do carbono. De fato, estamos alterando os ciclos da natureza com o aquecimento global que arruína as estações e a perda da biodiversidade que desajusta os ecossistemas.

Mas haveria uma maneira de nos livrarmos dessa herança histórica e escapar de nossa concentração míope no presente? Uma resposta reside numa das descobertas que mais alteram a mentalidade de nossa era científica moderna: o tempo profundo.

A descoberta do tempo profundo na Inglaterra vitoriana

O século xviii foi uma era de revoluções. Para além das revoltas políticas na França e na América, houve uma outra revolução nessa época, menos san-

Humildade diante do tempo profundo

grenta e convulsiva mas talvez de maior significação. Ela começou em 7 de março de 1785, quando o médico James Hutton deu uma palestra bombástica na Royal Society, em Edimburgo, sobre a formação de massas de terra e estratos rochosos. Ali estava enterrada uma teoria geológica de proporções sísmicas, que refutava a crença cristã convencional de que a Terra tinha sido criada por Deus em seis dias cerca de 6 mil anos antes (um professor de Cambridge, rastreando os registros bíblicos, afirmou que tudo começou às nove da manhã de 26 de outubro em 4004 a.C.). Hutton declarou que fenômenos enigmáticos — como o aparecimento de antigos fósseis de mariscos em cumes de montanhas e a existência de estratos rochosos justapostos em ângulos radicalmente diferentes — só podiam ser explicados por ciclos repetidos de deposição e soerguimento que tinham ocorrido ao longo de vastos períodos, talvez de milhões de anos ou mais.[8] Mais tarde, Hutton levou seu amigo John Playfair para visitar algumas camadas rochosas expostas a fim de demonstrar sua teoria, o que motivou Playfair a dizer que "a mente parecia ficar tonta olhando para tão longe no abismo do tempo".[9]

Embora Hutton não tenha sido o primeiro a questionar a idade do planeta, seu trabalho esteve entre os mais influentes e assinalou uma reviravolta radical na história da psique moderna ocidental (muitas culturas não ocidentais, cabe notar, estavam em sintonia bem maior com a verdadeira idade da Terra).[10] O Gênesis foi desmistificado (ou pareceu ser), e seu lugar tomado pela ideia extraordinária de que a Terra era imensuravelmente antiga e a humanidade só existira durante uma minúscula porção de sua história. Mas as revoluções costumam ser mais lentas do que pensamos e passou-se pelo menos meio século antes que as ideias de Hutton se tornassem uma convicção geral. Elas foram gradualmente espalhadas por cientistas pioneiros do século XIX, que efetuaram um lento movimento de pinça sobre a mente vitoriana. De um lado vieram geólogos como Charles Lyell, que deu maior comprovação à tese de Hutton e a desenvolveu. De outro lado vieram pensadores evolucionários liderados por Charles Darwin, que insistiam que processos como o desenvolvimento de asas e penas por répteis, ou a transformação de macacos em seres humanos, nunca poderiam ter acontecido apenas nos poucos milhares de anos do tempo bíblico.

A descoberta do que hoje é conhecido como "tempo profundo" contribuiu para que a geologia e a arqueologia tenham se tornado uma febre na era vitoriana. Ela também empolgou algumas das maiores mentes da época, entre elas o escritor H.G. Wells. "Tornamo-nos detentores de uma nova e outrora insuspeitada história do mundo", ele exclamou. E se podíamos agora olhar para tão longe no passado, ele argumentou, por que não deveríamos ser capazes de olhar igualmente para o que estava à mesma distância na nossa frente? Para Wells, a perspectiva do tempo geológico requeria "a descoberta do futuro". Isso exigiria uma nova ciência que seria uma espécie de imagem espelhada da geologia em termos temporais "a fim de lançar um holofote de inferência para a frente e não para trás", o que ajudaria a prever o futuro "procurando causas operantes em vez de fósseis".[11]

Declarações desse tipo valeram a Wells sua reputação como inventor da disciplina da futurologia (hoje chamada "estudos do futuro"), mas seu maior impacto talvez tenha sido sobre a imaginação humana. Por meio de romances como *A máquina do tempo* (1895), em que um cientista e cavalheiro vitoriano envia a si mesmo para o ano 802701 — Wells abriu a cultura ocidental para o pensamento de longo prazo, ou aquilo que ele chamava de um "Agora em constante expansão".[12] Até então, poucos escritores tinham pensado em ambientar suas histórias num futuro remoto; a maior parte da ficção utópica era ambientada num lugar distante — muitas vezes em alguma ilha exótica não descoberta — em vez de num tempo distante. Wells fez mais do que qualquer escritor para mudar isso, e no processo ajudou a gerar o gênero da ficção científica, que logo se tornou um popular meio de expressão criativa para a exploração de futuros a longo prazo.[13] Um de seus primeiros e mais brilhantes expoentes foi o filósofo Olaf Stapledon, cujo romance de 1930 *Last and First Men: A Story of the Near and Far Future* — uma importante influência sobre escritores visionários como Arthur C. Clarke — narra a história evolucionária da humanidade ao longo dos próximos 2 bilhões de anos e através de oito grandes revoluções biológicas e culturais. A escala de tempo é tão vasta que toda a história humana até o momento em que o autor escrevia é coberta nas duas primeiras páginas.

Humildade diante do tempo profundo

O desafio que a ideia de tempo profundo carrega é de ser muito difícil transformar um conceito abstrato num conceito tangível que penetre e altere profundamente nosso ser. John Playfair pode ter ficado tonto ao olhar para estratos rochosos na costa oeste da Escócia em 1788, mas suspeito que poucas pessoas ficam empolgadas de maneira similar ao contemplar camadas de rocha sedimentar. Eu pelo menos não fico. E, por mais que eu tenha estudado aquelas tabelas geológicas de livro-texto listando períodos como o Cambriano, o Devoniano e o Cretáceo, elas nunca catapultaram minha mente milhões de anos para trás (ou para a frente), lançando-a no êxtase do tempo profundo. Talvez seja diferente para um geólogo, cujo conhecimento e amor por sua disciplina fazem dela algo vivo, ou para um garoto obcecado por dinossauros, mas constato que esse tipo de informação técnica me deixa frio como pedra.

A boa notícia é que, por mais de um século, um bando imaginativo de cientistas, escritores e outros pensadores criativos vêm fazendo o melhor que podem para transmitir o assombro e a imensidão do tempo profundo, tendo que competir duramente com os relógios da civilização industrial. Seus esforços recaem em três áreas principais: arte, metáfora e experiência. Seu trabalho nunca foi mais relevante para nós do que agora.

Arte do tempo profundo e *o relógio de 10 mil anos*

Durante as últimas décadas foram muitos os esforços artísticos que usaram meios criativos para esticar nossas imaginações temporais em direção ao tempo profundo. Em 1977, dois Discos de Ouro projetados para durar 1 bilhão de anos foram enviados para o espaço nas duas espaçonaves *Voyager*, cada um contendo "os sons da Terra" e servindo como uma mensagem de paz para os primeiros extraterrestres que os encontrarem. Viajando agora além de nosso sistema solar, os Discos incluem gravações que vão de Mozart e Chuck Berry ao canto de pássaros e à risada humana (críticos ressaltam que teria sido mais realista incluir também sons de guerra, violência, fome e depressão). Mais perto de casa, Rachel Sussman, num projeto intitulado *The Oldest Living Things in World*, fotografou liquens na Groenlândia que têm mais de 2 mil anos e crescem apenas um centímetro a cada cem anos. Em 2015, Jonathon Keats instalou uma câmera de tempo profundo em Tempe, Arizona, que está captando a linha do horizonte da cidade numa velocidade de exposição à luz cuja duração será de mil anos. Em 3015, a imagem será finalmente exibida. O projeto *Memory of Mankind*, do artista Martin Kunze, que visa a preservar "memórias ameaçadas", está depositando mil dos livros mais importantes da humanidade numa mina de sal austríaca. Eles serão armazenados em tábuas de microfilme de cerâmica por 1 milhão de anos.

Talvez a obra de arte mais instigante dentre todas seja *O relógio do longo agora*, também conhecido como o *Relógio dos 10 mil anos*. Projetado pela Long Now Foundation, seu objetivo é criar uma nova mitologia do tempo que desafie o patológico curto tempo de atenção do mundo moderno. Como disse um de seus inventores, Stewart Brand, "Como podemos tornar o pensamento de longo prazo automático e comum em vez de difícil e raro? Como podemos tornar a assunção de responsabilidade de longo prazo inevitável? O dispositivo é um Relógio, muito grande e muito lento".[14] O relógio, projetado para trabalhar com muita precisão por dez milênios, terá sessenta metros de altura, e está sendo construído atualmente dentro de uma remota montanha de cal no deserto do Texas, embora sua engenharia complexa talvez faça com que ele ainda leve mais de uma década para ficar pronto. Visitantes terão de aguentar um dia inteiro de caminhada para chegar a seus mecanismos internos. Uma vez lá, serão saudados por um repique de dez sinos, criado pelo músico Brian Eno, que tocará numa sequência única a cada dia pelos 10 mil anos — 3 625 500 dias — da vida do relógio.[15]

O projeto não deixou, contudo, de receber críticas. Alguns questionam se um dispositivo mecânico, que tanto ecoa os relógios de fábrica que aceleravam o tempo na Revolução Industrial, é realmente a maneira mais apropriada de nos reconectar com os biorritmos cíclicos do mundo natural. Outros apontam a inescapável ironia contida no fato de que seu principal financiador seja o fundador da Amazon Jeff Bezos, alguém cujo maior

Humildade diante do tempo profundo

legado para a humanidade talvez seja o botão "Compre agora". Bezos é conhecido por defender as virtudes do pensamento de longo prazo: "Toda empresa", ele diz, "exige uma visão de longo prazo". Ao mesmo tempo, criou um negócio que prospera na mentalidade de curto prazo, com a gratificação instantânea do consumidor.[16] Apesar dessas tensões, *O relógio de 10 mil anos* continua sendo impressionante por sua ambição cultural e temporal, e poderá acabar se tornando um local de peregrinação para bons ancestrais, um símbolo poderoso de nossa mente de longo prazo.

O poder da metáfora

Em todo o mundo, o tempo profundo se situa no coração de histórias da criação: do Tempo do Sonho aborígene australiano, que remonta ao próprio começo do tempo, quando espíritos ancestrais criaram a Terra e seus habitantes, até o *kalpa* ou "dia de Brahma", um ciclo de 4,32 bilhões de anos na cosmologia hindu que mede o período entre a criação e a re-criação do universo. A narrativa, entretanto, está relacionada a algo mais do que as histórias que usamos para decifrar o mundo e nosso lugar nele. Ela tem a ver também com as próprias formas de linguagem de que fazemos uso. Quando se trata de transmitir a história do tempo profundo, uma das ferramentas mais cruciais à nossa disposição é a metáfora. Ela nos permite compreender os vastos números envolvidos no processo e que tão facilmente entorpecem a mente. Talvez a mais poderosa que encontrei seja uma metáfora simples e elegante do escritor John McPee, que cunhou a expressão "tempo profundo" em 1980:

> Considere a história da Terra como a antiga medida da jarda inglesa, a distância entre o nariz do rei e a ponta de sua mão estendida. Uma passada de lixa de unha em seu dedo médio apaga a história humana.[17]

Eu ainda fico arrepiado quando leio essas palavras. Algumas pessoas, porém, preferem expressar nossa insignificância cósmica em relação a períodos de tempo não com o comprimento de um braço régio, mas com o calendário anual. Num exemplo muito conhecido, o período Pré-Cambriano vai do Dia do Ano-Novo até o Dia das Bruxas, mais ou menos; a última placa de gelo derrete um minuto antes da meia-noite de 31 de dezembro e o Império Romano existe por apenas cinco segundos.

A maior parte das descrições do tempo profundo é histórica: elas começam no passado distante e nos trazem para o presente e a era de *Homo sapiens*. Ao fazê-lo, correm o risco de que a humanidade apareça quase como o zênite do processo evolucionário — uma ideia que pouco pode contribuir para estimular um senso de humildade em meio à nossa espécie. É por isso que também precisamos de visões do tempo profundo que se voltem explicitamente tanto para a frente quanto para trás, concentrando-se igualmente nas épocas que estão por vir. Essa é uma abordagem frequentemente encontrada entre cosmólogos, como o astrofísico britânico Martin Rees:

> Eu gostaria de ampliar a consciência que as pessoas têm da enorme extensão de tempo que há pela frente — para nosso planeta e para a própria vida. A maior parte das pessoas instruídas tem consciência de que somos o resultado de quase 4 bilhões da anos de seleção darwiniana, mas muitos tendem a pensar que os seres humanos são de algum modo o cume desse processo. Nosso Sol, contudo, está a menos da metade do seu tempo de vida. Não serão seres humanos que assistirão à morte do Sol daqui a 6 bilhões de anos. Quaisquer criaturas que existam então serão tão diferentes de nós quanto somos diferentes de bactérias ou amebas. Nossa preocupação com o futuro da Terra está, compreensivelmente, concentrada nos próximos cem anos no máximo — na vida de nossos filhos e netos. Mas a consciência desse horizonte de tempo mais longo, e do imenso potencial que ações humanas neste século poderiam antecipar, oferece um motivo extra para a adequada administração deste planeta.[18]

A mensagem alcança o âmago da perspectiva do tempo profundo. Por um lado, ela serve para estender nossas imaginações, movendo-as de um agora curto para um agora mais longo, em que o *Homo sapiens* está aqui por pouco mais que um piscar de olhos do tempo cósmico. Somos meros figurantes que aparecem no palco pelo mais breve momento de uma história que se estende por eras. Por outro lado, ela é um lembrete de nosso potencial destrutivo: num período incrivelmente curto pusemos em perigo um mundo que demorou bilhões de anos para se desenvolver. Somos apenas um pequenino elo na grande corrente dos organismos vivos, portanto quem somos nós para pôr tudo isso em risco com nossa cegueira ecológica e tecnologias mortíferas? Não temos uma obrigação, uma responsabilidade, para com nosso futuro planetário e as gerações vindouras de seres humanos e outras espécies?

Jornadas experimentais e a sabedoria da árvore do tempo

Se esperamos entender os mistérios do tempo profundo, talvez não sejam metáforas ou obras de arte que melhor nos ajudem a compreender suas maravilhas, mas experiências vividas e gravadas em nossas paisagens mentais.

Uma maneira de começar é empreender uma jornada física com um aplicativo chamado Deep Time Walk [Caminhada do tempo profundo], em que você segue uma caminhada autoguiada de 4,6 quilômetros que representam os 4,6 bilhões de anos da história da Terra. Ao longo do caminho, os narradores descrevem os vários estágios do nascimento do planeta e todas as suas fervilhantes formas de vida. Os vinte centímetros finais cobrem a quantidade de tempo em que existiram seres humanos. Depois há o Cosmic Pathway [Caminho cósmico] no American Museum of National History, em Nova York. Os visitantes caminham 110 metros em torno da história do universo numa espiral ascendente, em que finalmente chegam a um único fio de cabelo humano, bem esticado, cuja extensão representa os 30 mil anos desde a mais antiga pintura rupestre conhecida na Europa até a construção do próprio caminho.

Você não precisa viajar para a América do Norte para experimentar isso: há lembretes tangíveis do tempo profundo por toda parte à nossa volta. Lembro que uma vez contemplei as estrelas através de um telescópio e me dei conta, pela primeira vez, de que ele era uma máquina do tempo que me permitia olhar profundamente para o passado, pois a luz que atingia meus olhos estivera viajando por anos ou possivelmente séculos para chegar à Terra, e podia até estar vindo de estrelas que não mais existiam ou de uma época anterior à evolução dos seres humanos.

No verão passado, na cidade litorânea de Lyme Regis, flagrei a mim mesmo na praia procurando fósseis com meus filhos. Diferentemente da famosa caçadora de fósseis Mary Anning duzentos anos antes, não encontrei um espetacular esqueleto de ictiossauro, mas consegui descobrir um belemnite — uma antiga criatura semelhante à lula — que havia sido removido do rochedo pelas ondas que se chocavam contra ele. Ele tinha apenas alguns centímetros de comprimento, e eu o segurei delicadamente na mão. Nenhum ser humano jamais o vira ou tocara antes de mim. Eu estava segurando um pedaço de história planetária com 195 milhões de anos. Fiquei maravilhado, e minha mente ficou tonta fitando o abismo do tempo.

Árvores antigas oferecem outra maneira intensa de comungar com o tempo profundo. Há mais de um século, os visitantes do American Museum of Natural History se assombram quando ficam diante de uma sequoia gigante cortada transversalmente. Quando ela tombou na Califórnia, em 1891, tinha cem metros de altura e uma base que media 27 metros. Seus 1342 anéis revelam que ela remonta a meados do século VI. Etiquetas ao longo de seu raio marcam momentos significativos na história: a coroação de Carlos Magno em 800 e a conquista de Jerusalém durante a Primeira Cruzada por volta de 1100, a ascensão de Napoleão em 1800 e o ano em que Arthur Conan Doyle publicou *As aventuras de Sherlock Holmes* — o mesmo em que ela morreu. "Com esses contrastes históricos diante de nós", declarou o *New York Times* em 1908, "podemos começar a conceber em nossa imaginação o tempo de vida de que desfrutou essa resistente matusalém da floresta."

Mas as etiquetas não contam toda a história. Elas não nos contam quem ficava embaixo dos galhos da árvore para se abrigar ou se escondia atrás de seu tronco com medo. Não nos contam sobre a Kings River Lumber Company, que se apossou de quase 122 mil quilômetros quadrados de

A sequoia gigante no American Museum of Natural History na cidade de Nova York.

florestas de sequoia em 1888 e até 1905 tinha derrubado mais de 8 mil árvores raras, inclusive a que estava no museu. A maioria delas tinha mais de 2 mil anos. "Nunca vi uma árvore enorme que tenha morrido de morte natural", escreveu o conservacionista John Muir. Ainda assim, apesar de todas as tragédias, quando estive no Natural History Museum, em Londres, e contemplei outro corte transversal da mesmíssima árvore, senti um assombro, uma reverência e um sensação de que o agora se expandia.

Esses encontros experimentais com árvores antigas têm o poder de nos conectar com os aspectos assombrosos do tempo profundo. Embora nenhuma árvore possa por si só encarnar diretamente os milhões e bilhões de anos da história cósmica — períodos que podem parecer quase incomensuráveis —, elas atuam como uma ponte para tais extensões colossais, pois suas vidas podem se estender bem mais que a nossa. Ajudam-nos a sair dos estreitos confins de décadas para uma visão de séculos e até milênios. Nas White Mountains da Califórnia há os chamados pinheiros bristlecones e sua idade é de quase 5 mil anos. Em Creta, há uma oliveira que pode ter 3 mil anos e ainda dá fruto.[19] Essas árvores aparecem na ficção também: em *O senhor dos anéis*, de J.R.R. Tolkien, com a Treebeard, uma gigantesca árvore falante, ou Ent, a mais velha criatura na Terra Média. Qualquer pessoa que caminhe por uma mata antiga pode sentir o tempo se desacelerar e se alongar, e perceber um agora mais longo nas raízes nodosas e no ar úmido e frio.

Essa capacidade das árvores de agir como um condutor para o tempo profundo impressionou-me há muitos anos quando eu trabalhava como jardineiro numa faculdade de Harvard. Meus colegas e eu plantamos dúzias de árvores que sabíamos que nunca veríamos inteiramente maduras durante nossa vida — carvalhos, tílias e faias-de-cobre. Muitas delas estariam lançando sua sombra já em pleno século XXII ou depois. Saber que as árvores poderiam facilmente sobreviver a mim deu-me um sentimento de humildade e respeito pelo mundo vivo por ser ele tão maior que minha própria centelha de existência.

As árvores encarnam nossa relação simbiótica com o mundo natural. Elas agem como nossos pulmões externos: uma árvore grande pode fornecer suprimento diário de oxigênio para quatro pessoas, ao passo que os 3,1

Humildade diante do tempo profundo

trilhões de árvores existentes no mundo todo absorvem cerca de um terço do dióxido de carbono que nós, seres humanos, produzimos a cada ano.[20] No entanto, afora suas qualidades vitais, podemos também pensar nelas como relógios lentos, que marcam não só os anos com a expansão gradual de seus anéis de crescimento, mas também os ritmos cíclicos da natureza, uma vez que mudam com as estações. Nas palavras do romancista Richard Powers, as árvores nos ensinam sobre "a vida na velocidade da madeira".[21] A arte do pensamento de longo prazo pode residir na capacidade de pensar em "tempo de árvore", ou seja, numa escala de centenas e milhares de anos que pode abrir a nossa mente para as profundezas do tempo.

Não há, é claro, nenhuma fórmula simples para a experimentação do tempo profundo. Isso não é algo que possa ser comprado pronto ou encomendado. Mas podemos fazer o nosso melhor por meio de ações simples, como empreender uma peregrinação mensal para visitar uma árvore antiga (preferivelmente viva). Talvez seja sensato deixar seu celular guardado por um dia, para que você possa se sentar com tranquilidade sob seus galhos sem a tentação de tirar uma selfie. Como o monge zen Thich Nhat Hanh aconselhou de brincadeira: "Simplesmente não faça nada: fique ali sentado".[22] Em nossa quietude, em nosso enlevo, as eras podem começar a fluir através de nós.

Retorno do círculo giratório

A história não foi bondosa com o tempo profundo. Sua descoberta coincidiu com o crescente domínio do pensamento de curto prazo na Revolução Industrial, e desde então ele enfrentou a competição implacável da velocidade cada vez maior da cultura digital. Durante os dois últimos séculos, o relógio da fábrica e o iPhone foram vastamente vitoriosos diante do martelo do geólogo e do telescópio do astrônomo. O mercado acionário presta pouca atenção em cientistas e artistas que promovem as virtudes do pensamento numa escala cosmológica de milhões de anos, ao passo que a maioria dos políticos consideraria o planejamento para mesmo três ou quatro décadas à frente desvairadamente utópico.

Contudo, assim como nossas imaginações morais se expandiram ao longo dos séculos — de preocupações com nossa família e tribo imediatas para ideais como direitos humanos universais e direitos dos animais —, também nossas imaginações temporais têm o potencial de se estender para muito além do aqui e agora. Com a ajuda da arte, da metáfora e da experiência, podemos começar a encontrar significado no tempo profundo.

Algumas pessoas questionam o valor desse esforço, afirmando que a compreensão do tempo profundo poderia ser uma receita para a apatia: por que nos preocuparmos com os problemas do mundo quando a existência humana é um momento tão fugaz em relação à vastidão da história cósmica e se acabaremos todos como pouco mais que poeira estelar espalhada por todo o Universo?

Um encontro com o tempo profundo nos leva numa direção diferente: para uma perspectiva em que cultivamos um propósito em vez de futilidade. Ele nos oferece um ponto de vista vital sobre a tendência compulsiva de pensar a curto prazo do mundo moderno, arrancando nossa mente do último tuíte ou do próximo deadline e permitindo-nos ver um quadro mais amplo. Também nos ajuda a pensar sobre as consequências de nossas ações num futuro distante, como, por exemplo, para onde a inteligência artificial ou a biologia sintética podem acabar levando nossa espécie. O tempo profundo nos coloca novamente em contato com o tempo cíclico, permitindo-nos apreciar fenômenos naturais como o ciclo do carbono, que opera na escala de milênios e molda o destino da vida na Terra. Ele nos ajuda a nos posicionarmos no grandioso desfile da vida em nosso planeta, algo que é parte de uma corrente existencial que não temos nenhum direito de quebrar com a imprudente destruição dos ecossistemas em que todas as coisas vivas existem.

Podemos começar nossas jornadas rumo ao tempo profundo com uma prática poderosa em sua simplicidade e que é inspirada pela Long Now Foundation: pôr um zero em frente ao ano cada vez que escrevemos a data. Estou escrevendo estas palavras em 02019. Com apenas um único dígito extra — fazendo eco a um dos círculos giratórios do Alce Negro — podemos começar a imaginar dezenas de milhares de anos no futuro.

4. Mindset de legado

Como podemos ser bem lembrados?

> Irão futuras gerações falar da sabedoria de seus ancestrais como tendemos a falar dos nossos? Se queremos ser bons ancestrais, devemos mostrar a futuras gerações como enfrentamos uma era de grande mudança e grandes crises.
>
> JONAS SALK[1]

COMO AS PESSOAS DO FUTURO se lembrarão de nós? Essa é uma questão que vai ao cerne da condição humana, tocando no desejo poderoso de desafiar nossa própria mortalidade e deixar um legado para a posteridade. Mais de meio século de investigação psicológica revela que esse impulso quase universal tende a emergir quando entramos nos estágios intermediários da vida.[2] A maioria de nós espera que nossas ações e influência venham a produzir algum efeito nos anos por vir, assegurando que o fogo de nossa própria vida continue ardendo além da inevitabilidade da morte. Poucas pessoas realmente desejam ser esquecidas para sempre.

Mas escolhemos expressar nosso legado de maneiras diferentes. Alguns buscam uma forma egocêntrica de legado, esperando ser lembrados e glorificados por suas realizações pessoais. Essa foi a abordagem de Alexandre, o Grande, que mandou erigir estátuas de si mesmo por todo o império, inclusive no solo sagrado grego de Olímpia. O legado que ele buscava era ser perpetuamente venerado por suas ações heroicas e conquistas brilhantes, e ser festejado como um deus — o que não é de surpreender quando se trata de alguém que afirma ser um descendente direto de Zeus. Os oligarcas corporativos de hoje, que usam sua generosidade filantrópica para ter edifícios, estádios de futebol e alas de museu com seu nome, têm ambições similares.

Uma aspiração mais comum é deixar um legado familiar, algo que tipicamente se dá na forma de uma herança. Escrita em testamento para filhos, netos ou família estendida, a natureza da herança pode variar, indo de dinheiro e bens a relíquias familiares preciosas. Esse é o tipo de legado valorizado por aristocratas que querem manter sua propriedade fundiária dentro da linhagem familiar, mas também por imigrantes — como meu pai, um refugiado da Polônia que chegou à Austrália após a Segunda Guerra Mundial — que trabalham horas a fio na esperança de deixar dinheiro suficiente para que seus filhos tenham mais oportunidades na vida que eles. Para muitas pessoas, é menos importante deixar bens materiais que transmitir seus valores e cultura, seja na forma de crenças religiosas, línguas nativas ou tradições familiares.

Mas, se realmente desejamos nos tornar bons ancestrais, precisamos expandir nossa concepção de legado e pensar nele não só como uma rota para a glória pessoal ou como uma herança para nossa prole, mas como uma prática de vida cotidiana que beneficia todas as pessoas futuras. Podemos pensar nisso como um "Mindset de legado", perspectiva em que visamos a ser lembrados pelas gerações que nunca conheceremos, os estranhos universais do futuro. Podemos cultivar essa forma de pensamento de longo prazo por meio de três abordagens: a cutucada da morte, as dádivas intergeracionais e a sabedoria de *whakapapa*.

A cutucada da morte

O que sabemos sobre o desejo e a disposição humana para deixar um legado transcendente para completos estranhos? Um meio de procurar respostas é acompanhar a "doação de legados", em que pessoas deixam dinheiro em seus testamentos para causas filantrópicas. À primeira vista, os dados parecem impressionantes; nos Estados Unidos, essas doações filantrópicas totalizaram mais de 40 bilhões de dólares em 2018, ao passo

Mindset de legado 69

que no Reino Unido elas geram 3,2 bilhões anualmente, com organizações como a Cancer Research UK e a British Heart Foundation recebendo mais de um terço de sua renda desse tipo de doação. Mas se olharmos mais de perto veremos que os números perdem seu brilho. Embora 35% dos britânicos digam que gostariam de deixar uma doação filantrópica em seus testamentos, apenas 6,3% realmente o fazem.[3] Tendemos a ver a herança principalmente como um assunto de família em vez de uma oportunidade para ajudar causas que podem beneficiar aqueles que estão fora dela.

Há contudo novas e fascinantes investigações emergindo da psicologia comportamental. Elas mostram quão pouco é necessário para que canalizemos mais nossas doações para futuras gerações. Tudo que é necessário é uma "cutucada da morte" — um lembrete de nossa mortalidade colocado no lugar certo.

Uma das principais estudiosas mundiais em tomadas de decisão que levam em conta o fator intergeracional, Kimberly Wade-Benzoni liderou um experimento em que os participantes foram divididos em dois grupos. Ao primeiro foi pedido que lesse um artigo sobre alguém que tinha morrido num acidente aéreo, ao passo que o segundo leu uma matéria sobre um gênio matemático russo. Em seguida, disseram aos grupos que eles iriam participar de um sorteio lotérico de mil dólares e foi-lhes dada a opção de entregar uma parte do prêmio a uma das seguintes instituições de caridade: uma que ajudava pessoas necessitadas no presente ou a que trabalhava para ajudar pessoas no futuro. O resultado? Aqueles que leram sobre o gênio matemático deram duas vezes e meia mais para a caridade concentrada no presente que para aquela orientada para o futuro. Em contraste, aqueles que tinham recebido a cutucada da morte pelo artigo sobre o avião destinaram mais de cinco vezes mais para a caridade futura do que para a presente.[4]

Outro estudo inovador demonstrou que as pessoas que tinham sido estimuladas a pensar em seu legado pessoal escrevendo um curto ensaio sobre como queriam ser lembradas por futuras gerações depois que tivessem morrido se dispunham a dar 45% mais dinheiro para uma entidade filantrópica voltada para questões ambientais do que aquelas que não tinham escrito um ensaio.[5]

Uma terceira pesquisa valiosa explorou maneiras de estimular pessoas no Reino Unido a deixar doações maiores para instituições de caridade em seus testamentos. Se um advogado não perguntava a seus clientes se queriam deixar dinheiro para filantropia, 6% escolhiam livremente fazê-lo de qualquer maneira, mas se o advogado perguntava explicitamente: "Você gostaria de deixar uma doação filantrópica em seu testamento?" o número saltava para 12%. E se o advogado fosse ainda mais longe e dissesse, "Muitos de nossos clientes gostam de deixar uma doação para a caridade em seu testamento. Há alguma causa filantrópica pela qual você seja apaixonado?", dezessete por cento dos interrogados escolhiam deixar um legado para a filantropia.[6] Portanto, mesmo uma pequena mudança no linguajar pode influenciar significativamente o legado a se deixar.

Essas descobertas oferecem uma importante lição. É normal que os economistas suponham que as pessoas "desconsideram o futuro" além do que deveriam e que atribuem relativamente pouco valor aos interesses de futuras gerações. Mas com apenas algumas dicas bem dirigidas tudo isso pode mudar. É como se houvesse um "interruptor de legado" em nosso cérebro que precisasse apenas ser acionado. Faça as pessoas concentrarem diretamente sua mente na doação de legados e elas ficarão mais dispostas a fazê-lo.

Além disso, há estudos demonstrando que pensar sobre a morte e em como queremos ser lembrados quando tivermos partido é algo que pode produzir enormes benefícios sociais, ajudando a forjar um senso de cuidado e responsabilidade intergeracional. Isso vai muito de encontro à cultura da negação da morte que impregna a sociedade ocidental. Gastamos uma energia enorme nos protegendo da morte, ao contrário do que ocorria nos tempos medievais, quando esqueletos dançantes eram pintados nas paredes das igrejas e as pessoas usavam broches de crânio (conhecidos como *memento mori*) como um lembrete de que a morte poderia arrebatá-las a qualquer momento.[7] Não conversamos com nossos filhos sobre ela, trancafiamos nossos idosos em casas de repouso fora da nossa vista e fora da nossa mente, e a indústria da propaganda nos diz que podemos ser jovens para sempre. Talvez seja hora de ter mais conversas sobre a morte.

Mindset de legado

É também importante reconhecer o que esses estudos não mostram. Eles não estão dizendo que precisamos melhorar nossa capacidade de imaginar nossa própria velhice, nem que isso seria, de alguma maneira, um trampolim para que nos preocupemos com futuras gerações. Há um crescente corpo de pesquisas em que as pessoas são apresentadas à sua própria velhice ao verem, em imagens geradas por computador, seus futuros selfs idosos, com rugas e cabelo grisalho, o que pode estimulá-las a adiar gastos hoje e poupar mais dinheiro para suas pensões.[8] Mas nada disso demonstra que essa forma de imaginação tenha qualquer impacto no desejo de deixar legados. O que é realmente necessário é um estímulo para que se pense na mortalidade, não na aposentadoria.

Embora esteja claro que deveríamos lançar mão do poder que a cutucada da morte tem, as pesquisas e os experimentos de psicólogos comportamentais podem parecer desvinculados das realidades da vida cotidiana. Por exemplo, eles tendem a conceber uma doação de legado como uma decisão financeira tomada no fim da vida, ao passo que esse gesto também poderia ser associado ao plantio de uma árvore, à mudança para uma dieta vegetariana ou à participação num protesto de rua em prol da proteção do sistema de saúde.

Para ajudar a pensar sobre essas possibilidades, vale a pena dar a si mesmo uma cutucada da morte com uma questão penetrante sobre os legados que deixamos. A pergunta foi feita pela primeira vez por um estudioso do pensamento de longo prazo, Stewart Brand: "O que nossos descendentes poderiam desejar que tivéssemos feito de melhor para eles?".[9]

Lute com essa questão, brigue com ela, sinta o olhar penetrante do futuro. Qualquer que seja a resposta, esta será um chamado à ação.

Pagar a terceiros: transmitindo presentes para a próxima geração

Dar às pessoas uma cutucada da morte poderia estimular mudanças imediatas em seu comportamento, mas talvez isso não seja o suficiente para que se vá longe o bastante na criação das profundas mudanças psicológicas exigidas a fim de que os valores do bom ancestral se enraízem na sociedade. Então como podemos criar uma conexão mais profunda com os não nascidos da humanidade e o planeta que eles habitarão? Mergulhando na antiga prática de dar presentes.

Na maior parte das sociedades tradicionais, a doação de presentes se originou como uma prática ritual para reforçar os laços comunitários e assegurar as boas relações entre grupos tribais. Às vezes ela se baseava na reciprocidade direta: você dava um cachimbo e recebia uma pele de animal em troca. Perto da Nova Guiné, nas ilhas Trobriand, os povos massim não passavam os presentes diretamente de um lado para outro, mas os faziam viajar em círculo pelo arquipélago. Essa prática acontece em muitas outras culturas. Numa troca cerimonial conhecida como o *kula*, estudada pela primeira vez cerca um século atrás pelo antropólogo Bronisław Malinowski, colares de contas vermelhas (usados por mulheres) moviam-se em sentido horário de uma ilha para outra, de uma comunidade para outra.[10]

Deixar um legado transcendente para pessoas que ainda nascerão é uma forma similar de troca de presente não recíproca, mas na qual a troca se dá através do tempo e não através do espaço. Essas trocas já ocorrem na vida cotidiana, como quando pais passam roupas usadas de seus filhos para outras famílias: os meus frequentemente usam jaquetas e sapatos que foram herdados de garotos mais velhos na nossa vizinhança, e nós logo os passaremos para a próxima leva assim que ficarem pequenos demais para eles. De maneira mais geral, todos somos beneficiários de presentes das gerações anteriores: dos operários do passado que construíram as estradas e os esgotos que usamos todos os dias, dos pesquisadores médicos que encontraram curas para a varíola e a raiva, dos ativistas que lutaram contra a escravidão e pelos direitos de voto que tomamos como garantidos, e dos compositores que escreveram músicas que podem levar lágrimas aos nossos olhos. Como escreveu Piotr Kropotkin, geógrafo e anarquista do século xix:

> Durante milhares de anos, milhões de homens trabalharam para desbravar as florestas, drenar os pântanos e abrir estradas por terra e água... Grandes

Mindset de legado

cidades brotaram no cruzamento das rodovias, e em seus limites todos os tesouros da indústria, da ciência e da arte se acumularam. Gerações inteiras, que viviam e morriam na miséria, oprimidas e maltratadas por seus senhores, e consumidas pela labuta, transmitiram essa imensa herança para o nosso século.[11]

Embora possamos muitas vezes não conseguir reconhecer essa herança, nossa vida está construída sobre as dádivas que recebemos desses ancestrais que são de todos nós. O legado transcendente é a maneira como pagamos nossas dívidas. Mas em vez de "pagá-las de volta" podemos "pagá-las para mais adiante" tornando-nos doadores de dádivas para futuras gerações.

A doação de dádivas é um ideal em harmonia com o sentido original da palavra *legado*, que tem suas origens na Europa medieval. Um legado — do latim *legatus*, significando embaixador ou enviado — era um emissário enviado pelo papa para terras distantes, levando uma mensagem importante. Portanto alguém que deixa um legado pode ser pensado como sendo um embaixador intertemporal do presente enviando uma dádiva para o futuro distante.

Não pode haver nenhuma vocação mais elevada que deixar uma dádiva para os estranhos universais de amanhã, um presente que irá nos oferecer um lugar na grande procissão da vida que nos liga de volta aos primeiros organismos celulares e para o que quer que evoluamos nos próximos milênios. Já recebemos dádivas extraordinárias das gerações passadas de seres vivos, nenhuma maior que o planeta em que vivemos, respiramos e prosperamos. No mínimo, podemos entregá-lo saudável para aqueles que virão depois de nós, de modo a não sermos vistos como perpetradores de bionegligência ou como agentes de extinção em massa. É realmente assim que queremos ser lembrados? "Somos a primeira geração a saber que enfrentamos riscos ambientais globais sem precedentes, mas ao mesmo tempo somos a última geração com uma chance significativa de fazer alguma coisa com relação a isso", adverte o cientista ambiental Johan Rockström.[12] Está se esgotando o tempo para deixarmos um legado de que possamos nos orgulhar.

A ideia de deixar uma dádiva intergeracional para a posteridade é uma poderosa força motivadora para muita gente, quer essa dádiva seja um planeta florescente, uma era de paz ou alguma outra coisa. Pode ser difícil, contudo, sentir uma conexão poderosa e pessoal com os habitantes terrestres não nascidos que nunca encontraremos e nunca poderemos olhar nos olhos. Suas vidas podem permanecer tão distantes, abstratas e incognoscíveis que é quase impossível nos colocarmos em seu lugar e sermos induzidos a nos preocupar com suas perspectivas. Sentir empatia por futuras gerações talvez seja um dos maiores de todos os desafios morais.

Há alguma maneira de transpor esse vão? Há, e ela está enraizada em antigas tradições do culto aos ancestrais.

Em busca de *whakapapa* (com a ajuda da minha filha)

Venerar os ancestrais é um fio que percorre toda a história humana. O *Antigo Testamento* cristão, o *Mahabharata* hindu e as antigas sagas nórdicas do *Edda* contêm, todos eles, longas listas genealógicas que rastreiam linhagens até o passado remoto. A própria palavra islandesa *edda* significa "avó": essas eram histórias contadas por gerações de avós aos seus descendentes. Entre elas havia histórias como a de Valhalla, o grande salão cujo teto era coberto com escudos. Era lá que aqueles que haviam morrido gloriosamente, durante uma batalha, encontravam seus ancestrais. Os vikings acreditavam que seus ancestrais os julgavam com base em seus feitos heroicos, e por isso se empenhavam em deixar boas lembranças para aqueles que viriam depois deles. Arqueólogos encontraram sinais de culto aos ancestrais na China que remontam a 4 mil anos, inclusive vasilhas usadas para servir a carne sacrificada de inimigos capturados na guerra, como uma oferenda ritual aos mortos.[13] Na China contemporânea, gerações passadas são alimentadas de maneira menos horripilante durante o "Festival dos Fantasmas Famintos", em que assentos vazios são deixados para membros da família que já estão mortos e aos quais é servido um suntuoso banquete para satisfazer seus eternos apetites. Tais

Mindset de legado

rituais reforçam o ideal confuciano de piedade filial — respeito pelos mais velhos — que continua forte na cultura chinesa.

O culto aos ancestrais nos convida a olhar do presente para o passado, o que à primeira vista parece muito diferente da noção de legado, em que imaginamos nossos descendentes olhando para nós a partir do futuro a fim de julgar nossas ações no presente. Contudo, venerar os ancestrais é algo que cria uma forte corrente de ligação intergeracional que viaja no tempo — tanto para a frente quanto para trás. Isso é evidente no provérbio maori ligado à subjugação do tempo, *Kia whakatōmuri te haere whakamua*: "Ando para trás no futuro com os olhos fixos em meu passado". A visão de mundo maori baseia-se numa noção de tempo que dissolve ontem, hoje e amanhã um no outro, e que requer um respeito pelas tradições e crenças de gerações anteriores ao mesmo tempo que também se preocupa com aqueles que ainda estão por vir. Todos estão na sala: os mortos, os vivos e os não nascidos. "Somos todos netos e somos todos ancestrais", diz Julia Whaipooti, advogada e defensora dos direitos das crianças maori. "Pessoalmente, sou impelida por nossas *mokopuna* (futuras gerações) a tornar o mundo um lugar melhor do que era quando o encontramos."[14]

A expressão mais conhecida desse pensamento é o conceito maori de *whakapapa* (genealogia), que descreve uma linha da vida contínua que conecta um indivíduo com o passado, o presente e o futuro.[15] Na cultura maori tradicional, a *whakapapa* ou linhagem ancestral de uma pessoa pode ser representada num *ta moko*, uma tatuagem na face ou no corpo. Nanaia Mahuta, a primeira política a usar um *ta moko* facial no parlamento neozelandês, descreve-o como um marcador de "quem eu sou, de onde vim e a contribuição que quero continuar a dar".[16]

Segundo o especialista em liderança James Kerr, o time de rúgbi da Nova Zelândia tenta viver de acordo com uma filosofia de *whakapapa*. Ela lhes pede tanto que representem os jogadores que vieram antes deles quanto que criem um legado para aqueles que se seguirão:

> Há um conceito espiritual maori fundamental chamado "whakapapa" — uma longa e ininterrupta corrente de seres humanos de braços dados do início

dos tempos até o fim da eternidade. E o sol brilha por apenas um momento sobre isso, o nosso tempo. É nossa obrigação e responsabilidade aumentar o legado. Nossa primeira responsabilidade é ser um bom ancestral.[17]

Embora *whakapapa* seja mais bem compreendida como parte de uma rede de conceitos maoris entrelaçados, como *whanau* ("família extensa") e *whenua* (terra ou placenta), ela é claramente um conceito que tem o potencial de cruzar fronteiras culturais, inspirando mesmo não maoris a brilhar mais amplamente e imaginar seu lugar na longa corrente dos mortos, vivos e não nascidos. Mas pode ser difícil absorver esse pensamento em nossa vida, uma vez que a cultura ocidental foi tão devastadoramente bem-sucedida em cortar um sentimento profundo de conexão intergeracional. Assim como as crianças nos romances *Fronteiras do Universo*, de Philip Pullman, foram separadas de suas almas animais, ou daimons, fomos amputados de nossos ancestrais e futurocestrais. Estamos tão ocupados vivendo no presente, presos no curto agora de deadlines de trabalho e mensagens instantâneas, que a ideia de ser apenas um elo numa vasta corrente de humanidade que se estende pelo tempo cosmológico poderia parecer algo de difícil compreensão. Nossa cultura individualista de autoajuda e de "obsessão pelo número um" torna isso ainda mais desafiador. O resultado é o rompimento dos nossos laços intergeracionais e o encolhimento de nossos horizontes temporais para o tempo presente. Se pensamos em deixar algum legado, ele está em geral limitado a apenas uma ou duas gerações a partir de hoje, e dentro dos limites de nossa árvore genealógica.

Com imaginação, no entanto, podemos encontrar maneiras de nos conectar com o poder de *whakapapa*. O meio mais eficaz que já encontrei de fazê-lo foi ao participar de um workshop de imersão sobre o pensamento que herdamos. A experiência integrou um fim de semana de atividades promovido pelo Long Time Project. Intitulado Camadas Humanas, o seminário foi criado pelas ativistas culturais Ella Saltmarshe e Hannah Smith e inspirado pela ecologista profunda Joanna Macy. Embora seja melhor experimentar a *whakapapa* na companhia de outras pessoas, você pode fazê-lo sozinho.

Mindset de legado

Comece num espaço aberto. A primeira instrução é dar um passo para trás, com os olhos fechados, e imaginar alguém de uma geração mais velha que você conheça e a quem seja afeiçoado, como um de seus pais ou avós. Em seguida, dê mais um passo atrás e visualize essa pessoa como um jovem adulto: imagine sua vida, seus pensamentos e sentimentos, suas esperanças e lutas. Depois de um minuto, dê um terceiro passo atrás e imagine o quinto aniversário dessa pessoa — todo mundo que está lá, as expressões em seus rostos, as emoções no ar. Quando fiz isso, eu estava imaginando meu pai com cinco anos em sua pequenina aldeia na Polônia, apenas um ano antes que a Segunda Guerra Mundial eclodisse e virasse a sua vida de cabeça para baixo. Havia risos, abraços afetuosos de sua avó, os primeiros morangos da primavera trazidos da floresta.

Para o estágio seguinte, retorne à sua posição inicial e imagine uma pessoa jovem em sua vida com quem você se importa e a quem se sente ligado, como uma sobrinha, um afilhado ou um de seus próprios filhos. Novamente de olhos fechados, dê um passo à frente e evoque seu rosto, sua voz, as coisas que essa pessoa gosta de fazer. Depois dê mais um passo à frente e viaje trinta anos para o futuro — o que está acontecendo na vida dessa pessoa, quais são suas alegrias e problemas, como está o mundo ao redor dela? Depois dê um último passo e chegue à nonagésima festa de aniversário dessa pessoa. Você a imagina cercada por seus próprios filhos e netos, seus amigos mais chegados, vizinhos e colegas de trabalho. Ela se levanta, ligeiramente trêmula, a mão segurando um drinque com rigidez, e está prestes a fazer um discurso de aniversário. De repente, sobre o console da lareira, ela vê uma fotografia sua, e em vez do discurso de aniversário decide falar ao grupo sobre o legado que você lhe deixou: o que aprendeu com você sobre como viver e as maneiras como a inspirou.

Nesse ponto, a instrução final é sentar-se e escrever o discurso que ela faria em memória de você, seu falecido ancestral.

Fazer esse exercício pode ser perturbador, especialmente para aqueles que têm pensamentos sombrios com relação ao nosso futuro planetário. Ele leva algumas pessoas às lágrimas. Mas oferece também uma importante maneira de visualizar e personificar o futuro, já que ele pode, e muito facilmente, continuar sendo uma abstração distante.

Quando eu o fiz, imaginei minha filha de dez anos transformar-se numa mulher de noventa. Foi um revelador momento *whakapapa*. Talvez pela primeira vez, eu senti verdadeiramente que faço parte da corrente interligada da humanidade. O exercício me fez considerar não apenas o mundo que eu queria deixar para a minha filha, mas o que eu queria deixar para todas as futuras gerações, simbolizadas por todos aqueles que estavam na festa de aniversário com ela. Dei-me conta de que ela não era um indivíduo isolado, mas parte de toda uma rede interconectada de vida e relações que constituíam o futuro: todas aquelas pessoas na sala, o ar que respiravam, o mundo vivo do lado de fora das paredes. Importar-me com a vida dela era importar-me com *toda* a vida. Descobri que uma profunda imersão no pensamento sobre o legado familiar pode ser uma ponte para uma noção mais transcendente de legado, estimulando-nos a pensar além dos confins da herança biológica.

Mas não é só uma única criança que pode proporcionar um elo transcendente com o futuro; qualquer conjunto de relações em que estejamos inseridos tem esse potencial. Quando nos sentimos empaticamente ligados a uma comunidade particular, como fazem os jogadores de rúgbi da Nova Zelândia, podemos desenvolver um sentimento de preocupação com seus futuros membros, e solidariedade com eles, e um desejo de deixar um legado em seu benefício. Podemos imaginá-los, podemos quase conhecê--los. Quer seja uma comunidade baseada em torno do esporte, da fé, da cultura, do lugar ou da política, podemos nos sentir motivados por um sentimento de história e narrativa compartilhadas a fim de agir de acordo com os interesses de um destino compartilhado. É assim que o poder da empatia pode trabalhar através das vastidões do tempo, ajudando-nos a escapar da camisa de força do ego e da miopia do agora.

O cultivo de um legado para amanhã

Das seis abordagens ao pensamento de longo prazo que aparecem neste livro, a ideia de um Mindset de legado é a que mais se aproxima da preocupação original de Jonas Salk sobre o que é ser um bom ancestral. Ela nos põe numa relação com futuras gerações, de modo a sentirmos o constante olhar delas sobre nós. Podemos ser gratos pelo fato de os seres humanos possuírem um profundo ímpeto para deixar um legado para a posteridade, e sabemos como ativá-lo: com a sabedoria de *whakapapa*, o poder das dádivas intergeracionais e das cutucadas da morte oportunas para ativar nosso cérebro de noz.

Temos uma escolha existencial com relação ao modo como queremos ser lembrados e para quem será nosso legado. Nunca nos tornaremos bons ancestrais simplesmente buscando um legado egocêntrico que faz pouco mais que celebrar e imortalizar nossos feitos pessoais, e tampouco podemos nos dedicar somente a um estreito senso de legado familiar, por mais que ele seja tentador. Como pai de dois filhos, compreendo o desejo de deixar alguma coisa para membros da minha própria família, especialmente uma herança financeira, que poderia lhes oferecer algo que se assemelhasse à segurança neste mundo incerto. Contudo, se esperamos que a humanidade — e isso inclui nossos próprios descendentes — sobreviva e prospere no século XXI e além dele, devemos alargar nossa visão para incluir uma abordagem mais transcendente à ideia de legado.

Há um provérbio apache que diz: "Não herdamos a terra de nossos antepassados; nós a tomamos emprestada de nossos filhos".[18] No fim das contas, aqueles que nos julgarão a partir do futuro não serão somente nossos próprios filhos, mas todas as crianças.

Um legado não é algo que *deixamos*, mas algo que cultivamos ao longo de nossa vida inteira. Não é apenas uma herança escrita num testamento, mas uma prática diária. Cultivamos nosso legado como pais e amigos, como trabalhadores e cidadãos, como criadores e ativistas e como membros de comunidades. É uma questão de sermos conscientes das consequências de nossas ações no futuro distante, seja por meio do modo como fazemos compras ou do modo como votamos. É uma questão de transmitir um mundo que seja adequado para o florescimento da vida. É uma questão de plantar sementes de carvalho no chão em benefício daqueles que ainda estão por vir.

Podemos ser inspirados por todos aqueles que escolheram esse caminho, como a médica e professora queniana Wangari Maathai, a primeira mulher africana a ganhar o prêmio Nobel da Paz. Em 1977, no Quênia, ela fundou o Movimento Cinturão Verde com os objetivos de promover o fortalecimento das mulheres e restaurar a riqueza natural do país. Quando de sua morte, em 2011, ela tinha sido responsável por treinar mais de 25 mil mulheres em técnicas florestais e plantar mais de 40 milhões de árvores. E seu legado ainda continua a prosperar, com o Movimento Cinturão Verde trabalhando com mulheres em mais de 4 mil grupos comunitários em todo o país e fazendo campanhas por modos de vida sustentáveis por toda a África. É isso que significa ser um bom ancestral.

Wangari Maathai, fundadora do Movimento Cinturão Verde.

5. Justiça intergeracional
Razões para respeitar a sétima geração

"Por que eu deveria me preocupar com futuras gerações? O que elas fizeram algum dia por mim?" Embora frequentemente atribuído a Groucho Marx, esse inteligente gracejo vem de fato circulando há mais de duzentos anos.[1] Mas em nossa era de fatores como as mudanças climáticas que se aceleram, a rápida extinção de espécies, o espectro da Inteligência Artificial e o risco da nanotecnologia, a piada está começando a ficar sem graça: de repente está claro que a questão candente é o que estamos fazendo *para elas*. Talvez não haja nenhum outro momento na história em que as ações do presente terão consequências tão monumentais para o futuro. Estamos nos confrontando agora com uma das questões sociais mais urgentes do século XXI: que obrigações e responsabilidades temos para com as gerações que vão nos suceder? A resposta é óbvia para a ativista do clima Greta Thunberg, a adolescente sueca que inspirou um movimento internacional de estudantes a fazer greve até que os países ricos comecem a reduzir suas emissões de carbono em conformidade com o Acordo do Clima de Paris de 2015. Em dezembro de 2018, ela se postou perante líderes mundiais na Conferência da ONU Sobre o Clima realizada em Katowice, na Polônia, e os repreendeu por deixar de encarar a crise ecológica global.

No ano 2078, vou comemorar meu septuagésimo primeiro aniversário. Se eu tiver filhos, então talvez eles passem esse dia comigo. Talvez perguntem sobre vocês. Talvez perguntem por que vocês não fizeram nada enquanto ainda havia tempo para agir. Vocês dizem que amam seus filhos acima de tudo, contudo estão roubando o futuro deles diante dos seus próprios olhos.[2]

Inflamada por esse ato escancarado de roubo intergeracional, Greta está entre os líderes de um crescente movimento de rebeldes do tempo que tem o potencial de transformar o aspecto da democracia moderna. Esse movimento está pedindo justiça e equidade intergeracionais — estabelecer um justo equilíbrio entre o atendimento das necessidades de gerações atuais e futuras — e o encontro de maneiras de representar os interesses dos cidadãos de amanhã nas instituições políticas de hoje.

Podemos pensar nessas gerações por vir como "detentoras do futuro", uma expressão cunhada por Juliet Davenport, fundadora da empresa de energia renovável Good Energy. Assim como as empresas têm acionistas, as sociedades têm detentoras do futuro: cidadãos porvir cujos interesses e bem-estar deveriam ser considerados nas decisões que afetarão as suas vidas. Já encontramos alguns deles — seus filhos e outros jovens que você conhece —, ao passo que a maioria ainda está por nascer. Para assegurar o bem-estar deles é necessário ciar uma sociedade baseada em justiça intergeracional, que é uma das seis abordagens ao pensamento de longo prazo que estão no cerne deste livro. Tal abordagem oferece uma bússola moral para que nos tornemos bons ancestrais, expandindo nossas imaginações éticas para o futuro e ajudando a guiar outras formas de pensamento de longo prazo, como o pensamento de catedral e a previsão holística. Em contraste com uma mentalidade de legado, que pode estimular um senso de conexão pessoal com os detentores do futuro, a justiça intergeracional encoraja um senso de responsabilidade coletiva.

Este capítulo explora as quatro principais bases sobre as quais os rebeldes do tempo de hoje estão argumentando a favor da justiça intergeracional, e a inspiração que eles encontraram no princípio da sétima geração de culturas indígenas. Nosso ponto de partida é uma das mais formidáveis barreiras que eles encaram: uma prática econômica extraordinariamente influente que recebe o inocente nome de "desconto".

Justiça intergeracional

A sombria arte do desconto (ou como transformamos futuros cidadãos em escravos)

O desconto é uma arma de opressão intergeracional disfarçada de metodologia econômica racional. Assim como uma pessoa parece cada vez menor à medida que se afasta de nós, o desconto dá um peso cada vez menor aos juros a ele atrelados quanto mais no futuro eles se encontram. Legisladores usam o desconto para comparar os custos e benefícios de decisões de investimento de longo prazo. Se você quiser realmente saber em que medida um governo se preocupa com seus futuros cidadãos, não dê ouvidos a eloquentes discursos ministeriais, simplesmente olhe para a taxa de desconto. O que você vai descobrir é chocante.

O argumento em prol da taxa de desconto parece plausível a princípio. Os seres humanos tendem a dar mais valor a recompensas presentes que a recompensas futuras, por isso podemos preferir receber 2 mil dólares hoje a receber 5 mil daqui a dez anos. O desconto transforma essa preferência num princípio pelo qual benefícios futuros são relativamente menos valorizados quando comparados a benefícios atuais. Tome uma política governamental que mire no benefício futuro de poupar vidas humanas, como é o investimento em assistência médica. Usando uma taxa de desconto de 2%, uma única vida hoje recebe o mesmo valor que 2,7 vidas dentro de cinquenta anos (isto é calculado como juro composto: $1 \times 1,02^{50} = 2,7$). Após cem anos, uma vida hoje tem um valor igual ao de 7,2 vidas futuras. Aumente a taxa de desconto e o valor relativo dessas que virão cairá rapidamente: a uma taxa de 10%, uma vida hoje vale 117 dentro de cinquenta anos, e 13781 vidas após cem anos ($1 \times 1,1^{100} = 13781$). Assim, com aquela taxa de desconto de 10%, um governo optaria por poupar apenas algumas vidas hoje em vez de investir a mesma quantia de dinheiro para salvar quase 14 mil vidas daqui a um século.

O que tudo isso tem a ver com justiça intergeracional? Durante os últimos cem anos, o desconto se espalhou a partir do mundo das finanças e da contabilidade para se infiltrar na formulação de políticas em áreas que vão da saúde pública às mudanças climáticas. É frequente que agora governos decidam se vão investir em hospitais, em infraestrutura de transportes ou num novo sistema de barreira contra inundações usando uma taxa de desconto para calcular como os futuros benefícios de tais projetos se comparam com seus custos hoje. As taxas de desconto que eles normalmente empregam — em geral entre 2% e 4% — podem não parecer muito elevadas, mas podem ser suficientes para incliná-los contra esses investimentos, ainda que estes provavelmente fossem gerar grandes benefícios no futuro, uma vez que esses benefícios distantes (além de cinquenta anos, digamos) parecem ser negligenciáveis.[3]

Para ver o problema do desconto em ação, considere a controversa decisão do governo do Reino Unido em 2018 contra a aprovação do primeiro projeto energético do país para as lagoas de maré em Swansea Bay. As esperanças para o projeto eram elevadas, especialmente porque o Reino Unido possui cerca de 50% da energia de marés e ondas da Europa, a qual tem o potencial de suprir até 20% das necessidades de energia da nação. O governo justificou sua decisão alegando que a energia de maré era menos rentável que alternativas como a energia nuclear, mas, como críticos apontaram rapidamente, a análise de custo-benefício e a metodologia de desconto empregadas não incluíam os custos de longo prazo da desativação nuclear ou da eliminação de resíduos, ao mesmo tempo que deixavam também de incluir todos os benefícios do projeto, que se estenderiam por 120 anos, não apenas pelos sessenta primeiros anos levados em consideração pelo governo. A inclusão desses custos e benefícios de prazo mais longo teria provavelmente inclinado a balança em favor do projeto.[4] Como a CEO da Good Energy Juliet Davenport me explicou, uma das razões por que esses projetos de energia renovável de grande escala frequentemente lutam para obter o apoio do governo é que seus custos iniciais são relativamente elevados, ao passo que os benefícios de longo prazo são desconsiderados. O resultado é que futuras gerações vão ter que suportar o custo final de nosso descaso estatístico.[5]

O desconto pode ter se tornado uma prática usual de governo, mas deveria ele desempenhar um papel tão dominante nas tomadas de decisão? Uma contestação disso foi o relatório *The Economics of Climate Change*: escrito em 2006 e entregue ao governo do Reino Unido pelo economista

Justiça intergeracional

Nicholas Stern, que dizia que os custos futuros do aquecimento global eram tão grandes que, todo ano, 1% do PIB deveria ser gasto na sua mitigação. Stern foi amplamente elogiado por dar aos interesses das futuras gerações um peso significativo usando uma taxa de desconto excepcionalmente baixa de 1,4% em média, comparada aos mais comuns 3% usados por economistas como William Nordhaus ou aos 3,5% tipicamente usados pelos departamentos de governo do Reino Unido.[6] Contudo, terá essa sido realmente uma vitória tão grande para a justiça intergeracional?

De fato, o efeito de uma taxa de desconto de 1,4% equivalia a tratar futuras gerações quase como escravas. Como assim? Sob uma cláusula notória da Constituição americana de 1787, atribuía-se a um escravo três quintos do valor de um branco livre para efeito do cálculo da representação congressual de estados do Sul. Assim, com que rapidez damos a futuras gerações um status equivalente ao de escravos sob as regras do desconto, ou, em outras palavras, depois de quantos anos são atribuídos a uma pessoa do futuro apenas três quintos do valor de uma pessoa de hoje? Usando a taxa de desconto de 1,4% de Stern, após apenas 36,5 anos pessoas do futuro não são mais bem tratadas que escravos: seus interesses valem apenas 60% dos interesses das pessoas de hoje. Com os 3% de Nordhau — o padrão usado por muitos governos —, os resultados são ainda mais cruéis: futuras gerações são "escravizadas" dentro de meros dezessete anos. Assim, comparadas a cem pessoas no presente, cem pessoas no futuro são valorizadas como o equivalente a sessenta pessoas (três quintos) após dezessete anos, cinco pessoas após um século e uma única pessoa após 150 anos (veja a seguir). Como poderíamos tratar nossos descendentes com tão impiedoso descaso? O desconto é uma expressão icônica da colonização do futuro, tratando-o como um tempo virtualmente não habitado.

Não deveríamos suspender a prática do desconto e, em vez disso, tratar os interesses de todas as pessoas igualmente, não importando quando tenham nascido? Como diz a resposta padrão, o desconto simplesmente reflete nossa preferência pelas festividades de hoje em detrimento de aposentadorias de amanhã. Mas a preferência de um indivíduo pelo presente não justifica que tratemos coletivamente futuras gerações da mesma maneira.

A escravização de futuras gerações

Com uma taxa de desconto de 3%, qual é o valor equivalente atribuído a 100 seres humanos em diferentes momentos ao longo dos próximos 150 anos?

Agora: 100 pessoas

Depois de 17 anos: 60 pessoas (status de escravos)

Após 50 anos: 23 pessoas

Após 100 anos: 5 pessoas

Após 150 anos: 1 pessoa

Gráfico: Nigel Hawtin

Justiça intergeracional

Quem somos nós para reduzir o valor que elas vão atribuir a suas próprias vidas e bem-estar? Uma segunda resposta, frequentemente encontrada em livros de economia, é que o desconto se justifica porque crescimento econômico e avanços tecnológicos vão equipar futuras gerações com meios melhores e mais baratos para atacar problemas como mudanças climáticas, por isso não deveríamos investir demais em ajudá-las. Mas é uma ilusão supor que o crescimento continuará década após década, especialmente quando o impacto do colapso ecológico começar a produzir seus efeitos. É igualmente ilusório acreditar que com dinheiro e tecnologia suficientes a seu dispor nossos descendentes serão capazes de simplesmente reverter eventos cataclísmicos como extinção de espécies, derretimento do gelo polar ou a difusão desenfreada de vírus geneticamente modificados.

Embora o desconto possa parecer a princípio um exercício neutro e tecnocrático, como mostra o economista ganhador do prêmio Nobel Amartya Sen, ele envolve inevitavelmente um juízo de valor e deveria ser "uma matéria para deliberação pública".[7] O inventor do desconto, Frank Ramsey, deu mais um passo e declarou em 1928 que descontar o bem-estar de futuras gerações era "eticamente indefensável e surgia meramente da fraqueza da imaginação".[8] Isso não significa que o desconto não deveria ter absolutamente nenhum lugar na avaliação de projetos, apenas que talvez seu uso não é apropriado quando se avaliam projetos ambientais com impactos de muito longo prazo, como num esquema de energia de maré, ou nos casos em que há uma chance de riscos irreversíveis e catastróficos que nenhuma promessa de crescimento econômico é capaz de compensar. Mas, para justificar que se deixe o desconto de lado, precisamos também defender a igualdade entre gerações. Por que exatamente deveríamos nos importar tanto com as pessoas do futuro?

A Flecha, a Balança, a Venda e o Bastão

Se lhe dessem 100 milhões de dólares e lhe pedissem que os distribuísse para o bem-estar da humanidade, como você o faria? Entre os dilemas que enfrentaria estão como dividir os fundos entre diferentes países ou grupos sociais específicos para aliviar o sofrimento no mundo de hoje, e como distribuir os fundos *através do tempo*. Em outras palavras, quanto deveria ser reservado ou investido para o benefício de futuras gerações, se é que alguma coisa deveria, e quantas gerações à frente? Essa questão vai ao cerne de debates sobre justiça intergeracional e equidade. Não há, é claro, nenhuma resposta simples, e filósofos vêm lutando com o problema há mais de cinquenta anos. Mas há um crescente consenso de que a vida das pessoas do futuro — mesmo aquelas que viverão daqui a décadas ou séculos — deveriam importar em nossas deliberações morais e decisões políticas, e não simplesmente ser ignoradas com uma tirada de Groucho Marx ou a taxa de desconto de um economista.

Esse consenso emergente é parcialmente visível na avalanche de acordos internacionais que se referem a futuras gerações. Retorne à Declaração dos Direitos Humanos francesa (1789) ou à Declaração Universal dos Direitos Humanos (1948), e você não encontrará absolutamente nenhuma referência a futuras gerações.[9] Tudo isso começou a mudar em 1987, quando a Comissão Mundial de Meio Ambiente e Desenvolvimento da ONU publicou *Nosso futuro comum* (conhecido como *Relatório Brundtland*). Como se sabe, o documento definiu desenvolvimento sustentável como o "desenvolvimento que atende às necessidades do presente sem comprometer a capacidade das gerações futuras de atender às próprias necessidades".[10] Desde 1993 houve mais de duzentas resoluções da ONU mencionando o bem-estar de "futuras gerações", bem como menções ao assunto em mais de quarenta constituições nacionais, em países da Argentina à Estônia.[11]

Como não é de surpreender, essa explosão de reconhecimento oficial ainda precisa ser traduzida em prática política significativa, mas ela assinala sem dúvida que a questão da justiça intergeracional finalmente atingiu a maioridade. Uma extraordinária variedade de organizações está agora defendendo os interesses dos cidadãos de amanhã. Entre elas estão grupos de campanha internacional como o Greenpeace, cuja missão é "assegurar um mundo pacífico e sustentável para futuras gerações", e *think tanks*, laboratórios de ideias, como a Foundation for the Rights of Future Generations

Justiça intergeracional

[Fundação para os Direitos de Futuras Gerações]. Há grupos de jovens na Itália exigindo um Tribunal de Justiça Intergeracional, ao passo que a organização Our Children's Trust está travando batalhas legais pelo direito das futuras gerações dos Estados Unidos de viver num planeta saudável.[12] Unem-se a elas movimentos de ação direta como o Sunrise Movement, nos Estados Unidos, e o Extinction Rebellion, no Reino Unido, e parteiras politicamente engajadas preocupadas com o destino dos bebês que trazem à luz.[13] Há especialistas em risco existencial pressionando governos para mitigar os perigos que novas tecnologias representam para a humanidade no próximo século.[14] O papa Francisco também se juntou a esse grupo, falando da necessidade de "justiça entre gerações".[15] A luta pelos direitos e interesses dos detentores do futuro está se tornando, rapidamente, um dos movimentos sociais mais vibrantes de nosso tempo.

Assim como os que lutavam contra a escravidão no século XVIII lançavam mão de um poderoso conjunto de argumentos para legitimar sua causa e dar a ela poder de fogo moral e intelectual, assim também fazem muitos dos defensores atuais de futuras gerações. Eles se dão conta de que não é suficientemente bom apenas declarar que as necessidades de futuras gerações importam tanto quanto as necessidades daqueles que estão vivendo no presente, como se esse fosse um fato irrefutável, especialmente quando tantos problemas prementes apresentam-se à humanidade hoje, da pobreza infantil às guerras civis. Precisamos reconhecer a urgência moral das questões em nosso próprio tempo — por exemplo, que atualmente 150 milhões de crianças correm o risco de morrer em decorrência da desnutrição[16] —, mas também precisamos conceder às pessoas do futuro um tratamento justo, de modo que seus interesses não sejam ignorados. Os que batalham por isso compreendem que é vital apresentar razões convincentes para trazer as futuras gerações para nosso círculo de preocupação, para inspirar ações em seu favor.[17] Portanto, por que deveríamos nos importar com elas, ou mesmo nos sacrificar por elas? Os argumentos mais usados recaem em quatro amplos tipos, cada um expressando um motivo moral diferente para a justiça intergeracional, que chamei de a Flecha, a Balança, a Venda e o Bastão (veja a seguir).

Quatro motivos morais para se fazer justiça intergeracional

A Flecha
Atribua o mesmo valor às pessoas, independentemente de quando elas tenham nascido

A Balança
Pondere o bem-estar daqueles que estão vivos hoje contra o de todos que ainda estão por nascer

A Venda
Imagine o mundo que você desejaria se não soubesse em que geração nasceria

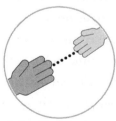

O Bastão
Trate gerações futuras como gostaria que gerações passadas o tivessem tratado

Gráfico: Nigel Hawtin

Justiça intergeracional 91

A Flecha diz respeito a quão extensa deve ser nossa responsabilidade pelas consequências futuras de nossas ações. Uma de suas formulações mais conhecidas aparece na escrita do filósofo Derek Parfit:

> A distância no tempo não tem, em si mesma, mais significação que a distância no espaço. Suponha que eu arremesse uma flecha para uma mata distante, onde ela fira alguém. Eu deveria ter sabido que poderia haver alguém nessa mata, sou culpado de óbvia negligência. Porque essa pessoa está muito longe, não posso identificar quem firo. Mas isso não é desculpa. Nem é nenhuma desculpa o fato de essa pessoa estar muito afastada. Deveríamos fazer as mesmas afirmações com relação a efeitos sobre pessoas que estão temporalmente distantes.[18]

Para dizer isso de outra maneira: se não podemos entrar num trem e plantar uma bomba porque essa é uma ação que pode machucar uma criança agora, também não podemos fazê-lo caso a bomba esteja programada para explodir dentro de dez minutos, dez dias ou até dez meses.[19] Esse argumento é frequentemente usado em debates sobre lixo nuclear. Sabemos que há uma grande probabilidade de que o chamado lixo radioativo de "alto nível" vá ser perigoso para as pessoas daqui a centenas ou mesmo milhares de anos, mas o mero fato de elas estarem distantes no tempo não significa que deveríamos despejar o lixo sobre elas. Deveríamos respeitar seu bem-estar independentemente de quando venham a nascer, uma visão que está completamente em conflito com a lógica do desconto. O lixo nuclear é como uma flecha que voa através das matas por séculos ou milênios, representando um risco contínuo para populações humanas. Há uma chance significativa de que em algum momento a flecha vá pousar em algum lugar produzindo efeitos devastadores, tal como ocorre com nossa queima de combustíveis fósseis ou com o envenenamento dos oceanos. Temos a responsabilidade de tomar uma atitude hoje para mitigar o futuro impacto das flechas que disparamos. De fato, quanto menos flechas dispararmos, melhor.[20]

Na Balança, a segunda razão para a justiça intergeracional, nos é pedido que imaginemos uma balança em que, de um lado, estão todas as pessoas vivas hoje e, do outro, todas as gerações das que ainda estão por nascer. Pelo menos em termos puramente numéricos, a população atual é superada por todos aqueles que vão nos suceder. Calcula-se que cerca de 100 bilhões de pessoas viveram e morreram nos últimos 50 mil anos; se a taxa média de nascimentos do século XXI for mantida nos próximos 50 mil anos, cerca de 6,75 trilhões de seres humanos nascerão. Isso é 877 vezes mais que os 7,7 bilhões que estão vivos hoje, e supera com folga o número de todos os seres humanos que já viveram (veja abaixo).[21] Como poderíamos ignorar seu bem-estar e pensar que o nosso próprio é tão mais valioso?

Alguns críticos contestam e afirmam que nos próximos milênios talvez nem sequer existam seres humanos como nós para se postarem no outro lado da balança. *Homo sapiens* poderia se metamorfosear numa raça ciborgue com inteligência aumentada e órgãos manufaturados, fatores que lhe permitiriam viver séculos em vez de décadas, e seus valores e conceito de bem-estar poderiam ser completamente diferentes. Como podemos sequer saber o que poderia importar para essas pessoas, ou se lhes concederíamos o mesmo status moral que possuímos? Mas, supondo que ainda haverá alguns *Homo sapiens* por aí, ou seres que se assemelhem a nós de maneiras que nos façam reconhecê-los como tal — sentindo dor, temendo a morte, apaixonando-se, querendo famílias e tendo propósitos —, seria um ato de colossal fracasso moral desconsiderar seu bem-estar. Fazê-lo seria exibir uma atitude desavergonhadamente colonial em relação ao futuro, tratando-o como uma terra distante e desabitada que podemos saquear com impunidade.

A Venda se refere a um experimento mental inventado pelo filósofo político John Rawls em seu livro de 1971 *Uma teoria da Justiça*. Imagine que você está atrás de um "véu de ignorância", sem saber em que posição na sociedade nascerá — não tem nenhuma ideia de quais serão sua riqueza, seu sexo, sua origem étnica, sua inteligência ou seus valores. Nessa "posição original", perguntou Rawls, como você distribuiria os recursos da sociedade? Você, por exemplo, permitiria que algumas pessoas fossem muito ricas enquanto a vasta maioria está vivendo na pobreza? Rawls afirmou que não o faríamos, pois estaríamos nos arriscando à nossa própria pobreza, e que em vez disso optaríamos por princípios básicos de igualdade e

A balança das gerações não nascidas

Olhando para 50 mil anos no passado e 50 mil anos no futuro — supondo que a taxa de natalidade do século XXI permaneça constante — todas as vidas humanas já vividas são excedidas, e muito, por aquelas que ainda estão por vir.

Os mortos
100 bilhões

Os vivos
7,7 bilhões

Gerações não nascidas
6,75 trilhões

Baseado na estimativa da ONU de que a média de nascimentos por ano no século XXI se estabilizará em 135 milhões

Gráfico: Nigel Hawtin

redistribuição.[22] Mas agora leve o experimento mais longe e imagine que você não ignora em qual posição social acabará, mas também em qual geração vai nascer. Talvez seja daqui a dez anos, quando a vida poderá ser pouco diferente do que é hoje, mas poderia ser dentro de duzentos anos, quando haverá uma enorme crise global de comida e água e a maior parte dos ricos estará vivendo fora do planeta. E agora, como você distribuiria os recursos? Quanto reservaria ou investiria para as futuras gerações, para o caso de vir a nascer dentro delas?

Rawls e muitos outros tentaram fornecer uma resposta para esse enigma. Uma delas é que abriríamos mão apenas do suficiente para assegurar "instituições justas", de modo que qualquer sociedade futura seja capaz de preservar direitos básicos.[23] Uma abordagem diferente é assegurar que gerações subsequentes sejam capazes de atender às suas necessidades essenciais ou fazer os tipos de escolha que levam a uma vida satisfatória, o que pode exigir um nível mínimo de educação ou assistência médica. Outros afirmam que a distribuição de recursos não leva em conta o grande quadro ambiental e que cada geração deveria deixar o planeta numa condição de saúde ecológica autossustentada que seja pelo menos tão boa quanto era quando ele lhe foi legado — um princípio de "justiça regenerativa" que faz eco a ideias de administração.[24] Seria possível objetar que essa variedade de respostas desvaloriza o experimento mental de Rawls. Contudo, seja qual for a resposta, o ponto decisivo é que, quando temos um véu de ignorância à nossa frente, começamos a considerar o bem-estar de futuras gerações como algo que deve nos importar hoje. O poder da Venda é que ela expande a imaginação humana, inspirando-nos a ampliar nosso círculo de cuidado não apenas através do espaço, mas também através do tempo.

Um argumento final muito conhecido, que chamo de Bastão, é baseado na Regra de Ouro: "Faça pelos outros aquilo que gostaria que eles fizessem por você". Esse princípio empático pode ser encontrado em quase todas as religiões importantes do mundo, e com frequência o ensinamos às crianças como uma de suas primeiras lições morais na vida. Uma limitação da Regra de Ouro é que tendemos a pensar nela dentro dos limites de nossa própria vida — tratando outras pessoas à nossa volta como queremos ser

Justiça intergeracional 95

tratados. Mas podemos facilmente estender essa ideia para futuras gerações, de modo que temos também o dever de não impor às pessoas do futuro danos e riscos perigosos que nós mesmos não estaríamos dispostos a aceitar. Em outras palavras, "Faça por futuras gerações aquilo que gostaria que gerações passadas tivessem feito por você".[25] Pense nisso como uma Regra de Ouro intergeracional que possa ser passada de uma geração a outra — isto é, como um "bastão de ouro".

Se pensarmos em nossos antepassados, há muitas coisas que poderíamos desejar que eles nunca nos tivessem transmitido, desde a herança do racismo da era colonial e das atitudes patriarcais que ainda se mantêm em tantos países até os impactos ambientais de um sistema industrial baseado em combustíveis fósseis. Se desejaríamos que nossos "maus ancestrais" não tivessem deixado esses legados, que razões temos para transmitir uma herança similarmente negativa para o futuro, seja na forma do dano ecológico que causamos, dos riscos potenciais de novas tecnologias ou do despejo irrefletido de lixo nuclear? Afinal de contas, não iríamos querer estar nós mesmos na ponta receptora de tal herança. O Bastão assegura que tenhamos consciência das consequências de nossas ações, e é um de nossos melhores guias para nos tornarmos bons ancestrais. Podemos também pensar sobre ele em relação a ações positivas, de modo a assegurar que passemos adiante as instituições de saúde pública ou grandes obras de arte e literatura deixadas para nós por gerações anteriores. Numa história do *Talmude* judaico, perguntam a um homem por que ele está plantando uma alfarrobeira que não produzirá fruto durante sua vida e ele responde o seguinte: "Assim como meus ancestrais plantaram para mim, eu também estou plantando para meus descendentes".[26]

Estes quatro argumentos são princípios fundadores que sustentam os valores de uma civilização de longo agora. Embora possa ser difícil imaginar mentalmente como será o mundo de amanhã e saber com exatidão os desafios que a humanidade enfrentará, seu papel crucial é trazer a maioria silenciosa das futuras gerações para a sala quando estamos fazendo escolhas, seja como indivíduos ou como uma sociedade. Eles abrem nossa mente para respeitar os interesses dos detentores do futuro e assegurar seu tratamento justo num mundo em que essas pessoas são, em grande parte, ignoradas pelas instituições políticas existentes. Esses argumentos não podem, por si próprios, fornecer a fórmula exata para o modo como poderíamos alocar recursos entre gerações atuais e futuras, mas nos dizem que as necessidades das pessoas do futuro deveriam ser devidamente consideradas ao lado das injustiças e do sofrimento enfrentados pelas pessoas de hoje. Suas preocupações merecem uma escuta justa.

Como poderíamos transformar esses argumentos filosóficos em ação prática? Talvez a maneira mais poderosa e eficaz de fazê-lo seja adotar uma prática cultural indígena que encarna sua intenção numa única visão unificadora: a tomada de decisão que leva em conta até a sétima geração.

Pensamento da sétima geração e o valor da administração profunda

Se você pedisse a um político de carreira comum para tomar uma importante decisão política baseada num olhar para daqui a duzentos anos, provavelmente ele o expulsaria de seu escritório entre risadas. Mas para muitos povos indígenas, essa é uma tradição cultural profundamente respeitada. Oren Lyons, um americano nativo e chefe do Clã da Tartaruga da nação Onondaga, parte da Confederação Iroquesa, afirma o seguinte:

> Estamos olhando para a frente, como é um dos primeiros mandatos que nos são dados como chefes, para assegurar que cada decisão que tomamos se relacione com a saúde e o bem-estar da sétima geração por vir, e essa é a base pela qual tomamos decisões em conselho. Consideramos assim: isso será para o benefício da sétima geração?[27]

Para John Borrows, professor de direito canadense e membro da Primeira Nação Chippewa de Nawash em Ontário, esse pensamento "é um significativo princípio do direito indígena" que assegura um ambiente saudável para seus descendentes, especialmente ao restringir a exploração

Justiça intergeracional

de recursos naturais: "Viver dentro de nossos limites demonstra afeição por nossos filhos. Mostra também nosso respeito e amor pela terra".[28]

Essas práticas tradicionais não se limitam às Américas e podem também ser encontradas entre povos nativos do mundo inteiro, embora nem sempre se expressem em relação a um número específico de gerações. Quando estive com o líder tanzaniano maasai Samwel Nangiria, ele me contou que em suas lutas para preservar seu modo de vida tradicional os maasais estão planejando para um século à frente, diferentemente de algumas das ONGs que querem ajudá-los, cujos projetos só duram dois ou três anos. "Precisamos pensar sobre o presente, o passado e a vida das pessoas do futuro", disse ele. "Isso não tem a ver apenas com a Terra — tem a ver com toda a vida. Temos um Plano de Vida que olha para cem anos à frente. Estamos lutando por nosso povo, nossa vida silvestre, a próxima geração."[29]

Na base dessa visão de mundo indígena há uma filosofia de administração profunda, em que a Terra não é algo "possuído" pela atual geração e disponível para que ela use como desejar, mas sim uma entidade viva, uma Mãe Terra que deve ser preservada intacta e florescente para seus descendentes e toda a vida em si mesma. Essa é uma ideia familiar nos ensinamentos de muitas religiões, como o cristianismo, que vê a Terra como um presente de Deus que é temporariamente "emprestado" a cada geração.[30] Mas a perspectiva indígena é mais profunda, porque ela não trata os seres humanos como criaturas superiores com um dever especial de vigiar a Criação, mas sim como uma parte integrante de um todo planetário vivo. Agir como um administrador para a sétima geração é uma expressão profunda de consciência da biosfera.

Entre os principais defensores do pensamento da sétima geração está o ecologista e geneticista David Suzuki. Em sua opinião, nossos políticos deveriam estar perguntando o seguinte: "Veja, se aprovarmos este projeto de lei, quais serão as consequências disso para sete gerações mais à frente?".[31] Suzuki reconhece que a visão dos seres humanos e do mundo vivo como interdependentes está no cerne do princípio da sétima geração. O ambiente não é algo "lá fora"; como ele o expressa, "nós *somos* o ambiente.

Estamos conectados à paisagem, assim como às futuras gerações, através do ar que respiramos, da água que bebemos e do solo em que cultivamos nosso alimento".

O oxigênio que inspiramos, por exemplo, circula em nossa corrente sanguínea e cerca da metade dele permanece em nossos pulmões, de modo que não há nenhuma linha clara separando onde o ar termina e nós começamos. Quando expiramos, nosso hálito se mistura com o ar e é absorvido por outras pessoas, aves, mamíferos e répteis. "Se eu sou ar e você é ar, então eu sou você", escreve Suzuki. Mas os átomos suspensos no ar persistem também através do tempo. Segundo um estudo, há 3×10^{19} (três seguido por dezenove zeros) átomos de argônio num sopro de ar. Esses quintilhões de átomos estão continuamente sendo soprados em todo o planeta, de modo que você, onde quer que esteja, vai inspirar cerca de 15 átomos de argônio que inspirou um ano antes. E isso não é tudo. Cada uma de nossas respirações contém átomos de argônio que outrora foram provavelmente inalados por Cleópatra e Gautama Buda, e será inspirada por nossos descendentes daqui a sete gerações. "O ar", diz Suzuki, desempenha um papel essencial "ligando toda a vida numa única matriz e unindo passado, presente e futuro numa única entidade fluente".[32]

O pensamento da sétima geração é poderosamente convincente, mas ele carrega também alguns mitos. A Grande Lei da Paz dos iroqueses, uma "constituição" de 500 anos das seis nações iroquesas, é frequentemente citada como a origem do pensamento da sétima geração, porém ela não faz nenhuma menção específica a isso.[33] Contudo, o princípio está indubitavelmente vivo e passa bem em práticas de tomada de decisão indígenas, como entre a Nação Oglala Lakota, na Dakota do Sul.[34] Em segundo lugar, ela sugere um povo indígena ideal sempre vivendo em harmonia com a natureza e se preocupando com suas futuras gerações, mas é bem sabido que alguns povos nativos venderam direitos de extração de madeira e mineração pela maior oferta que lhes foi feita em vez de agir como administradores ecológicos. Evidentemente, mesmo comunidades indígenas estão sujeitas às tentações do pensamento de curto prazo, mas essa é a exceção e não a regra.

Justiça intergeracional

É verdadeira a postura de tomar uma prática como o pensamento da sétima geração fora do contexto das culturas indígenas e dar-lhe significado e tração no mundo moderno, um lugar de alta velocidade e impelido pelo consumo? Poderia ele realmente ser levado a sério pelos compradores de Xangai, os executivos do petróleo de Dubai ou os políticos de Miami?

Sim, muito mais do que se possa imaginar. Durante as duas últimas décadas, "o pensamento da sétima geração" tornou-se um termo de fácil comunicação na abordagem de longo prazo visando sustentabilidade e justiça intergeracional, e sua influência está indo muito além das comunidades indígenas tradicionais.

A organização mundial de jovens Earth Guardians visa a "proteger nosso planeta e sua população para as próximas sete gerações".[35] No Japão, o Future Design, um movimento político que trabalha para incorporar os interesses das futuras gerações na legislação, é inspirado pelo princípio iroquês da sétima geração.[36] A ecologista profunda Joanna Macy concebeu uma oficina da "Sétima Geração" em que os participantes se envolvem num diálogo emparelhado, com uma pessoa falando a partir do presente e a outra representando alguém de sete gerações no futuro.[37] Em 2008, o próprio chefe Oren Lyons ajudou a fundar a Plantagon, empresa sueca de agricultura urbana que começou emitindo "ações de sétima geração" que só poderão ser trocadas por dinheiro em espécie depois de terem passado por sete gerações de uma família ou por sete pessoas, cada uma das quais guardando-as por pelo menos 33 anos.[38] Há até uma empresa de produtos de limpeza sustentáveis chamada Seventh Generation com sede em Vermont. Lá, a janela da principal sala de conferências traz o princípio do pensamento da sétima geração estampado numa aplicação com estêncil.

Até agora nenhum governo fez do princípio da sétima geração uma pedra angular de política pública, mas adotá-lo poderá se tornar, mais cedo ou mais tarde, uma questão de necessidade, não mais de escolha. Num discurso em 2008, Elinor Ostrom, ganhador do prêmio Nobel de Economia, suscitou a questão de como poderíamos criar sociedades que administrassem de maneira sustentável os recursos naturais que herdamos, de modo a podermos passá-los para nossos descendentes:

Tenho uma grande dívida para com os povos indígenas dos Estados Unidos, que tinham na imagem de sete gerações o tempo apropriado para se pensar sobre o futuro. Penso que deveríamos todos restabelecer em nossa mente a regra das sete gerações. Quando tomamos decisões realmente importantes, deveríamos perguntar não só o que ela fará para mim hoje, mas o que ela fará para meus filhos, os filhos de meus filhos, e os filhos dos filhos deles no futuro.[39]

Fortalecimento da maioria silenciosa

Por mais convincentes que sejam os argumentos em prol do respeito dos interesses de futuras gerações, forças formidáveis continuam se alinhando para lhes negar um tratamento justo e negligenciar suas necessidades, de políticos que procuram fazer crescer sua popularidade nas próximas eleições a empresas de combustível fóssil e biotecnológicas querendo ganhar dinheiro rapidamente. O maior desafio, contudo, continua invisível: os bilhões de cidadãos não nascidos de amanhã não estão aqui para defender a si mesmos. Eles não podem se acorrentar a sedes de corporações ou encenar um protesto *sit-down** numa ponte movimentada da cidade. Não podem levar um governo para o tribunal, escrever uma coluna de jornal em sua defesa ou se recusar a ser descontados por economistas. São uma maioria condenada a sofrer em silêncio.

A esperança reside num crescente movimento mundial em prol da justiça intergeracional dedicado à sua causa, que é apoiado pela força moral da Flecha, da Balança, da Venda e do Bastão, e inspirado pela prática do princípio da sétima geração. Ele inclui as centenas de milhares de crianças em idade escolar — entre as quais meus próprios filhos — que se uniram a Greta Thunberg em greves multinacionais; os manifestantes foram às ruas e forçaram países e cidades no mundo todo a declarar emergências

---

* Forma de protesto em que todos se sentam no chão no meio da rua, de preferência atrapalhando o tráfego. (N. T.)

Justiça intergeracional

climáticas e e a reconhecê-los como defensores de assembleias de cidadãos que dão voz aos interesses de futuras gerações. Isso é apenas o começo do que pode vir a ser um dos movimentos sociais progressistas mais poderosos de nosso tempo.

Até agora, a democracia representativa ignorou sistematicamente os direitos das futuras gerações, relegadas à posição de uma maioria impotente e negligenciada. A abolição dessa discriminação temporal criaria a mudança mais impactante na história da democracia desde a concessão do direito de voto às mulheres no início do século xx. Com essa ambição em mente, em tempos de eleição minha parceira e eu damos agora nossos votos aos nossos gêmeos de onze anos: esquadrinhamos os manifestos partidários, assistimos a debates políticos e discutimos as questões juntos, e depois eles nos instruem sobre como votar.

Será o movimento de justiça intergeracional bem-sucedido? Suas estratégias e lutas, que serão exploradas na Parte iii deste livro, oferecem esperança. O mesmo fazem as evidências da história humana. Até meados do século xx, os europeus mostravam pouco interesse pelas agruras das pessoas que viviam nos países em desenvolvimento. Havia poucas organizações de defesa dedicadas a elas, as que existiam ganhavam pouca atenção da mídia e os políticos mal pensavam nelas. Tudo isso mudou. Em meados do século xxi, é possível que nossa atitude em face dos detentores do futuro vá ter passado por uma transformação similar. Eles terão se tornado parte de nossa paisagem moral e política.

6. Pensamento de catedral

A arte de planejar para o futuro distante

> Quando construirmos, pensemos que construímos para sempre. Que não seja para o presente deleite, nem apenas para uso presente; que seja uma obra tal que nossos descendentes venham a nos agradecer por ela.
>
> JOHN RUSKIN[1]

HÁ UMA HISTÓRIA SOBRE NEW COLLEGE, Oxford, que frequentemente é mencionada em conversas sobre o pensamento de longo prazo. Ao que parece, nos anos 1860 descobriu-se que as longas vigas de carvalho que sustentavam o teto do antigo refeitório estavam podres e precisavam ser substituídas. Ninguém sabia onde seria possível encontrar vigas enormes como aquelas. Veio então à luz — graças ao madeireiro da faculdade — que no século XIV, quando o refeitório foi construído, o fundador da faculdade, William de Wykeham, tinha plantado um arvoredo de carvalhos que estavam reservados expressamente para a substituição das vigas. E assim, graças à incrível previdência de Wykeham, quinhentos anos depois a faculdade teve os carvalhos de que precisava para o serviço. Desde então, os docentes e alunos vêm jantando alegremente sob as vigas repostas.

É uma história maravilhosa. O único problema é que não é verdadeira. "Parece que alguns mitos nunca morrem", disse-me a arquivista do New College, Jennifer Thorp, quando lhe perguntei sobre sua autenticidade.[2] Acontece que os carvalhos para as vigas vieram de um bosque que só foi comprado pela faculdade décadas depois que o refeitório original tinha sido construído, e eles nunca tinham sido especialmente destinados para a restauração do teto. William de Wykeham não tinha sido tão previdente, afinal de contas.

Meu objetivo não é destacar mais um exemplo de fake news. Ao contrário, a popularidade da história mostra o quanto queremos acreditar na capacidade humana para planejamento a longo prazo. Uma história sobre o plantio de árvores em benefício de pessoas que viverão meio milênio depois parece ser o antídoto perfeito para nossa tendência patológica a privilegiar o curto prazo. Se pelo menos nossos políticos parassem de ficar obcecados pelos resultados da última pesquisa eleitoral e se tornassem um pouco mais parecidos com William de Wyheham, poderíamos tomar medidas para investir seriamente em assistência médica pública, pôr um freio no aquecimento global ou nos preparar para os riscos da guerra biológica. Poderíamos até parar de despejar lixo nuclear sobre futuras gerações também. Essa, em todo caso, é a esperança.

Este capítulo demonstra que o registro histórico está no lado da esperança. Não precisamos inventar histórias sobre nossa capacidade de planejar para o longo prazo porque seres humanos foram surpreendentemente bons nisso durante os últimos 5 mil anos. Talvez ela seja uma das maiores habilidades de nossa espécie e a expressão prática mais clara de nosso cérebro de noz em ação. Segundo Jared Diamond, "planejamento de longo prazo bem-sucedido" é vital para que uma sociedade venha a sobreviver e florescer em vez de desmoronar.[3] É por isso que a arte de planejar para o futuro distante — por vezes conhecida como "pensamento de catedral" — está entre as seis estratégias essenciais para forjar uma cultura que privilegie o longo prazo. Então, como é o planejamento de longo prazo bem-sucedido e o que a história nos ensina sobre as condições em que pode emergir? É possível encontrar ideias em três áreas inesperadas: arquitetura sacra, uma paisagem lunar japonesa e uma dramática crise de esgotos.

Quinhentos anos de planejamento de longo prazo

Numa definição simples, planejamento significa traçar uma ação a fim de alcançar um objetivo específico. Meu foco não está na elaboração de planos

Pensamento de catedral

imediatos, como o que fazer para o jantar desta noite, ou mesmo onde estar morando daqui a cinco anos, mas em nosso potencial para planejar projetos com horizontes de tempo que duram décadas ou mais, até além de nossa própria vida.

Se você tem alguma dúvida sobre nossa capacidade de fazer isso, transponha as portas de Ulm Minster, uma igreja luterana no sudoeste da Alemanha, onde encontrará uma pedra de fundação datada de 1377. Naquele ano, os habitantes da cidade decidiram construir, sob o olhar atento do arquiteto Heinrich Parler, o Velho, uma nova igreja que planejaram financiar eles mesmos graças a contribuições individuais. Mas nenhum deles jamais veria a construção acabada, porque ela só foi concluída mais de quinhentos anos depois, em 1890.

Ulm Minster certamente se classifica como um dos mais impressionantes projetos de financiamento coletivo da história. É também um caso clássico de projeto de financiamento de longo prazo cujos fundadores sabiam que durante sua vida jamais veriam concluído. Apesar disso, se aventuraram nele, impelidos talvez por uma mistura de convicção espiritual e obstinada determinação. Sua rival mais próxima contemporânea é a fantástica basílica da Sagrada Família de Antoni Gaudí em Barcelona. Iniciada em 1882, ela talvez seja o mais longo projeto de construção contínuo no mundo hoje, com a conclusão prevista para ocorrer, finalmente, em 2026. Gaudí, que trabalhou no local durante seus últimos 43 anos de vida, nunca foi um arquiteto de apressar as coisas, e mandaria derrubar uma parede alegremente se ela não lhe parecesse certa. "Meu cliente não está com pressa", ele costumava dizer, referindo-se a seu supervisor divino.[4] Mas o fato de construções religiosas estarem entre os exemplos mais conhecidos de planejamento a longo prazo pode se dever menos a terem um cliente tão paciente quanto Deus e mais à longevidade das próprias instituições religiosas. A maioria dos católicos espera que sua antiga religião, que já tem quase 2 mil anos, continue existindo por séculos no futuro, de modo que faz perfeito sentido construir em benefício de seu futuro rebanho.

O conceito de pensamento de catedral é uma taquigrafia para o tipo de visão de longo prazo evidente na arquitetura sacra mas em grande parte ausente da política ou dos negócios. Segundo Greta Thunberg, "será ne-

A Sagrada Familia em 1905. Gaudí trabalhou na construção de 1883 até sua morte, em 1926, dormindo regularmente no porão do canteiro de obras. Ela estava somente 25 por cento concluída quando ele foi morto por um bonde em sua caminhada diária para a confissão, aos 73 anos.

cessário um pensamento de catedral" para atacar a crise climática.[5] Outro divulgador do conceito é o astrofísico Martin Rees, que ressaltou que a perspectiva previdente que inspirou os construtores da igreja de Ely não poderia ser mais diferente da miopia predominante de nosso tempo atual: "No mundo desenfreado de hoje, não podemos aspirar a ter um monumento que dure mil anos, mas seria certamente vergonhoso se persistíssemos em políticas que negassem a futuras gerações uma herança justa".[6]

Mas é somente para catedrais que deveríamos olhar em busca de inspiração? A tabela a seguir cataloga uma série de projetos de longo prazo que sociedades humanas empreenderam durante os últimos cinco milênios e cujos horizontes temporais se estenderam de décadas a vários séculos.

Pensamento de catedral

	Planejamento de longo prazo na história humana
CONSTRUÇÕES RELIGIOSAS	
Pirâmide dos Degraus, Saqqara	A pirâmide mais antiga do mundo, construída c.2600 a.C. após dezoito anos de trabalhos; nela, o faraó Djoser poderia renascer eternamente na vida após a morte. Imhotep, seu engenheiro, era reverenciado como um deus.
Ulm Minster	Igreja luterana construída entre 1377 e 1890. Financiada por moradores do local, foi a mãe de todos os projetos de financiamento coletivo que duraram mais de quinhentos anos.
Sagrada Familia, Espanha	A basílica de Gaudí em Barcelona. Iniciada em 1882, espera-se seu término em 2026. É atualmente o mais longo projeto de construção contínua no mundo. Gaudí dedicou 43 anos a ele.
Ise Jingū, Japão	Um santuário xintoísta que foi destruído e reconstruído exatamente segundo o mesmo projeto a cada vinte anos desde 690 d.C. Uma construção sempre nova e sempre antiga.
INFRAESTRUTURA	
Qanats de Gonabade, Irã	Sistema de túneis de água construído em 700-500 a.C. ao longo de 300 quilômetros e ainda em uso. Fornece água para cerca de 40 mil pessoas em áreas áridas.
Aqueduto Segóvia, Espanha	Um dos exemplos mais bem preservados da engenharia civil romana. Construído no século I d.C. com granito, sem argamassa. Usado até o século XIX.
Grande Muralha da China	Data do século III a.C. A partir do século XIV, a dinastia Ming passou duzentos anos construindo 8850 quilômetros de muro e 25 mil torres de vigilância para impedir a entrada de mongóis.

Sistema de gestão da água dos pôlderes, Países Baixos	Terra protegida contra inundações por diques, cobrindo um quarto do país. O mais antigo pôlder existente data de 1533. Administrados por conselhos democráticos da água.
Canal do Midi, França	O primeiro grande canal europeu, com 240 quilômetros de comprimento, ligando o Mediterrâneo à baía de Biscaia. Construído entre 1665 e 1681. O projetista Pierre-Paul Riquet tornou-se um herói nacional.
Canal do Panamá	Construído entre 1881 e 1894 sob os franceses mas depois abandonado, com 22 mil mortes de operários. Completado entre 1904 e 1914 pelos Estados Unidos, que controlaram a zona do canal até 1979.
Ferrovia Transiberiana, Rússia	Construída entre 1891 e 1916. A ferrovia mais longa do mundo, de Moscou a Vladivostok, no mar do Japão; 62 000 trabalhadores construíram a linha de 9289 km.
Eurotúnel, Reino Unido-França	Túnel de 50 quilômetros proposto pela primeira vez em 1802, apoiado por Churchill nos anos 1920 e finalmente construído entre 1988 e 1994 com um revestimento destinado a durar 120 anos.
Projeto de Transferência de Água Sul-Norte, China	Concebido sob Mao Tsé-tung em 1952. Construção entre 2002 e 2050. Três canais com 2,5 mil quilômetros de comprimento transportam o equivalente a 50% do fluxo anual do Yang-Tsé.

DESIGN URBANO

Mileto, Grécia	Em 479 a.C, Hipódamo de Mileto, o inventor do planejamento urbano formal, cria o primeiro plano em grade para sua cidade natal de 10 mil pessoas. Ele se torna o modelo para cidades romanas posteriores.
Renovação de Paris, França, por Haussmann	Vasto programa de obras públicas, realizadas entre 1853 e 1870: bulevares, esgotos, aquedutos e parques. Os projetos de Haussmann continuaram a ser construídos até 1927.

Pensamento de catedral

Esgotos de Londres, Reino Unido	Construído após o "Grande Fedor" de 1858 e surtos mortais de cólera. O engenheiro-chefe Bazalgette levou dezoito anos, com a ajuda de 22 mil operários e utilizando 318 milhões de tijolos. O sistema ainda está em uso.
Brasília, Brasil	Capital do Brasil, planejada e desenvolvida por Lúcio Costa, Oscar Niemeyer e Roberto Burle Marx entre 1956 e 1960. A última cidade planejada do período modernista.
Freiburg, cidade ecológica, Alemanha	Renomada por desenvolvimento urbano sustentável desde os anos 1970. No distrito de Vauben, os carros devem ser estacionados em garagens localizadas na periferia. Um terço dos deslocamentos na cidade é feito de bicicleta.
Biblioteca Britânica, Reino Unido	Construída entre 1982 e 1999 e destinada a durar 250 anos. O maior prédio público construído no Reino Unido no século XX.
Vancouver do Norte, Visão de cem anos de sustentabilidade, Canadá	Iniciado em 2007. Amplia o planejamento da cidade de trinta para cem anos, para alcançar 80% de redução na emissão de gases de efeito estufa até 2050 e tornar a cidade neutra em carbono até 2107.

POLÍTICAS PÚBLICAS

Reflorestamento de Tokugawa, Japão	Um dos primeiros projetos de plantação de florestas de longo prazo, entre os anos 1760 e 1867, salvando o Japão de catástrofe ambiental e econômica.
Constituição dos Estados Unidos	Criada em 1787 e emendada 27 vezes. A mais antiga constituição escrita e codificada ainda em vigor.
Parque Nacional Yellowstone, Estados Unidos	Criado em 1872. O primeiro parque nacional do mundo e um marco do desenvolvimento da conservação do meio ambiente na história americana. Famoso pela reintrodução de lobos nos anos 1990.

Planos Quinquenais Soviéticos	Planos de desenvolvimento com duração de cinco anos cada. Executados entre 1928 e 1991, fizeram parte de uma estratégia econômica de décadas de duração. Replicados em outros países, entre os quais a China e a Indonésia.
New Deal, EUA	Obras públicas e programa de recuperação da política social para salvar os Estados Unidos da Grande Depressão.
Serviço Nacional de Saúde, Reino Unido	Criado em 1948 como parte de um Estado de bem-estar social pós-Segunda Guerra Mundial a fim de fornecer assistência médica gratuita a todos os residentes. Emprega cerca de 1,5 milhão de pessoas.
União Europeia	União política e econômica de 27 nações e quase 500 milhões de pessoas. Fundada para impedir a repetição do conflito nacionalista que sucedeu a Segunda Guerra Mundial. Tem raízes na Comunidade Europeia do Carvão e do Aço.
Erradicação global da varíola	Programa iniciado pela Organização Mundial da Saúde em 1958, quando cerca de 2 milhões de pessoas morriam dessa doença a cada ano. Concluído em 1980.
Política do filho único, China	Programa de controle da população realizado entre 1979 e 2015. Criticado por encorajar o aborto seletivo de sexo de fetos fêmeos.
Fundo Soberano de Riqueza, Noruega	Criado em 1990 a partir de receitas excedentes das indústrias de petróleo e gás, principalmente para distribuição de renda entre futuras gerações. Avaliado em 1 trilhão de dólares (200 mil por cidadão).
Usina nuclear de Onagawa	Construída no início dos anos 1980, sobreviveu ao tsunami de 2011 (diferentemente de Fukushima) em razão de sua construção em terreno elevado e do fornecimento de defesas contra inundações extra-altas.
Repositório de lixo nuclear de Onkalo, Finlândia	Instalação subterrânea para lixo nuclear. A construção começou em 2004, com término previsto para 2023. Planejado para aceitar lixo por cem anos e armazená-lo por 100 mil anos.

Pensamento de catedral

MOVIMENTOS SOCIAIS

Sufragistas, Reino Unido	Movimento iniciado por volta de 1867 com o objetivo de dar direito a voto às mulheres na Grã-Bretanha. Alcançou seu objetivo para mulheres com mais de trinta anos em 1918 e para aquelas com mais de 21 em 1928.
Organizações revolucionárias marxistas	Movimentos com origem no *Manifesto comunista* (1848) promovendo lutas de classe com décadas de duração no mundo todo. Perderam o ímpeto após 1989.
Neoliberalismo	Semeado nos anos 1940 pela Mont Pelerin Society (os membros incluíam Friedrich Hayek e Milton Friedman), implementado por Thatcher e Reagan nos anos 1980.
Movimento Cinturão Verde, Quênia	Organização fundada em 1977 pela ganhadora do prêmio Nobel Wangari Maathai em prol do fortalecimento das mulheres e da conservação ambiental. Mais de 51 milhões de árvores plantados até agora.

ESFORÇOS CIENTÍFICOS

Coleção de Sementes Vavilov, Rússia	Fundada em 1921. Durante a Segunda Guerra Mundial, uma dúzia de botânicos morreu de fome enquanto protegia suas 370 mil sementes dos soldados alemães, sem nunca comer nenhuma.
Reator de fusão nuclear Iter, França	Projeto de geração de energia por fusão nuclear envolvendo 35 países. Iniciado em 1988, com plena operação esperada para 2035 (se a tecnologia funcionar).
Silo Global de Sementes de Svalbard, Noruega	Banco de sementes aberto em 2008 no Ártico remoto, com mais de 1 milhão de sementes de 6 mil espécies. Projetado para durar pelo menos mil anos num bunker indestrutível feito à base de rocha.

PROJETOS CULTURAIS	
Missionários mórmons	Mais de 1 milhão de mórmons foram missionários desde 1830. Há atualmente 70 mil por ano tentando espalhar seu evangelho em 150 países.
O relógio de 10 mil anos	Relógio destinado a funcionar por 10 mil anos, em construção atualmente no deserto do Texas, um projeto da Long Now Foundation. O primeiro protótipo foi feito em 1999.
Biblioteca do futuro, Noruega	A partir de 2014, todos os anos e por mais de cem anos, um autor famoso deposita uma obra escrita excepcional. Depois de cem anos, em 2114, elas serão publicadas em papel fornecido por mil árvores especialmente plantadas para o projeto.

Essa tabela oferece várias lições instrutivas sobre a capacidade humana de planejamento a longo prazo e como ele funciona na prática. Muito obviamente, isso é algo em que o *Homo sapiens* é extraordinariamente bom. Nosso cérebro de curto prazo pode nos estimular a agarrar o marshmallow que está à nossa frente, mas nosso cérebro de noz, que opera no pensamento de longo prazo, nos permitiu planejar e executar projetos espetaculares e monumentais, como os aquedutos romanos, o programa de obras públicas de Haussmann em Paris, o Canal do Panamá e o Eurotúnel. Castores podem ser bons para construir represas, mas nenhum animal se equipara aos seres humanos e suas habilidades como construtores e engenheiros visionários.

Olhando para a tabela mais atentamente, podemos ver, de forma clara, que o planejamento se apresenta de dois modos distintos. Há aqueles projetos que demandam um longo tempo para ser concluídos, como a construção de uma igreja ou de um sistema de canais, e por isso exigem planejamento complexo, em vários estágios, estendendo-se por muitos anos. Via

Pensamento de catedral

de regra, aqueles que estão por trás de projetos dessa natureza prefeririam que ele fosse concluído o quanto antes, mas podem estar limitados por restrições financeiras ou outras: há pouca dúvida de que os burgueses de Ulm teriam preferido ter sua igreja construída em cinco décadas e não em cinco séculos. Na segunda categoria estão os projetos destinados a ter uma existência muito duradoura depois de concluídos, como uma biblioteca ou um cofre de sementes.[7] Ocasionalmente pode haver uma sobreposição das duas categorias, como na Grande Muralha da China, uma construção de longo prazo destinada a durar através de sucessivas gerações da dinastia Ming. Há também alguns exemplos — como os túneis de água Qanat do Irã — que podem não ter sido necessariamente planejados para resistir aos séculos, mas que conseguiram durar tanto graças a um trabalho de manutenção intergeracional bem-sucedido.

Uma terceira lição é que o planejamento de longo prazo se estende muito além de catedrais e outros projetos de construção em grande escala, funcionando também em áreas como política pública, ciência e cultura. No campo da política, há exemplos como o Serviço Nacional de Saúde do Reino Unido: fundado em 1948 com o objetivo de fornecer assistência médica gratuita às gerações vindouras, ainda funciona mais de setenta anos depois, e sua força de trabalho é de 1,5 milhão de pessoas (embora sob crescentes restrições decorrentes de fatores como uma longevidade populacional cada vez maior). Além disso, há entidades políticas como a União Europeia, cujas origens remontam à Comunidade Europeia do Carvão e do Aço. Fundada em 1952, ela evoluiu gradualmente para um conjunto de instituições de governança de longo prazo que conseguiram suportar crises econômicas e políticas periódicas. Em 1990, a Noruega criou um Fundo Soberano de Riqueza, que acumulou mais de 1 trilhão de dólares de receitas da produção governamental de petróleo e gás com o objetivo de distribuí-las entre as futuras gerações. Ironicamente, são elas que precisarão dos fundos para mitigar o impacto ambiental de combustíveis fósseis (em 2019, o fundo começou a se desfazer de seus valores mobiliários em companhias de exploração de combustíveis fósseis no exterior, mas por razões mais financeiras que ambientais). Outros exemplos incluem projetos científicos como a instalação de pesquisa de fusão nuclear Iter na França e esforços artísticos como *O relógio de 10 mil anos*. Talvez nada possa competir com o repositório de lixo nuclear de Onkalo, na Finlândia, cuja ambição é manter o lixo radioativo seguro por 100 mil anos — mas haverá alguém por aqui para verificá-lo no futuro?[8]

Em quarto lugar, o planejamento de longo prazo não é apenas uma prática de cima para baixo em que arquitetos, engenheiros e outros planejadores impõem suas visões de projeto: ele está também encarnado em lutas populares de movimentos sociais e políticos. Por exemplo, as líderes do movimento das sufragistas, cuja primeira organização formal foi fundada em Manchester, em 1867, estavam preparadas para uma longa batalha política que provavelmente não duraria apenas alguns meses ou mesmo anos. O movimento acabou por levar mais de meio século para alcançar seus objetivos.[9] A tabela poderia incluir muitas outras lutas políticas, dos movimentos contra a escravidão que surgiram na Europa no século XVIII ao movimento pelos direitos civis nos Estados Unidos e as campanhas atuais pelos direitos dos povos nativos.

Uma ideia final: o pensamento de catedral nem sempre é bom para nós. De fato, ele foi responsável por completos desastres no planejamento, bem como por planos com intenção totalmente maligna. Não me refiro apenas ao plano megalomaníaco de Hitler de conquistar a Europa e estabelecer um Reich de mil anos, ou às ineficiências e à má administração dos planos econômicos quinquenais soviéticos que levaram a um colossal desperdício de recursos e a lojas que não tinham alimentos básicos mas estavam cheias de esquis e apontadores de lápis.[10] No mundo todo, a construção de centenas de represas, canais e estradas durante o último século resultou em incalculável dano ecológico em nome do "desenvolvimento" e do "progresso". Já foi derramado concreto suficiente para encerrar o planeta inteiro num caixão esférico de concreto com dois milímetros de espessura, mesmo que ele se estenda sobre todos os oceanos do mundo (e isso não é tudo: a indústria de cimento produz cerca de 5% das emissões globais de dióxido de carbono).[11] Depois há as cidades planejadas, como Brasília, que poderia ser celebrada pela brilhante arquitetura modernista de Oscar

Niemeyer, mas hoje é amplamente considerada um dos exemplos mais sem vida e disfuncionais de planejamento urbano no século xx. A culpa disso podemos colocar, e com muita justiça, em Le Corbusier, cuja visão autoritária foi a inspiração para Brasília, uma cidade projetada segundo um plano único, racional e de cima para baixo. Seu famoso lema diz tudo: "O Plano — Ditador".[12]

O planejamento de longo prazo tem seus perigos, especialmente quando imposto a partir de cima de uma maneira linear, ditatorial, que é insensível a necessidades humanas e ecossistemas frágeis. Mas o enfrentamento das crises ecológicas, tecnológicas e sociais de nossa era não pode ser feito numa base ad hoc, improvisada, desprovida de qualquer planejamento. Como podemos então aprender a planejar sabiamente para o futuro? Um bom lugar para começar a procurar respostas é o antigo Japão, que oferece um dos exemplos mais notáveis da história sobre como o planejamento pode evitar um colapso civilizacional.

Precisamos de ditadores benevolentes?
Uma história do antigo Japão

"O Japão deveria ser hoje uma sociedade camponesa empobrecida, cheia de bairros miseráveis, subsistindo numa paisagem lunar erodida, em vez de uma sociedade altamente industrializada, rica e dinâmica, que vive num luxuriante arquipélago verde."[13] Parece difícil acreditar nesse cenário de deserto devastado feito pelo historiador ambiental Conrad Totman. No entanto, durante séculos o Japão pareceu propenso a levar a cabo sua própria destruição. Cerca de 80% de seu território talvez esteja agora coberto por montanhas densamente arborizadas, mas entre as décadas de 1550 e 1750 suas matas foram tão severamente dizimadas que o país ficou à beira do colapso ecológico e social. O Japão pré-industrial era uma civilização estruturada em torno da madeira, tão dependente de árvores quanto somos hoje de petróleo. A elite do país derrubou florestas inteiras para construir milhares de castelos e santuários de madeira.

O crescimento de cidades como Edo (que nos dias de hoje conhecemos como Tóquio) levou a uma explosão da demanda por madeira para construção, o que resultou em crises agudas de escassez enquanto os camponeses, por sua vez, faziam buscas nas florestas à procura de lenha. Ao mesmo tempo, a expansão da agricultura exigiu o corte de vastas extensões de matas antigas, e o desmatamento erodiu e inundou as frágeis planícies do Japão. O resultado foi uma série de grandes períodos de fome a partir dos anos 1600.[14]

Era impossível que um novo crescimento natural das árvores acompanhasse o ritmo dessa guerra implacável. Por fim, os xoguns Tokugawa, então no poder e dirigindo uma ditadura militar com a ajuda de 250 barões subordinados, compreenderam que tinham de agir. Sua resposta inicial foi limitar a depredação das florestas por meio de leis que proibiam a extração de espécies escassas ou o uso de madeiras preciosas para novas construções. Mas essas normas, muitas vezes mal aplicadas, estavam longe de ser suficientes. Depois, entre os anos 1760 e o final dos anos 1860, eles se aventuraram numa nova abordagem: um dos primeiros programas sistemáticos de silvicultura por plantação em massa do mundo. As autoridades pagavam os aldeões para plantar até 100 mil mudas por ano, enquanto novas leis estimulavam o plantio comercial de árvores, tornando-as um cultivo lucrativo, ainda que de lento crescimento (levando, em média, no mínimo cinquenta anos entre o plantio e a colheita). Avanços nas técnicas de silvicultura ajudaram árvores novas a sobreviver e maximizaram a quantidade de madeira produzida. Foi um plano de longo prazo implementado ao longo de décadas, que exigiu que as autoridades no poder previssem pelo menos cinquenta a cem anos no futuro, pois esse seria o tempo necessário para que ocorresse um reflorestamento substancial.[15]

Os resultados foram lentos, mas espetaculares. Durante séculos o país tinha sido sugado na clássica "armadilha do progresso", rumando para o declínio civilizacional ao solapar a base de recursos ecológicos sobre a qual a sociedade estava fundada. Mas, graças ao reflorestamento, na altura do século XIX o Japão tinha voltado a ser um arquipélago verde, evitando o destino do colapso.

Num primeiro nível, esta é uma história de esperança para os dias de hoje, oferecendo um modelo de como poderíamos aproveitar o poder do planejamento de longo prazo para enfrentar nossas crises ecológicas. Em outro nível, ela suscita uma difícil questão política: terá o planejamento de longo prazo mais chances de prosperar sob um regime autoritário?

O programa de reflorestamento do Japão foi possível, em grande parte, porque os xoguns Tokugawa eram ditadores feudais que podiam impor novas leis com oposição limitada, e que tinham o poder de recrutar mão de obra camponesa forçada quando era necessário empreender a árdua tarefa de plantar. E não deveríamos nos deixar levar pelo argumento reconfortante de que suas ações eram inspiradas por um amor japonês à natureza ou um respeito budista pela vida; se isso fosse verdade, por que teriam eles dizimado suas florestas em primeiro lugar? Os xoguns estavam provavelmente dispostos a levar a cabo esse projeto de longo prazo porque queriam assegurar que seus descendentes tivessem uma sociedade próspera sobre a qual pudessem reinar. O planejamento de longo prazo do Japão foi o resultado do controle do país por uma dinastia familiar autoritária que estava empenhada em preservar seu próprio poder através das gerações.[16]

Poucos de nós escolheríamos livremente viver sob uma ditadura semelhante hoje, em especial se ela tivesse samurais de espada em punho para aplicar as leis. Nos últimos anos, porém, ouvi um crescente número de pessoas sugerir que algum tipo de "ditadura benevolente" é exatamente aquilo de que necessitamos para lidar com as crises que enfrentamos, já que a política democrática é tão desesperadamente míope. Entre elas está o cientista James Lovelock, que afirmou que "pode ser necessário suspender a democracia por algum tempo" para lidar com a emergência ecológica global. De maneira similar, num artigo sobre as ameaças críticas representadas pelas mudanças climáticas e as armas biológicas, Martin Rees escreveu: "Só um déspota esclarecido poderia nos empurrar goela abaixo as medidas necessárias para atravessarmos o século XXI em segurança".[17] É uma declaração surpreendente, uma vez que é patente a fé de Rees no processo democrático, algo evidenciado pelo fato de ser ele um dos fundadores do All-Party Parliamentary Group on Future Generations (em sua condição de membro da Câmara dos Lordes do Reino Unido). Quando lhe perguntei, durante um fórum público, se ele estava propondo a ditadura como uma receita política séria para o enfrentamento da tendência ao pensamento de curto prazo e sugeri que ele poderia estar brincando em seu artigo, ele respondeu: "Na verdade, eu estava semissério".[18] Em seguida, Rees evocou a China como um exemplo de regime autoritário incrivelmente bem-sucedido no planejamento de longo prazo, como está demonstrando agora através de enorme investimento em tecnologia solar e outras políticas. Pude ver muitas cabeças na sala concordando.

A minha não estava entre elas. A história tem poucos exemplos de ditadores que continuam benevolentes e esclarecidos por muito tempo, se é que tem algum — como atesta o histórico da China em direitos humanos. Além disso, como demonstra o Índice de Solidariedade Intergeracional discutido no capítulo 9, há pouca evidência de que regimes autoritários tenham um histórico melhor em pensamento e planejamento que os democráticos. A Suécia, por exemplo, consegue gerar quase 60% de sua energia por meio de fontes renováveis sem ter um déspota no comando, comparados com os 26% da China.[19]

De fato, consultando os registros históricos, há exemplos muito fortes de regimes democráticos que fazem do planejamento a longo prazo uma prioridade política. Mas em que circunstâncias eles se dispõem a isso? Para responder a essa pergunta, devemos descer às profundezas dos esgotos da Londres vitoriana.

O Grande Fedor (ou como uma crise pode ativar um planejamento radical)

Imagine Londres na década de 1850. Na verdade, não a imagine — cheire-a. Desde tempos medievais, os dejetos humanos da cidade tinham sido depositados em fossas sépticas — buracos fedorentos no chão cheios de borra em putrefação, com frequência nos porões das casas — ou lançados diretamente no rio Tâmisa. Embora milhares de fossas tivessem sido

Pensamento de catedral 119

removidas desde os anos 1830, o próprio Tâmisa continuou sendo uma fossa gigantesca que, por acaso, era também a principal fonte de água potável da cidade: os londrinos estavam bebendo seu próprio esgoto não tratado. O resultado foram surtos em massa de cólera, com mais de 14 mil pessoas morrendo em 1848 e outras 10 mil em 1854.[20] Contudo, as autoridades da cidade não fizeram quase nada para resolver esse desastre contínuo de saúde pública. Elas foram impedidas não só por uma falta de recursos e a crença prevalente de que o cólera era disseminado pelo ar e não pela água, mas também pela pressão de companhias de água privadas que insistiam que a água potável que elas bombeavam do rio era maravilhosamente pura.

A crise chegou ao auge no verão sufocante de 1858. O ano já havia passado por três surtos de cólera, e naquele momento a falta de chuva expunha depósitos de esgoto de 1,80 metro de profundidade nas margens inclinadas do Tâmisa. Os gases pútridos se espalharam por toda a cidade. Mas não foram só os pobres trabalhadores que tiveram de suportar isso: o cheiro também foi levado direto do rio para as recém-construídas Casas do Parlamento, e o novo sistema de ventilação conspirou para bombear um odor fétido por todo o edifício. O cheiro era tão repugnante que os debates nas câmaras dos Comuns e dos Lordes tiveram de ser abandonados, e os parlamentares fugiram das salas das comissões com panos sobre os rostos.

O que se tornou conhecido como o "Grande Fedor" foi, finalmente, um motivo forte o suficiente para estimular o governo a agir. O primeiro-ministro Benjamin Disraeli conseguiu aprovar no tempo recorde de dezesseis dias um projeto que fornecia ao Conselho Metropolitano de Obras o financiamento de longo prazo de que ele precisava para construir um moderno sistema de esgoto para Londres e que lhe conferia extensos novos poderes necessários para fazer isso acontecer. Finalmente, graças a uma crise de que os próprios membros do Parlamento foram incapazes de escapar, a Grã-Bretanha se lançou numa das mais radicais reformas de saúde pública do século XIX. Como *The Times* relatou, "Aquela quente quinzena fez pela administração sanitária da Metrópole o que os motins de Bengala fizeram pela administração da Índia".[21]

Os esgotos, no entanto, ainda estavam por ser construídos. Entra em cena um dos heróis da era vitoriana, o engenheiro-chefe do Conselho Metropolitano de Obras de Londres, Joseph Bazalgette. Durante um período de dezoito anos, Bazalgette dirigiu a construção de uma rede de esgotos de 132 quilômetros de extensão usando 672 mil metros cúbicos de concreto e 318 milhões de tijolos. Transportado para estações de bombeamento rio abaixo, o esgoto podia ser arrastado com segurança para o mar pela maré baixa. Notavelmente, quase todo o sistema continua em uso até hoje e os turistas que perambulam ao longo do Tâmisa pelos amplos Victoria and Albert Embankments estão, na realidade, caminhando sobre os aterros que os 22 mil operários de Bazalgette construíram para abrigar os esgotos que ficam apenas alguns metros abaixo.

A revista *Punch* publicou esta charge no auge do Grande Fedor, em julho de 1858, descrevendo-a como um "desenho para um afresco para as novas Casas do Parlamento". O Pai Tâmisa, uma personificação do rio, apresenta sua prole (Difteria, Escrófula e Cólera) à "bela cidade de Londres".

Pensamento de catedral 121

Como os esgotos sobreviveram intactos por tanto tempo? A resposta reside na capacidade de planejamento de longo prazo do engenheiro-chefe. Bazalgette anteviu o crescimento da população da cidade e construiu os esgotos para carregar mais do que o dobro do volume necessário na época. Ele insistiu também em usar o recém-inventado cimento Portland, que era 50% mais caro que o cimento comum, mas muito mais duradouro, ficando de fato mais forte após contato com a água. Além disso, ele assegurou que fossem usados os caros, mas duráveis, tijolos Staffordshire Blue em vez dos frágeis canos feitos em fábricas. Embora não possamos saber ao certo — infelizmente ele não deixou nenhum diário pessoal —, Bazalgette parecia estar planejando um sistema de esgotos que durasse pelo menos cem anos. Ele foi, sem dúvida, um dos grandes rebeldes do tempo da Grã-Bretanha vitoriana.

O legado de Bazalgette é extraordinário. Segundo o historiador John Doxat, "embora talvez menos lembrado que seu contemporâneo Isambard Kingdom Brunel, esse engenheiro esplêndido e previdente provavelmente fez mais bem, e salvou mais vidas, que qualquer funcionário público vitoriano".[22] Deveríamos lembrar essas duas figuras por sua visão de longo prazo, tendo sido responsáveis — com a ajuda do suor de seus operários — pela construção de pontes, esgotos, linhas férreas e outras obras de infraestrutura que ainda são usadas por milhões de pessoas todos os dias. O que os impeliu a planejar para a posteridade? Talvez tenha sido uma espécie de "psicologia de império", uma confiança cultural de que sua era vitoriana se estenderia pelo futuro distante como uma civilização triunfante e eterna. Mas pode ter sido a mentalidade de longo prazo, algo que é comum na própria profissão dos engenheiros civis.

Os engenheiros de hoje gozam de pouco renome comparados com seus colegas vitorianos. Por exemplo, quantas pessoas sabem o nome do engenheiro-chefe do Eurotúnel ou de engenheiros que foram pioneiros na captação de energia solar? A engenharia está certamente longe de ser uma profissão inocente: engenheiros foram responsáveis por projetar ogivas nucleares e oleodutos, bem como por criações mais benignas, como sistemas de esgoto. Há, contudo, algo de admirável em sua tendência a pensar para um tempo longo em vez de curto — em seu desejo de construir para durar. O código de conduta da Instituição dos Engenheiros Civis do Reino Unido declara que "todos os membros devem ter plena consideração pelo interesse público, em particular em relação a questões de saúde e segurança, e em relação ao bem-estar de futuras gerações".[23] Não seria bom se nossos políticos e líderes empresariais tivessem de fazer uma promessa similar, e tivessem de prestar contas por isso?

Uma das lições essenciais a extrair dos esgotos de Bazalgette é que o planejamento de longo prazo bem-sucedido precisa se basear em incluir, no projeto original, qualidades como capacidade de adaptação, flexibilidade e resiliência.

Em seu livro *How Buildings Learn*, Stewart Brand mostra que as construções mais duradouras são aquelas que podem "aprender" adaptando-se a novos contextos ao longo do tempo: elas podem acomodar diferentes usuários ou ser facilmente ampliadas, modernizadas ou atualizadas. Ele traça uma analogia com a biologia: "quanto mais um organismo for adaptado a condições atuais, menos adaptável ele pode ser a futuras condições desconhecidas".[24] Foi exatamente nisso que os esgotos de Londres foram exemplares. Ao fazer os túneis com o dobro do tamanho necessário na época, Bazalgette incorporou ao sistema capacidade de adaptação de longo prazo, assim como seu uso dos melhores materiais de construção deu aos esgotos resiliência suficiente para sobreviver a mais de um século de constante desgaste. Evidentemente, podemos aprender sobre resiliência não apenas com casos como o dos esgotos vitorianos, mas com fenômenos naturais, como a delicada teia de aranha que consegue sobreviver a uma tempestade ou a maneira como o suor e o tremor ajudam a regular a temperatura corporal humana.[25] Todos eles, contudo, suscitam a seguinte questão: como podemos projetar e incorporar a nossos sistemas políticos, econômicos e sociais uma capacidade de aprender que seja evolucionária, de modo que eles não sejam prejudicados por rigidez quando diante de circunstâncias que se modificam ou de choques externos? A Parte III deste livro oferece exemplos do mundo real em que sistemas desse tipo atuam — de instituições políticas descentralizadas e que são sensíveis às necessidades locais de mudança ao ágil projeto econômico de "produção cosmo-local".

Pensamento de catedral

Uma lição igualmente vital do sistema de esgotos de Londres é que muitas vezes é necessária uma crise aguda para ativar o planejamento de longo prazo. Se os membros do parlamento não tivessem sofrido diretamente os efeitos do Grande Fedor, poderiam ter se passado décadas antes que o problema dos esgotos de Londres fosse enfrentado seriamente, e possivelmente centenas de milhares de pessoas perderiam a vida. De fato, ao longo de toda a história, o planejamento de longo prazo emergiu frequentemente de momentos de crise, em especial quando ela afetava os detentores do poder político e econômico. Isso não seria nenhuma surpresa para Karl Marx e Milton Friedman, que estiveram entre os muitos pensadores a sustentar que uma mudança fundamental no sistema é, tipicamente, um produto de crise, algo que pode remodelar as regras do jogo, desafiar velhas ortodoxias e abrir novas possibilidades. Exemplos bem conhecidos incluem o New Deal nos Estados Unidos, uma resposta à crise da Grande Depressão, e a introdução de racionamento de comida e gasolina pelo governo britânico na Segunda Guerra Mundial, algo que se tornou possível graças à ameaça muito real de invasão pela Alemanha.[26] Ou considere as instituições de longo prazo sem precedentes que surgiram das cinzas dessa guerra: a União Europeia, as Nações Unidas, o Plano Marshall, o sistema financeiro de Bretton Woods, e na Grã-Bretanha o Estado de bem-estar social, a habitação social em grande escala e a nacionalização da indústria.

Uma das razões pelas quais não tomamos medidas eficazes numa questão como as mudanças climáticas — por exemplo, por meio de investimento maciço de longo prazo em energia renovável ou impostos punitivos sobre o carbono — é que a maioria das pessoas (especialmente no Ocidente) não a experimenta como uma crise severa como o Grande Fedor ou a Segunda Guerra Mundial. Os impactos são excessivamente graduais: como uma rã que é lentamente fervida em água cuja temperatura se eleva apenas gradualmente, o calor planetário está sendo elevado lentamente e não estamos saltando fora da panela. Mesmo o número crescente de desastres relacionados ao clima — de seca no Quênia a incêndios florestais na Austrália — não foi danoso o suficiente para provocar a resposta séria que se faz necessária. Talvez seja preciso uma rápida sucessão de eventos genuinamente cataclísmicos que afetem poderosos atores políticos e econômicos para que a humanidade acorde — talvez se, num único ano, Nova York e Xangai forem devastadas por furacões que matem dezenas de milhares de pessoas, tumultos ocasionados pela busca de alimentos varram as capitais europeias após uma perda maciça de colheitas e membros do parlamento tenham que escapar, em botes salva-vidas, de um Palácio de Westminster depois que a Barreira do Tâmisa transborde e deixe Londres debaixo d'água?

Estas poderiam soar como notícias desanimadoras para ativistas ecológicos que acreditam que mensagens positivas e otimistas de um futuro melhor são muito mais eficazes que visões apocalípticas para incitar pessoas à ação. Embora isso possa ser verdade quando se trata de promover ações que motivem o público em geral, não é algo tão óbvio para os privilegiados e poderosos, mais propensos a responder a crise e até a medo. O mais provável é que eles só tomem medidas radicais se sentirem que têm alguma coisa a perder.

Esta pode ser a principal lição histórica do Grande Fedor: que planejamento radical de longo prazo pode ser motivado por uma crise. É a essência não do pensamento de catedral, mas do que concebo como "pensamento de esgoto". Às vezes, nada exceto uma crise pode sacudir autoridades e instituições dominantes e tirá-los de sua letargia. É uma lição absolutamente compreendida por ativistas como Greta Thunberg. "Nossa casa está pegando fogo", disse ela ao Fórum Econômico Mundial em Davos, na Suíça, em 2019, "eu não quero a esperança dos senhores, quero que entrem em pânico... e ajam."[27] Gerar uma genuína consciência de crise e emergência pode ser o antídoto mais eficaz para nosso sonambulismo moral rumo ao colapso civilizacional.

Reconhecer a importância de crises não significa, contudo, que deveríamos descansar e esperar que uma catástrofe aconteça. É vital nos prepararmos para qualquer ruptura ecológica, ou de outro tipo, criando um mapa rodoviário pronto para a mudança do sistema a longo prazo. Como Milton Friedman o expressou, embora uma crise forneça a oportunidade para a mudança, "quando essa crise ocorre, as medidas que são tomadas

Pensamento de catedral   125

dependem das ideias que estão ao redor".[28] A tragédia da crise financeira de 2008 foi que não havia nenhuma visão econômica alternativa evidente em oferta. Aquela foi uma oportunidade para remodelar completamente o sistema financeiro, mas os governos acabaram socorrendo os bancos e amparando as estruturas econômicas obsoletas que tinham iniciado a crise. Esse é um erro que não deve ser repetido: modelos alternativos precisam estar disponíveis. É por isso que é tão decisivo começar a semear os valores e práticas do pensamento de longo prazo aqui e agora.

Manter as bombas funcionando

Sem nenhum plano, a humanidade não terá nenhum tempo. Precisamos, urgentemente, de planejamento de longo prazo diante dos desafios ecológicos e tecnológicos de nosso tempo, bem como dar atenção a questões políticas como a falta de investimento em assistência médica mental. Por um lado, podemos ter certeza de nossa capacidade de fazê-lo: desde os antigos egípcios, temos feito planos e executado projetos com horizontes de tempo que se estendem por décadas e até séculos em direção ao futuro. Por outro lado, vimos que o planejamento é uma hidra de muitas cabeças: pode ser maligno e mal dirigido, pode criar enorme dano ambiental, pode prosperar sob ditaduras e, sem uma crise devastadora para provocá-lo, pode simplesmente nunca acontecer.

Grande parte do planejamento humano até agora foi impulsionada pelo imperativo do progresso econômico cultivado no Holoceno. Todo concreto, plásticos e toxinas que produzimos podem nos dar estradas, prédios e outras obras de infraestrutura de longa duração da civilização moderna, mas estão, simultaneamente, estrangulando o planeta. Esse está longe de ser o tipo de planejamento de que precisamos para lidar com as provações do Antropoceno. Podemos estar satisfazendo o credo de John Ruskin de construir como se estivéssemos construindo para sempre, mas esse não pode pretender ser "um trabalho pelo qual nossos descendentes nos agradecerão".

O planejamento de longo prazo é também algo que deveríamos estar fazendo juntos, como uma sociedade. Podemos olhar para a Holanda, cujos cidadãos vêm gerindo de maneira comunal os pôlderes — terrenos baixos aterrados e protegidos por diques — há mais de oitocentos anos. Um quarto do país está nessas terras vulneráveis, localizadas abaixo do nível do mar, e que precisam ser continuamente drenadas e bombeadas para que se evite uma inundação (era para isso que os moinhos de vento se destinavam originalmente). Muitas pessoas mais velhas se lembram das inundações de 1953, quando mais de 2 mil pessoas foram mortas, e as crianças aprendem na escola sobre a inundação de Santa Lúcia, de 1287, na qual pelo menos 50 mil pessoas morreram. Eventos desse tipo, gravados na imaginação histórica holandesa, fazem do risco de inundação uma realidade já experimentada; a crise poderia estar próxima. Em resposta a essa ameaça constante, eles desenvolveram um sofisticado sistema de *waterschappen*, ou conselhos da água — corpos democráticos locais que existem há séculos para administrar e manter as defesas contra a inundação dos pôlderes. Se os diques falharem, todos se afogam juntos. Daí o ditado holandês: "Você tem de ser capaz de se dar bem com seu inimigo porque ele pode ser a pessoa que opera a bomba mais próxima no seu pôlder".[29]

Estamos todos, de uma maneira ou de outra, operando bombas de água uns para os outros. Vivemos num mundo interdependente, nossas ações têm consequências não só para vizinhos ou pessoas em terras distantes, mas para as gerações vindouras. Como os holandeses, temos de aprender a administrar nosso lar planetário juntos se esperamos ter um futuro longo e próspero e se queremos evitar ser varridos pelo dilúvio. Só então mereceremos os agradecimentos de nossos descendentes.

7. Previsão holística

Caminhos de longo prazo para a civilização

Os primeiros meteorologistas profissionais talvez tenham sido os sacerdotes do Antigo Egito no curso superior do rio Nilo, mais de 3 mil anos atrás. Eles se reuniam, a cada primavera, perto do ponto em que os três principais afluentes do rio se encontravam. O objetivo era prever a dimensão da inundação anual que forneceria água para agricultores 1, 6 mil quilômetros rio abaixo. Se a água estivesse clara, o Nilo Branco que emergia do lago Vitória dominaria o fluxo, produzindo uma inundação moderada e baixo rendimento das culturas. Se a água estivesse escura, o Nilo Azul ditaria o fluxo e provavelmente forneceria a quantidade perfeita para uma colheita abundante. Se as águas castanho-esverdeadas do rio Atbara, que desce das montanhas da Etiópia, estivessem prevalecendo, o fluxo iria provavelmente ser precoce e catastroficamente alto, devastando as culturas. Com base nas previsões dos sacerdotes, encarregados das áreas agrícolas centrais mais abaixo no vale do Nilo podiam planejar com meses de antecedência — armazenando grãos, criando impostos ou gastando fundos sabendo o que o futuro podia reservar.[1]

Ninguém sabe quão precisas eram as previsões dos sacerdotes a respeito das inundações. O que sabemos, contudo, é que todas as sociedades humanas desenvolveram sacerdócios para prever o futuro — adivinhos, oráculos, astrólogos, xamãs e profetas. Eles buscavam seus segredos no movimento das estrelas ou no lançamento de ossos, na interpretação dos sonhos ou no padrão de eventos passados. Hoje esses sacerdotes têm títulos que possuem a aura da ciência e do racionalismo. São meteorologistas, futuristas, identificadores de tendências e experts em previsão.[2]

Embora eles tipicamente reneguem qualquer capacidade de prever eventos específicos como Nostradamus ou o Oráculo de Delfos e prefiram falar sobre situações hipotéticas e probabilidades, seu papel é o mesmo: domar as incertezas do futuro e fornecer uma visão dos cenários que podem se encontrar à frente.

Esses videntes modernos geralmente só olham para alguns meses ou anos à frente, em especial se estiverem engajados no mundo dos negócios. A previsão corporativa também frequentemente exibe pouca, ou mesmo nenhuma, preocupação com futuras gerações: quando uma empresa petrolífera faz projeções sobre seus números de produção, seu olhar está mais fixo no preço de sua ação do que no preço que a humanidade poderá pagar por suas ações. Porém, a previsão é inegavelmente valiosa. É difícil imaginar a prática da arte do pensamento de longo prazo sem fazer absolutamente nenhuma previsão sobre o futuro. Deixar de fazê-lo iria simplesmente alimentar uma cultura reativa de curto prazo em que só lidamos com os eventos à medida que eles nos atingem no presente. Precisamos nos preparar e planejar para o que provavelmente estará no horizonte, seja a perspectiva de incêndios florestais durante o verão, a situação política explosiva gerada pelo crescente populismo de extrema direita ou a lenta exaustão de toda uma civilização.

Este capítulo apresenta o que chamo de "previsão holística" como a quinta das seis ferramentas para o pensamento de longo prazo. Ela oferece uma moldura temporal muito mais longa que a previsão tradicional, estendendo-se por décadas e séculos. É também mais ampla, concentrando-se em perspectivas panorâmicas ao olhar para as pessoas e para o planeta numa escala global em vez de se ater aos estreitos interesses institucionais e corporativos que prevalecem na previsão convencional. Ela não diz respeito à previsão de eventos particulares no curto prazo, mas ao esboço de uma ampla variedade de caminhos que nossa civilização planetária pode seguir a longo prazo.

Previsão holística

A ascensão da incerteza em rede

A incerteza em relação ao futuro sempre foi uma barreira para a previsão de longo prazo. Além disso, quanto mais para longe projetamos no tempo, maior a variedade de possibilidades e caminhos, o que multiplica os níveis de incerteza. Como os futurologistas gostam de dizer, o "cone da incerteza" não cessa de se alargar.[3]

Desde a virada do milênio, no entanto, nós passamos da teoria do cone de futuros para uma nova era de incerteza em rede: "em rede" porque os eventos e riscos que enfrentamos são cada vez mais interdependentes e globalizados, suscitando a perspectiva de rápido contágio e de efeitos borboleta e tornando até o futuro próximo algo quase impossível de enxergar. Uma tempestade de fatos perfeita se formou para criar essa estrutura interligada e não linear de incerteza radical: o ritmo acelerado da inovação tecnológica, o aumento da velocidade do fluxo de informação, instabilidades geopolíticas que se desenvolveram desde o fim da Guerra Fria, maior insegurança no emprego, volubilidade e interconexão dos mercados financeiros, além de ameaças imprevisíveis que podem vir da Inteligência Artificial, das armas biológicas, do cibercrime e de doenças produzidas por engenharia genética.

As evidências da incerteza em rede estão por toda parte. Como muitos economistas previram o crash de 2008 e seus efeitos globais em cadeia, como o movimento Occupy? Quantos gurus políticos previram o Brexit e Trump? E é improvável que a incerteza seja reduzida em breve. Cientistas do clima advertem para pontos de virada que levarão ao súbito colapso de bancos de gelo ou de espécies inteiras. Testemunhamos também uma proliferação de eventos "cisne negro" — eventos difíceis de prever e carregados de consequências e que só retrospectivamente os especialistas podem afirmar tê-los visto chegar desde o princípio — do Onze de Setembro à ascensão do Google.[4]

Parece que entramos na era do futuro incognoscível. Como Yuval Noah Harari sugere, em 1020 era relativamente fácil prever que aparência teria o mundo de 1050, mas em 2020 é quase impossível saber em que tipo de mundo habitaremos em 2050, que dirá além dessa data.[5]

Analistas profissionais ainda gostam de dar a impressão de que podem fazer brilhar uma luz no fim do túnel, mas há espantosas evidências de que sua capacidade de fazer previsões precisas é extremamente limitada. Num famoso estudo que durou vinte anos, o cientista político Philip Tetlock solicitou a 284 experts em previsão — de prodígios de *think tanks* a analistas do Banco Mundial — que fizessem uma série de previsões geopolíticas e econômicas de prazo relativamente longo, como se a União Europeia iria perder um de seus membros durante os dez anos seguintes ou de que tamanho seria o déficit dos Estados Unidos dentro de uma década. Depois de confrontar as 82 361 previsões dos especialistas com os resultados no mundo real, sua conclusão foi de que eles não apenas foram extremamente imprecisos em seus julgamentos como tiveram, de fato, um desempenho que, na média, havia sido pior do que aquele norteado pela mais simples regra prática, como "nunca preveja nenhuma mudança" ou "suponha que o ritmo atual de mudança continua ininterrupto". Na verdade, Tetlock encontrou uma relação inversa entre a exatidão das previsões dos especialistas, seu renome público e suas qualificações profissionais.[6] Poderíamos concluir com justiça que a previsão de longo prazo é uma causa perdida. Por que não podemos simplesmente aceitar a incerteza, deixar todos os nossos planos em suspenso e simplesmente lidar com o futuro quando ele acontece?

Porque há padrões na história — contanto que saibamos onde procurá-los.

A sabedoria da curva S

Os seres humanos são criaturas que procuram padrões. Do princípio de Arquimedes e a teoria da evolução à segunda lei da termodinâmica, nós nos esforçamos para descobrir leis universais no mundo natural. Buscamos também encontrar os padrões subjacentes no mundo social: Aristóteles, Políbio, Ibn Khaldun e Karl Marx acreditaram que tinham identificado,

Previsão holística 131

na história, padrões cíclicos que determinavam a ascensão e a queda de Estados e impérios, classes e sistemas econômicos. Hoje a procura de padrões continua, com o Google e o Facebook esperando usar as ferramentas de big data para descobrir leis do comportamento humano que nos farão clicar em mais propagandas e compartilhar mais vídeos.

Mas existe mesmo algum padrão lá fora? Tudo que sabemos sobre incerteza em rede deveria nos deixar céticos. Quero, contudo, tomar uma posição contra os céticos e destacar um padrão crucial que ocorreu repetidamente em sociedades humanas no passado e irá quase certamente continuar a aparecer no futuro. De fato, ele é uma parte tão essencial da filosofia do pensamento de longo prazo que deveria ser gravado no cérebro de qualquer pessoa que aspire a ser um bom ancestral.

O padrão é a famosa curva S, por vezes conhecida como curva sigmoide (ver abaixo). Ela não lhe dirá quem vencerá a próxima eleição presidencial, ou quando o mercado de ações quebrará, ou se vamos colonizar Marte. Antes, oferece uma mensagem mais simples, contudo mais profunda: *nada cresce para sempre*. Em sua versão clássica, ela começa com uma curva ascendente de crescimento acelerado ou de "decolagem", alcançando, depois, um ponto de inflexão onde a taxa de crescimento do fenômeno em questão começa a se desacelerar, acabando por se nivelar num período de "maturidade"; em seguida, ela atinge um segundo ponto de inflexão muito comum, descendo gradualmente para um estado de "declínio". Uma versão mais extrema da curva segue uma tendência ascendente brusca, atingindo um pico acentuado, que por sua vez leva a um "colapso" súbito.

Curvas S podem ser encontradas em toda parte no mundo vivo, desde o crescimento de uma colônia de formigas e a propagação de células cancerosas até o crescimento de uma floresta ou dos pés de seus filhos. Esses padrões são igualmente predominantes em sistemas humanos. Impérios e economias, ditaduras e democracias, movimentos sociais e modas — todos eles acabam sucumbindo à lógica da curva S. Crescem, atingem o auge e entram em declínio.

Durante o último meio século, o reconhecimento da curva sigmoide tornou-se uma das mais importantes e difundidas descobertas das ciências

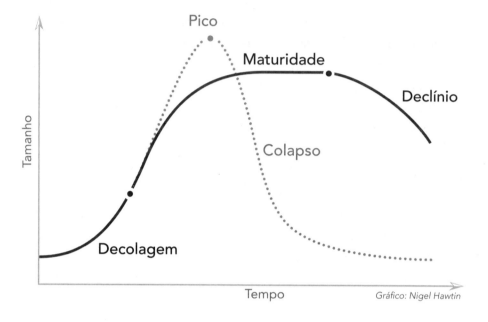

sociais e aplicadas. Para o especialista em comportamento organizacional Charles Handy, a curva S é a forma essencial de como empresas, organizações sociais e sistemas políticos se desenvolvem ao longo do tempo, "é a linha de todas as coisas humanas".[7] O analista tecnológico Paul Saffo aconselha a "procurar a curva S", observando que a adoção de novas tecnologias — de robôs pessoais a carros sem motorista — está destinada a acompanhar sua forma.[8] Estudiosos usaram a curva sigmoide para descrever a ascensão e a queda de civilizações antigas como o Império Romano, mas também para prever mudanças ocorridas nos dias atuais, como o declínio dos Estados Unidos como superpotência global.[9] No campo do pensamento sistêmico, os autores do relatório *Limites do crescimento*, produzido pelo Clube de Roma em 1972, põem a curva S no coração de sua análise.[10] Mais recentemente, a economista Kate Raworth mostrou que a economia convencional supõe que o crescimento do PIB segue uma "curva

Previsão holística 133

sempre crescente", quando na realidade é muito mais provável que ela se nivele na forma da curva S.[11] O especialista em energia Ugo Bardi encontrou inspiração na observação do filósofo romano Sêneca de que "o crescimento é lento, mas a ruína é rápida", para cunhar o conceito "o precipício de Sêneca": grandes estruturas, como sistemas financeiros ou populações de animais, tendem a seguir a enviesada curva S em seu desenvolvimento, alcançando um pico e em seguida desabando subitamente.[12]

Um dos maiores expoentes da curva sigmoide foi Jonas Salk, que a descreveu como a mais importante "ferramenta de pensamento" de nossa era de mudanças.[13] No início dos anos 1980, Salk começou a ver que a população humana, em sua tendência para o longo prazo, seguiria os contornos da curva. A população mundial permaneceu abaixo de 1 bilhão de pessoas na maior parte dos últimos 8 mil anos, mas após uma explosão populacional que ocorreu desde cerca de 1800 — fazendo a curva subir rapidamente — ela estava começando a se desacelerar e iria provavelmente se nivelar em 10 a 11 bilhões no final do século XXI (uma previsão notavelmente similar às projeções atuais da ONU). Dividindo essa curva S em duas seções em torno do seu primeiro ponto de inflexão, Salk acreditava que seria necessária uma transformação radical do modo como a sociedade funcionava na Época A, a parte do crescimento inicial da curva, para o modo como ela funcionava na Época B, a parte do crescimento (veja abaixo).[14]

Na Época A havia poucos limites para o crescimento, uso de recursos e energia disponível. Foi um período caracterizado por altos níveis de consumo material, uma cultura em grande parte individualista e um domínio do pensamento de curto prazo. Na visão de Salk, porém, com uma população mundial se aproximando de um número dez vezes maior do que aquele de seu nível histórico anterior, a sociedade estava avançando para a Época B, na qual só seremos capazes de sobreviver adotando um novo conjunto de valores e instituições baseado em uso sustentável de recursos, consciência de nossos limites, níveis mais elevados de cooperação social e pensamento de longo prazo muito maior. Ele estava convencido de que para ser bons ancestrais devemos reconhecer que estamos rumando para o topo da curva sigmoide e por isso precisamos adotar uma mentalidade

Curva S de Jonas Salk

Jonas Salk acreditava que os valores que dominaram na Época A, especialmente durante os dois últimos séculos, precisariam ser substituídos pelos valores da Época B à medida que entramos no século XXI.

apropriada para a Época B, em vez de nos agarrarmos às atitudes e práticas obsoletas da Época A. Se deixássemos de fazer essa transição, a civilização humana estaria rumando para um calamitoso colapso.[15]

Como uma ferramenta de pensamento, um dos poderes da curva S é que ela desafia a mais profunda suposição de nossa cultura predominantemente iluminista: a de que o crescimento e o progresso continuarão indefinidamente. Essa suposição permeia o best-seller global do psicólogo Steven Pinker *O novo Iluminismo*, que apresenta 75 gráficos para demonstrar o progresso evidentemente enorme da humanidade nos últimos duzentos anos: maior longevidade, melhor saúde pública, declínios na criminalidade e na violência, redução da pobreza, melhor acesso à educação e até melhor proteção ambiental. Embora haja alguma verdade em sua argumentação

Previsão holística

sobre a forma como progredimos no passado (apesar de muitos contestarem suas afirmações ambientais), quando se trata do futuro ele está num terreno empírico particularmente instável.[16] Pinker é despudoradamente otimista e acredita que os "os fatos frios, crus" apontam para uma verdade simples: "que o que já aconteceu continuará a acontecer". Em outras palavras, o caminho do progresso está fadado a continuar de forma sempre ascendente. Ele desdenha o "romântico movimento Verde" e outros que estão preocupados com perigos como as mudanças climáticas, a perda de biodiversidade, a desigualdade na distribuição de renda ou os riscos tecnológicos como armas biológicas, e em vez disso deposita sua fé nas maravilhas da geoengenharia e do crescimento econômico para resolver todos os nossos problemas. Chega a citar o historiador do século XIX Thomas Macaulay para reforçar sua fé quase religiosa num progresso infinito: "Com base em que princípio, quando não vemos nada senão progresso atrás de nós, não devemos esperar nada senão deterioração diante de nós?".[17] Os argumentos de Pinker representam o pensamento linear em sua forma mais extrema, uma cegueira obstinada para as convincentes evidências da curva S que contraria o racionalismo do Iluminismo que ele afirma defender. Pinker é como uma criança que acredita que pode continuar inflando o balão mais e mais, sem nenhuma expectativa de que ele estoure em algum momento.

"É difícil fazer previsões, especialmente sobre o futuro", diz um antigo provérbio dinamarquês.[18] Embora predizer eventos específicos possa ser uma ciência elusiva, a curva sigmoide nos põe num terreno mais firme ao identificar um padrão de crescimento e declínio que é encontrado repetidamente nos empreendimentos humanos (embora certamente não em toda parte, e a curva tampouco é sempre suave). Espere por tempo suficiente, e o que poderia à primeira vista parecer ser uma curva J em contínua ascensão vai acabar se transformando numa curva S, quer estejamos olhando para a trajetória de longo prazo do crescimento econômico, da inovação tecnológica, da mudança populacional, da expansão urbana ou para algum outro fenômeno. A curva S não pode por si só nos dizer quando chegaremos a um ponto de inflexão de desaceleração ou declínio, mas nos adverte quando é provável que ele ocorra. Isso só pode nos tornar mais sensatos em nosso planejamento para o futuro: prepara-nos para nos precavermos, nos adaptarmos, para que desenvolvamos resiliência e nos reinventemos.

Ao mesmo tempo, a curva sigmoide pode nos estimular a considerar caminhos alternativos de desenvolvimento. Haverá maneiras de assegurar que amadureceremos gradualmente em vez de alcançarmos o ponto máximo e cairmos estrepitosamente? Podemos desacelerar o ritmo de declínio, uma vez que ele esteja estabelecido? E poderia até ser possível saltar de um caminho insustentável para uma curva completamente diferente? Nesse sentido, a curva sigmoide oferece um convite e uma motivação para reconsiderarmos como organizamos nossas economias, nossas sociedades e nosso dia a dia, e os valores e as crenças que os sustentam. Pode ser que nossa civilização global tenha à sua frente uma série de curvas às quais seguir. Mas, se esperamos apreender completamente quais podem ser, precisaremos apelar para a ajuda de outra ferramenta de pensamento que bons ancestrais devem ter à disposição: o planejamento de cenários.

Uma breve história do planejamento de cenários

Em 1948, um jovem físico chamado Herman Kahn encontrou emprego na Rand Corporation, um novo instituto de pesquisa financiado pela Força Aérea dos Estados Unidos. A Rand operava efetivamente como um *think tank* para a política de defesa do governo, elaborando estratégias militares para a Guerra Fria, que ficava cada vez mais quente.[19] Ela logo se tornou também uma estufa onde eram formuladas técnicas inovadoras de previsão de longo prazo baseadas em descobertas de novos campos disciplinares como teoria dos jogos, cibernética e computação, e Kahn estava entre suas estrelas mais brilhantes.

Durante os anos 1950, Kahn começou a desenvolver o que veio a ser conhecido como "planejamento de cenários". Ele compreendeu que em vez de tentar prever eventos futuros específicos seria mais eficaz esboçar uma série de situações plausíveis que poderiam emergir. Pôs a cabeça para

Previsão holística 137

pensar em seu controverso livro de 1960 *On Thermonuclear War*, onde explorou os possíveis resultados na eventualidade de uma guerra nuclear com a União Soviética. Em alguns deles, dezenas de milhões de americanos morriam, gerações de crianças nasciam com malformações congênitas e porções do planeta se tornavam inabitáveis por milênios. Em outras, apenas algumas cidades grandes eram destruídas, a doença radioativa era limitada e a economia dos Estados Unidos era capaz de se recuperar dentro de algumas décadas ou até mais rápido.

Embora fosse um notável exercício de pensamento de longo prazo que ressaltava as possíveis consequências devastadoras de uma guerra atômica, o livro de Kahn certamente não foi apresentado como uma argumentação para que não se pressionasse o botão nuclear. Kahn acreditava não apenas que a guerra nuclear era possível, mas que podia ser ganha. Numa tabela notória (veja a seguir), intitulada "Situações trágicas, mas distinguíveis no pós-guerra", ele listou o número de cidadãos americanos que poderiam ser mortos sob várias situações e o tempo requerido para a recuperação econômica dos Estados Unidos. A assustadora conclusão de Kahn foi de que uma perda de até 20 milhões de vidas era "aceitável" num conflito nuclear se os Estados Unidos saíssem vitoriosos. Apesar de ser uma grande tragédia, a maioria dos sobreviventes seria capaz de levar "existências normais e felizes" e não sofreria a ponto de "invejar os mortos".[20] Para Kahn, 20 milhões de mortes, ou 10% da população americana na época, podiam ser um preço que valia a pena pagar para derrotar os russos. O crescente movimento antinuclear rapidamente rotulou esse livro de "um tratado moral sobre o assassinato em massa". Não admira que Stanley Kubrick tenha usado Kahn como um de seus modelos para criar o cientista louco desempenhado por Peter Sellers em sua sátira nuclear de 1964, *Doutor Fantástico*. Consta que Kahn pediu royalties ao diretor devido ao grande número de linhas de seu livro que apareciam no filme.[21]

Após Kahn, o planejamento de cenários só decolaria depois de ser usado com espetacular sucesso por Pierre Wack, chefe de planejamento da companhia petrolífera Royal Dutch Shell. No início dos anos 1970, Wack

Situações trágicas, mas distinguíveis no pós-guerra

Mortos	Recuperação econômica
2 000 000	1 ano
5 000 000	2 anos
10 000 000	5 anos
20 000 000	10 anos
40 000 000	20 anos
80 000 000	50 anos
160 000 000	100 anos

Irão os sobreviventes invejar os mortos?

Possíveis cenários para os Estados Unidos na eventualidade de um conflito Estados Unidos-URSS, do livro *On Thermonuclear War*, de Herman Kahn.

refinou a abordagem de Kahn numa metodologia coerente. O objetivo, ele disse, não era fazer a "previsão correta" — uma tarefa impossível num mundo cada vez mais incerto — mas "aceitar a incerteza, tentar compreendê-la e torná-la parte de nosso raciocínio".[22] Não havia um único futuro lá fora, esperando para acontecer, mas sim muitos futuros possíveis num futuro provável. Wack começava identificando três ou quatro desses diferentes futuros. Pelo menos um deles se referia à situação de sempre e o outro, a uma alternativa de baixa probabilidade, mas de alto impacto. Em seguida, Wack desenvolveu tramas detalhadas de como cada um desses futuros poderia se desenrolar. O objetivo era assegurar que a organização estava preparada para esses múltiplos cenários, inventando, por exemplo, diferentes maneiras de ser resiliente diante de uma série de resultados.

Previsão holística 139

Fazer isso era um meio de resistir à "falácia da extrapolação", em que se supõe que o futuro é uma continuação linear de tendências passadas.

Rapidamente, Wack tornou-se famoso entre estrategistas corporativos depois que usou o planejamento de cenários para prever a possibilidade do choque do preço do petróleo em 1973. Ele tinha percebido que, com o cartel da OPEP, os Estados árabes poderiam tentar restringir a oferta no intuito de forçar uma alta significativa do preço global do petróleo, que permanecera relativamente estável por décadas. A Royal Dutch Shell finalmente seguiu o conselho de Wack e se preparou para o possível aumento do preço, reduzindo, por exemplo, seus custos de operação. Como resultado, eles foram capazes de suportar a tempestade da crise do petróleo e tinham se tornado no final da década uma das maiores e mais lucrativas companhias do mundo.[23]

O planejamento de cenários logo conquistou o mundo empresarial. Em 1977, nos Estados Unidos, cerca de 20% das empresas do ranking *Fortune* 1000 o estavam usando, e esse número tinha saltado para quase 50% em 1981.[24] Pouco a pouco, o método começou a ultrapassar o domínio corporativo e passou a ser cada vez mais utilizado por demógrafos, planejadores governamentais, ativistas ambientais e ONGs focadas em desenvolvimento. Continua, no entanto, sendo usado sobretudo como uma ferramenta de negócios, permitindo que as companhias obtenham vantagem competitiva através da identificação de tendências de mercado e de oportunidades comerciais e tomem medidas para atenuar riscos financeiros.[25]

Tudo isso começou a mudar por volta da virada do milênio, em razão da ascensão da ciência do clima, que levou a antiga obsessão humana pela previsão do tempo do dia seguinte a um nível totalmente novo. Na esteira da Eco-92, no Rio de Janeiro, e do Protocolo de Quioto, de 1997, não demorou muito para que milhares de pesquisadores fizessem previsões climáticas para cinquenta ou cem anos à frente, e eles frequentemente se valiam das ferramentas do planejamento de cenários em suas análises. No que diz respeito ao aquecimento planetário, o provável impacto de diferentes cenários começou a se infiltrar na consciência pública. Que partes da Flórida ou de Bangladesh estariam debaixo d'água se chegássemos a dois, três ou até seis graus de aquecimento até 2100? Em que medida diferentes níveis de acidificação dos oceanos iriam afetar o estoque global de alimentos na altura de 2050? Como potenciais eventos disruptores poderiam interagir, desde o derretimento da camada de gelo da Groenlândia ao derretimento do permafrost siberiano e a ampla desaparição da floresta pluvial amazônica? Os relatórios do Painel Intergovernamental sobre Mudanças Climáticas serviram para redefinir o significado público de "longo prazo", levando-o muito além dos horizontes de cinco ou dez anos do pensamento corporativo. Situações hipotéticas e projeções para 2030-40 passaram a ser consideradas de "curto prazo", e aquelas para 2080-2100, de "longo prazo". Alguns estendiam mais ainda os números, fazendo previsões sobre elevações do nível do mar e dióxido de carbono atmosférico para o ano de 2500.[26]

Efetivamente, uma geração de cientistas do clima e pesquisadores de riscos ambientais resgatou o planejamento de cenários e outros métodos de previsão das garras do mercado, ao mesmo tempo que catapultava a imaginação pública para mais longe quando se tratava de pensar o tempo.

Ao expandir a moldura temporal em que a sociedade pensava sobre o futuro do planeta, eles também abriram as mentalidades para a contemplação dos caminhos de longo prazo da própria humanidade. O destino da civilização humana tornou-se tema de filmes, romances e tomos eruditos. Seríamos capazes de suportar os incêndios e as tempestades de gelo da crise ecológica, bem como a miríade de ameaças tecnológicas que estavam emergindo? Ou estávamos destinados ao colapso social ou até à extinção? Armados com as ferramentas gêmeas da curva S e do planejamento de cenários, vamos nos voltar agora para essas questões.

Três caminhos da civilização humana

É fundamental, na arte do pensamento de longo prazo, que compreendamos quais serão as trajetórias mais prováveis da sociedade humana no futuro. Nossas suposições sobre as possibilidades de progresso ou de colapso

Previsão holística 141

civilizacional irão influenciar os planos que fazemos, os movimentos que criamos, as carreiras que seguimos e até escolhas como a de ter filhos ou não. Ter uma imagem de potenciais caminhos de longo prazo em nossa mente é um andaime mental essencial para negociar nossas jornadas coletivas e pessoais para o futuro. É difícil, contudo, saber por onde começar quando pensamos sobre esses caminhos, que ocupam um lugar na vasta escala de uma civilização global complexa, composta de bilhões de pessoas.

Um ponto de partida útil é nos perguntarmos o que sabemos sobre o destino de civilizações passadas. A verdade histórica subjacente é que elas tendem a seguir a lógica da curva S: civilizações nascem, florescem e depois morrem. Segundo Luke Kemp, pesquisador de riscos da Universidade de Cambridge, "o colapso pode ser um fenômeno normal para civilizações, independentemente de seu tamanho e estágio tecnológico". Sua opinião é baseada num estudo singular de 87 civilizações antigas estendendo-se por um período de mais de 3 mil anos. Na definição de Kemp, uma civilização é uma sociedade com agricultura, múltiplas cidades, estrutura política contínua e domínio militar de uma região geográfica. O colapso, por sua vez, é uma fase em que há uma perda rápida e persistente de população, identidade e complexidade socioeconômica. Após observar exemplos que iam da Fenícia e da dinastia Shang na China ao Império Romano e aos olmecas, ele concluiu que o tempo de vida médio de uma civilização antiga era precisamente de 336 anos (veja a seguir).[27]

Por que exatamente as civilizações desmoronam? A literatura acadêmica desenvolveu um fascinante corpus em torno dessa questão. Tome-se um caso clássico, como o da civilização suméria, que se desenvolveu no que é hoje o sul do Iraque por volta de 3000 a.C. e se gabava de ter sofisticados sistemas de irrigação em cidades impressionantes como Ur e Uruk. Em 2000 a.C., os sumérios haviam, em grande parte, desaparecido. Por quê? Uma das principais explicações é que sua principal técnica agrícola — desviar enormes quantidades de água para terra árida — levou a depósitos maciços de sal no solo. Registros arqueológicos revelam que, após um período inicial de abundância, os rendimentos das colheitas de trigo e, mais tarde, de cevada começaram a cair drasticamente em consequência

Civilizações antigas

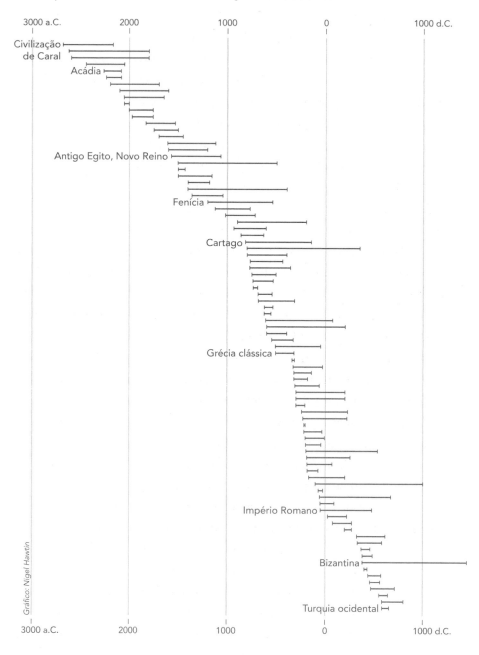

Previsão holística 143

da salinização, mas os governantes dinásticos tomaram pouco cuidado diante disso. Especialmente durante o período do Império Acádio, eles continuaram estendendo os canais, intensificando a produção agrícola e embarcando em suntuosos projetos de construção, entregando-se ao luxo e à glória. Mas fazê-lo requeria que estendessem enormemente seu uso de recursos, ultrapassando o limite do quanto o ecossistema local poderia suportar. Finalmente, como tantas outras civilizações antigas, como os maias de Copán, a Suméria ruiu destruindo o ambiente natural em que seu progresso se baseara.[28]

Embora a degradação ambiental tenha sido uma causa generalizada para o colapso civilizacional, a história suméria sugere outra explicação: dominação da elite e desigualdade. Quando elites dirigentes são capazes de se isolar dos problemas que criam, esses problemas se multiplicam e finalmente as alcançam, seja na forma de colapso econômico ou na de agitação social desestabilizadora. Alguns estudiosos, como Joseph Tainter, sustentam que as civilizações desabam finalmente sob o peso de sua própria complexidade. O Império Romano, por exemplo, chegou a um ponto em que administrar e controlar sua vastidão passou a ser algo tão dispendioso, tão burocrático e que requeria tanta força militar que ele não pôde mais se sustentar. Outros estudiosos ressaltam que civilizações podem morrer quando há grandes mudanças climáticas, como seca constante, ou em razão de choques externos, como ocorreu quando a conquista espanhola das Américas Central e do Sul acarretou uma violência fatal e epidemias igualmente fatais para o Império Asteca. O debate grassa em torno de casos controversos como o da Ilha de Páscoa: seu fim foi provocado por catástrofe ambiental e desmatamento, como afirma Jared Diamond, ou por alguma outra razão, como uma infestação de ratos ou o impacto de europeus quando de sua chegada, no século XVIII?[29]

Talvez leve algum tempo para que tenhamos uma teoria totalmente desenvolvida sobre o colapso civilizacional. Nesse ínterim, somos deixados com a candente questão de estarmos ou não caminhando para ele nós mesmos. As provas do colapso iminente da atual civilização altamente globalizada e interdependente, cujas origens podem ser encontradas na ascensão do capitalismo europeu no século XVI, crescem a cada dia.[30] Calotas polares em derretimento, incêndios florestais devastadores, espécies em extinção, escassez de água. O momento pode ser incerto, mas estão presentes todos os sinais ecológicos de advertência de que estamos transpondo limites críticos da estabilidade do sistema terrestre, o que nos levará a perigosos pontos de inflexão: estamos a caminho de uma nova época, que os cientistas Will Steffen e Johan Rockström descrevem como "Terra Estufa".[31] Ao mesmo tempo, especialistas em risco existencial advertem que, uma vez fora do controle, tecnologias como a Inteligência Artificial e a biologia sintética parecem ser cada vez mais ameaçadoras, trazendo consigo a possibilidade de causar uma perda de vidas em grande escala neste século.[32] Apesar de todas as evidências, continuamos num estado de negação. Sabemos que o Império Romano caiu no esquecimento, mas quase não conseguimos imaginar, muito menos admitir, que poderíamos enfrentar destino semelhante.

No entanto, a probabilidade de que todas as civilizações acabem por morrer não significa que nosso caminho atual seja irreversível. A história humana não é uma história linear, mas um drama imprevisível, cheio de atores, ideias e eventos que podem moldar sua narrativa e curvar seu arco. É útil considerar, em nosso horizonte, três caminhos possíveis para o futuro da civilização. Eu os chamo de Colapso, Reforma e Transformação (veja a seguir). Embora cada um siga os contornos conhecidos da curva S, juntos eles descrevem uma variedade de cenários prováveis com os quais poderemos nos deparar. Esses três caminhos não são uma gama exaustiva de futuros possíveis, mas representam as trajetórias dominantes identificadas por especialistas no campo de estudos de riscos globais.[33]

Uma rota que podemos seguir é a do Colapso. Esse é o caminho da "normalidade", em que continuamos a nos esforçar para alcançar a meta do progresso material, mas logo chegamos a um ponto de colapso social no curto prazo quando deixamos de reagir a crises ecológicas e tecnológicas desenfreadas, e cruzamos perigosos pontos de inflexão que arremessam a civilização da beira de um penhasco. O colapso poderia assumir várias formas diferentes. Ele poderia ser uma nova idade das trevas de caos social,

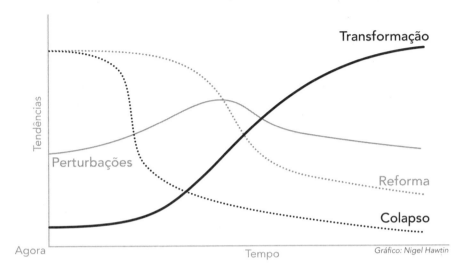

fome em massa e desmoronamento institucional (possibilidade que é discutida no próximo capítulo), ou poderia nos levar a um estado que o analista de situações hipotéticas globais Paul Raskin descreve como "Mundo da Fortaleza", em que os ricos se refugiam em enclaves protegidos, deixando a maioria desfavorecida sofrer do lado de fora dos portões (pense em *Jogos vorazes*).

A trajetória mais provável é a da Reforma, em que respondemos a uma crise global mas de maneira inadequada, fragmentada, que não faz nada além de evitar que a curva caia rapidamente, numa extensão que pode ser maior ou menor. Conseguimos manter nosso atual caminho civilizacional, com todos os seus problemas e desigualdades atuais, por algumas décadas ou possivelmente mais, mas finalmente atingiremos um ponto de inflexão que envia a curva para baixo, embora talvez não tão abruptamente como na situação hipotética Colapso. Poderia parecer que estamos numa era de relativa estabilidade, contudo a longo prazo estamos meramente prolongando a vida do antigo sistema e adiando nossa morte.

Este é o caminho que está sendo seguido atualmente pela maior parte dos governos nacionais, especialmente os que integram a Organização para a Cooperação e Desenvolvimento Econômico (OCDE). Sua resposta para a crise climática, por exemplo, é acreditar em ideias reformistas como "crescimento verde" e "reinvenção do capitalismo" ou ter esperanças de que soluções tecnológicas estão muito próximas. Esses países estabelecem ativamente alvos lamentavelmente inadequados para a redução das emissões de carbono e se envolvem em negociações internacionais assumindo compromissos em torno de soluções frágeis — as quais, por sua vez, são desprovidas de mecanismos para sua aplicação. Embora alguns implementem reformas mais amplas que outros, eles compartilham uma indisposição a fazer mudanças de longo alcance no sistema econômico e político que lhes permitiriam ajustar-se à nova realidade. O caminho da Reforma é aquele em que manter um aquecimento planetário inferior a 2°C é visto com uma façanha louvável, embora estudos mostrem que viver num mundo que é 2°C mais quente em vez de 1,5°C mais quente resultaria em 150 milhões de mortes humanas adicionais só em razão da poluição do ar. Como David Wallace-Wells observa, "pode ser difícil compreender números tão grandes, mas 150 milhões são o equivalente a 25 Holocaustos".[34]

O terceiro caminho, da Transformação, representa uma mudança radical nos valores e nas instituições que sustentam a sociedade. Como o diagrama ilustra, as sementes desse futuro possível já estão visíveis no presente. A questão é se podemos saltar nessa curva e contribuir para sua trajetória ascendente, de modo que um novo sistema substitua o velho. Ele requer um desenho ativo da história na direção dos resultados que desejamos, ao contrário de muito planejamento de situações hipotéticas, que frequentemente envolve ajustar-se a futuros emergentes em vez de procurar criá-los. Essa abordagem proativa é *algo* conhecido como *backcasting*: um método de planejamento para que se possa identificar o futuro desejado e depois calcular os passos que provavelmente serão necessários a fim de chegar lá.

No caminho da Transformação pode haver visões concorrentes. Alguns o imaginam como uma trajetória tecnológica, com grandes avanços em

Previsão holística 147

tecnologia de ponta redirecionando o curso da civilização, como aqueles que permitem à humanidade conquistar o espaço e colonizar outros mundos, assegurando com isso a longevidade de nossa espécie. Em *Journey to Earthland: The Great Transition to Planetary Civilization*, Paul Raskin coloca suas esperanças num caminho transformativo que chama de "Novo Paradigma", imaginando uma situação hipotética em que um movimento global de cidadãos emerge e ajuda a criar um novo sistema de governança em nível planetário para enfrentar a crise ecológica. A partir de uma perspectiva temporal privilegiada — o ano de 2084 —, e numa cidade chamada Mandela, a narrativa apresenta um tumultuado período de "emergência geral" entre 2023 e 2028, o qual é finalmente seguido pela fundação de um "Estado da Terra" em 2048.[35] Esse livro aspira a um caminho de Transformação que descrevi como uma civilização de longo agora. Sua ambição é salvaguardar e promover condições a fim de permitir o florescimento da vida na Terra para as gerações vindouras, com base num ethos de pensamento de longo prazo profundamente incorporado. É um mundo em que as antigas instituições da democracia representativa e da economia dependente do crescimento perdem sua posição dominante e são substituídas pelas novas formas políticas, econômicas e culturais exploradas na Parte III do livro.

A trajetória civilizacional que seguimos será influenciada por inovações ou eventos perturbadores (indicados pela linha no diagrama) que nos oferecem oportunidades para mudarmos de uma curva para outra. Eles poderiam assumir a forma de uma nova tecnologia, como a do sistema informacional *blockchain*; ou de um desastre natural, como um terremoto; ou de novos movimentos políticos em ascensão. As recentes greves do clima feitas por estudantes do mundo inteiro são um excelente exemplo desse tipo de perturbação. É possível que esses rebeldes do tempo que lutam por justiça intergeracional sejam cooptados pelo atual sistema dominante, com políticos convidando jovens manifestantes para palanques públicos, mas dando apenas atenção superficial às suas demandas. Nesse caso, isso apenas estenderia o caminho de Reforma, adiando o momento de declínio. No entanto, as greves poderiam igualmente ser aproveitadas por defensores da Transformação, ajudando a pôr em marcha novos movimentos radicais por mudança, como testemunhamos com os grevistas do clima e os ativistas do Extinction Rebellion, que combinaram forças em muitos países.

Todos os três caminhos provavelmente coexistirão num amálgama desordenado enquanto atravessarmos as próximas décadas: haverá cidades e organizações envolvidas na Transformação ao lado de nações que buscam a Reforma e comunidades que enfrentam o impacto do Colapso. Estamos diante de uma escolha que diz respeito ao caminho civilizacional que queremos seguir, seja agindo em nossa vida pessoal, comunidades, ambientes de trabalho ou como cidadãos. Quanto mais esperarmos para saltar em direção ao caminho da Transformação, maior a quantidade de sofrimento que a humanidade terá de suportar à medida que nossas sociedades deslizam inexoravelmente pela curva S abaixo. Um bom ancestral reconhece um sistema agonizante quando vê um, e, em vez de tentar transmitir sua própria civilização disfuncional para a próxima geração, participa do ato histórico de semear uma nova civilização que possa crescer em seu lugar e manter as condições propícias à vida no longo futuro.

Sonhos de psico-história

No clássico da ficção científica de Isaac Asimov de 1951, *Fundação*, um brilhante estatístico chamado Hari Seldon inventa uma nova ciência conhecida como "psico-história". A partir da análise de bases de dados gigantescas, Seldon descobre um método para prever o futuro em grande escala: isso inclui o destino de uma civilização galáctica, a aproximação de guerras até a ascensão ou morte de impérios. Usando as descobertas da psico-história, Seldon se dá conta de que o Império Galáctico, que atualmente governa milhões de mundos, está num processo de declínio, o que irá provocar um período de barbarismo que provavelmente durará 30 mil anos antes que um novo império possa emergir das ruínas. Embora seja tarde demais para impedir que essa idade das trevas aconteça, com planejamento sensato sua duração pode ser reduzida para apenas mil anos, por isso Seldon estabelece duas novas colônias, conhecidas como fundações,

Previsão holística

em extremidades opostas da galáxia. A partir delas é que as sementes de uma nova civilização galáctica poderão crescer.

A psico-história é um mito, mas isso não significa que o futuro da humanidade seja uma caixa-preta de incerteza. A previsão holística revela o padrão de curvas S recorrentes que se elevam e caem ao longo do tempo, fazendo eco com os ciclos de vida e morte no mundo natural. Afirmar que não sabemos nada do futuro pode se tornar, de maneira fácil demais, uma desculpa para a apatia, quase uma ideologia da inação. Nosso conhecimento de seus prováveis contornos é claramente visível em milhares de estudos científicos a respeito de nosso planeta e de sistemas vivos. A urgência ecológica já nos impacta e está aqui na forma de secas, eventos climáticos extremos e uma crescente insegurança alimentar e hídrica que se apresenta para milhões de pessoas, especialmente entre comunidades pobres e marginalizadas tanto no rico Norte quanto no Sul Global. São elas as atingidas de maneira mais dura e mais rápida. O futuro está se fazendo muito presente.

Pensei muitas vezes na história de Asimov nos momentos mais sombrios da escrita deste livro, quando pareceu que talvez estejamos atrasados demais para impedir o colapso de nossa civilização míope. Ela nos dá a esperança de que pode ser possível saltar para o caminho da transformação, permitindo que uma civilização menos míope e autodestrutiva emerja no lugar da atual — uma civilização que reflita a mentalidade de longo prazo da Época B de Jonas Salk. Temos de encontrar maneiras de criar nossas próprias fundações não nos confins da galáxia, mas aqui mesmo, no tumulto de nossas sociedades existentes.

8. Meta transcendente

Uma estrela Polar para guiar a humanidade

UMA DAS MAIS IMPORTANTES DESCOBERTAS do pensamento filosófico nos últimos 2 mil anos é que os seres humanos se desenvolvem ao se esforçar para atingir metas futuras significativas, capazes de dar propósito e direção às suas vidas. Aristóteles estava convencido de que cada um de nós deveria ter "algum objetivo para a boa vida a que visar... uma vez que não ter a própria vida organizada tendo em vista alguma finalidade é uma marca de muita estupidez". O filósofo alemão Friedrich Nietzsche aconselhou: "Aquele que tem uma razão para viver pode suportar quase qualquer maneira de fazê-lo". Viktor Frankl, sobrevivente de Auschwitz e fundador da psicoterapia existencial, acreditava que encontramos significado nos dedicando ao que ele chamava de "tarefa concreta", um projeto ou ideal futuro que transcende o self.[1]

Os antigos gregos designavam essa meta ou propósito supremo como *telos*. Ele funciona como uma bússola para nossos pensamentos e ações, ajudando-nos a fazer escolhas em meio ao mar de possibilidades à nossa frente. Como indivíduos, nosso *telos* poderia ser qualquer coisa — desde descobrir a cura do câncer ou seguir os princípios de uma religião, cuidar de um pai ou ou de uma mãe doente ou tornar-se um pianista de concertos. O astrônomo Carl Sagan defendeu a ideia de que sociedades inteiras deveriam também adotar um *telos* para guiá-las — o que ele chamou de "uma meta de longo prazo ou um projeto sagrado".[2]

Identificar essa meta transcendente para a humanidade, e esforçar-se para alcançá-la, classifica-se como a mais fundamental de todas as seis estratégias para o pensamento de longo prazo, oferecendo-nos uma estrela

Polar para guiar nossas ações rumo ao futuro distante. Isso é especialmente importante dado que o pensamento de longo prazo pode ser sequestrado e dirigido para ambições interesseiras, como criar uma dinastia política, acumular uma incalculável fortuna ou manter poder e privilégio.[3] Talvez não haja nada mais essencial que responder à questão: "Pensamento de longo prazo: para que fim?".

Este capítulo destaca cinco metas transcendentes possíveis para a humanidade que estão na dianteira dos debates públicos sobre nosso futuro coletivo (ver infográfico anterior). Elas são fascinantes em sua diversidade: cada uma delas se baseia numa visão muito diferente do mundo ao qual poderíamos finalmente aspirar, que pode variar do extremamente tecnológico ao profundamente ecológico. Todas são poderosamente motivadoras e envolveram defensores que acreditam que sua meta transcendente é a melhor para assegurar o bem-estar da humanidade a longo prazo. Embora todas as cinco possuam qualidades significativas, vale a pena explorar cada uma delas para ver se não apenas oferecem metas previdentes e inspiradoras, como também se nos tornam bons ancestrais. Qual delas tem o que é necessário para salvaguardar os melhores interesses de futuras gerações?

Progresso perpétuo: Manter a curva sempre em ascensão

Nas sociedades ocidentais, a busca de progresso material foi a meta de longo prazo dominante por mais de dois séculos, e ela pouco a pouco espalhou sua influência ao redor do globo. Herança do Iluminismo, seu objetivo foi assegurar desenvolvimento econômico e modernização contínuos que melhorassem a qualidade de nossa vida diária. Como um *telos* para a humanidade, ela é mais bem representada por uma curva de crescimento econômico que se eleva cada vez mais em direção ao futuro. Não há dúvida de que, para grandes porções da população humana, o progresso material tem feito jus às expectativas sobre ele depositadas. Desde o século XVIII, ele nos deu uma vida mais longa, saúde pública, redução da pobreza, educação em massa, transporte mais rápido e bens de consumo — do

Metas transcendentes para a humanidade

Progresso perpétuo
Perseguir melhora material e crescimento econômico interminável

Sonho utópico
Criar uma sociedade ideal baseada em crenças políticas, econômicas ou religiosas

Tecnolibertação
Colonizar outros mundos e usar tecnologia para transcender os limites do corpo humano

Modo de sobrevivência
Adaptar-se ao colapso civilizacional e desenvolver as habilidades básicas para a sobrevivência humana

Florescimento de um único planeta
Satisfazer as necessidades de todas as pessoas atuais e futuras dentro dos meios de um planeta vicejante

Gráfico: Nigel Hawtin

ar-condicionado aos telefones celulares. Como diz Steven Pinker, "o Iluminismo funcionou", e o progresso foi um de seus principais ideais.[4] Contudo, esta história do progresso é solapada pela tensão que existe entre uma visão de curto prazo inerente e suas ambições de longo prazo.

As origens do progresso humano remontam a 50 mil anos, à invenção de novas tecnologias e técnicas de caça durante o período do Paleolítico Superior. Com armas mais afiadas e estratégias mais inteligentes, nossos ancestrais da Idade da Pedra podiam agora matar não apenas um único bisão ou mamute, mas capturar e matar grande número deles num vale fechado ou arremessá-los num precipício para levá-los à morte. Isso seria inteligente se você quisesse se banquetear hoje, mas não se quisesse comer pelas próximas cem estações. Embora os caçadores-coletores modernos como os povos san do Kalahari e os inuítes tenham dominado a maneira de viver em sintonia com suas ecologias, esse nem sempre foi o caso dos povos pré-históricos, cujas primeiras ondas de migração através dos continentes levaram com frequência à extinção em massa de outras espécies quando eles literalmente as caçaram até que se extinguissem. Arqueólogos encontraram sítios de abate em escala industrial, incluindo mil mamutes em um e uma centena de milhares de cavalos em outro.[5] Uma magnífica megafauna, como a dos rinocerontes peludos e a dos elefantes de presas retas, desapareceu rapidamente da Europa (restos de elefantes, hipopótamos e leões foram encontrados debaixo de Trafalgar Square), vombates gigantes e cangurus desapareceram da Austrália, e bisões e castores gigantescos estiveram entre os mortos na América do Norte. Embora mudanças climáticas possam ter levado ao desaparecimento de algumas espécies, há agora um consenso generalizado de que seres humanos desempenharam um importante papel quanto a esse assunto, promovendo o que ficou conhecido como Blitzkrieg ecológica, hipótese que credita a nós a matança em massa de determinadas espécies. Como observa o historiador Ronald Wright, "um mau cheiro de extinção acompanha o *Homo sapiens* no mundo inteiro". O paleontólogo Tim Flannery formula isso de maneira ainda mais cruel, descrevendo nossa espécie rapinante como a dos "comedores do futuro".[6]

O desenvolvimento do capitalismo industrial no século xviii intensificou a busca de progresso.[7] A Revolução Industrial e a urbanização eliminaram os vestígios do feudalismo criando um proletariado para suar nas fábricas e labutar nas minas. Ao longo do tempo, os benefícios desse novo sistema se tornaram palpáveis; apesar do aprofundamento da desigualdade na distribuição de renda, milhões de pessoas foram tiradas da pobreza. Os custos disso, no entanto, foram enormes, pois tal organização era alimentada pela queima de combustíveis fósseis, que tinham sido armazenados dentro da Terra por milhões de anos, prendendo a busca de progresso material a um sistema de energia que esgotou recursos, desestabilizou o clima e causou danos incalculáveis aos sistemas naturais de suporte das formas de vida no mundo. "Os poderes desencadeados pela Revolução Industrial", conclui o historiador econômico Tony Wrigley, "provaram possuir uma capacidade de conceder bênçãos sem paralelo anterior, mas também de causar dano numa escala previamente desconhecida."[8]

Na segunda metade do século xx, ao capitalismo industrial juntou-se o capitalismo de consumo, que se concentrou menos na exploração de mão de obra e mais na fabricação do desejo — levando as pessoas a comprar coisas de que não precisavam realmente, de segundos carros a argolas para guardanapos. Isso fomentou uma cultura de curto prazo baseada na gratificação instantânea do consumidor, que acessava nosso cérebro de marshmallow. Essa cultura está em tudo — vai desde a ascensão da indústria do fast food às expectativas atuais quanto às compras on-line, que devem ser entregues no mesmo dia que o da efetivação do pagamento. Também aí se exibe uma atitude imprudente em relação a consequências de longo prazo: contanto que empresas alcançassem suas metas financeiras imediatas, não importava se isso poluía o ar, desmatava a paisagem, envenenava os rios, viciava as pessoas em nicotina e açúcar ou mergulhava famílias em dívidas de longo prazo.

Essa versão do progresso impelida pelo consumo foi alimentada pelo ímpeto de promover um crescimento interminável do pib. Como afirmou o economista Tim Jackson, "a busca de crescimento econômico foi a meta política que mais prevaleceu em todo o planeta nos últimos setenta anos".[9]

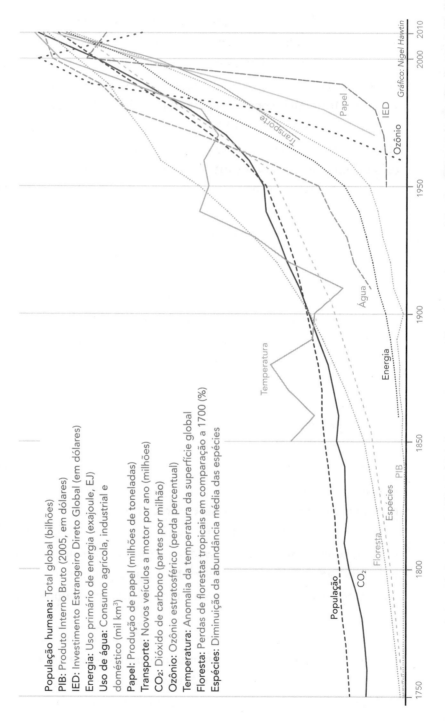

A grande aceleração

Os impactos humanos sobre o mundo vivo se aceleraram rapidamente desde os anos 1950, que são frequentemente considerados a data inicial da era Antropoceno;

População humana: Total global (bilhões)
PIB: Produto Interno Bruto (2005, em dólares)
IED: Investimento Estrangeiro Direto Global (em dólares)
Energia: Uso primário de energia (exajoule, EJ)
Uso de água: Consumo agrícola, industrial e doméstico (mil km³)
Papel: Produção de papel (milhões de toneladas)
Transporte: Novos veículos a motor por ano (milhões)
CO₂: Dióxido de carbono (partes por milhão)
Ozônio: Ozônio estratosférico (perda percentual)
Temperatura: Anomalia da temperatura da superfície global
Floresta: Perdas de florestas tropicais em comparação a 1700 (%)
Espécies: Diminuição da abundância média das espécies

Gráfico: Nigel Hawtin

Governos de todo o espectro político tornaram-se obcecados por manter a curva de crescimento elevando-se cada vez mais, trimestre a trimestre, como se essa fosse a única medida do progresso que interessa, não importando quais fossem os custos sociais e ecológicos para alcançá-la.

A fé generalizada no progresso como meta para a humanidade é perfeitamente compreensível. Comparados à excruciante pobreza da Idade Média, os benefícios materiais que ela produziu ao longo dos últimos duzentos anos são um feito extraordinário. Mas agora se tornou difícil ignorar o dano colateral disso tudo. Os cientistas da Terra têm um nome para ele: a Grande Aceleração. Especialmente desde os anos 1950, indicadores de progresso material, tais como PIBs em ascensão, posse de automóveis, entre outros, foram acompanhados por níveis rapidamente crescentes de dióxido de carbono, extinção de espécies e outras formas de degradação ecológica (ver o gráfico anterior).[10] Todas essas curvas abruptamente ascendentes tornaram-se uma imagem icônica dos perigos inerentes à busca de progresso.

É difícil imaginar nossos descendentes nos agradecendo por essa herança; de fato, é mais provável que nos condenem por ela. Se queremos ser bons ancestrais e criar um mundo adequado para as gerações vindouras, é hora de deixar para trás o progresso perpétuo e fazer dele uma meta do passado que já não é apropriada para o futuro. Para onde, então, deveríamos dirigir nossas aspirações de longo prazo?

Sonho utópico: Visões de uma sociedade ideal

"Um mapa do mundo que não inclua Utopia não merece de nós nem uma olhadela", escreveu Oscar Wilde.[11] As utopias, por sua própria natureza, estão impregnadas do pensamento de longo prazo: elas oferecem a visão de uma sociedade ideal a que podemos aspirar, sem nenhuma ilusão de que se possa alcançá-la do dia para a noite. Karl Marx sabia que um paraíso dos trabalhadores não seria uma vitória rápida diante de um sistema capitalista enraizado, e os movimentos revolucionários que ele inspirou empreenderam lutas de classe com décadas de duração na tentativa de forjar uma sociedade melhor. De maneira similar, movimentos religiosos utópicos, como o mormonismo, adotaram a visão de longo prazo em seus esforços para criar uma visão do céu na terra, construindo suas comunidades de fiéis gradualmente, muitas vezes encarando perseguição e preconceito.

O que por vezes é chamado de "utopismo social" — um pensamento concentrado na reconfiguração da sociedade em torno de ideais como igualdade, liberdade e justiça social — tem credenciais de longo prazo particularmente fortes. No decurso de toda a história ele foi notavelmente bem-sucedido na motivação e sustentação de movimentos em prol da mudança, mesmo quando as condições eram fortemente desfavoráveis. Não teria existido nenhuma organização antiescravista, nenhum sindicato, nenhuma sufragista, nenhum movimento anticolonial e nenhum Estado de bem-estar social sem essas visões utópicas que desafiaram as suposições e crenças de seus tempos e pintaram um quadro de um mundo melhor como uma meta de longo prazo pela qual lutar. Como afirma Jeremy Rifkin, "imagens do futuro são os agentes de socialização mais poderosos que existem na cultura ocidental".[12] Foi por isso que Martin Luther King proclamou: "Eu tenho um sonho". Utopias sociais ajudaram a reformular a história humana oferecendo novos caminhos pelos quais nossas imaginações podem viajar e criando faróis de esperança para transformar radicalmente o futuro.

Uma característica poderosa dessas visões utópicas é que elas tendem a se concentrar em metas e princípios compartilhados pelos quais viver, dando-lhes o potencial de enfrentar a crise global de nossa era, algo que requer uma resposta coletiva, coordenada. Contudo, aspirantes a bons ancestrais deveriam desconfiar de utopias sociais que foram formuladas antes que entrássemos na época do colapso ecológico do Antropoceno ocorrido no fim do século xx. O potencial derretimento do lençol de gelo da Groenlândia simplesmente não estava no radar de antigos pensadores utópicos como Karl Marx, Charles Fourier, William Morris e Thomas More. Geralmente, seu pensamento de longo prazo não tinha consciência da fragilidade dos sistemas que suportam a vida na Terra. Há, entretanto, algumas exceções, como o anarquista do século xix Piotr Kropotkin, cujos escritos exibem uma arguta consciência ecológica.

Meta transcendente

O pensamento utópico contemporâneo mudou com o tempo e se tornou muito mais sintonizado com os desafios de longo prazo com que a humanidade se defronta. Desde a década de 1970 houve uma explosão de ficção "ecotópica" promovida por escritores como Ursula Le Guin e Ernest Callenbach, muitas vezes inspirados por autores mais antigos, como Aldous Huxley. Além disso, há agora grande número de rabinos, cardeais e imames progressistas que incorporaram o pensamento ambiental em suas visões religiosas do futuro, com o planeta sendo considerado uma dádiva de Deus que deve ser protegida e preservada para as futuras gerações.[13]

Um exemplo típico desse novo modo de utopismo, que combina temas sociais estabelecidos com temas ecológicos modernos, é o livro *The World We Made*, de Jonathon Porritt. Escrito a partir da perspectiva de um professor de escola primária no futuro, ele deseja "contar a história de como trouxemos o mundo de volta, tirando-o da beira do colapso para onde estamos agora, em 2050". Esse novo mundo está cheio de cooperativas de trabalhadores, uma semana de trabalho de 25 horas, fazendas urbanas verticais e aviões elétricos. A originalidade de Porritt é descrever as prolongadas lutas necessárias para criá-lo, incluindo a ascensão de um movimento social global chamado Basta!, que desencadeou a mudança para uma sociedade mais sustentável.[14] Apresentando uma visão utópica que inclui tanto os fins quanto os meios, ele oferece um caminho de longo prazo claro e crível para ser seguido por bons ancestrais.

O pensamento de longo prazo irá sempre requerer ideais utópicos para estabelecer metas inspiradoras para a humanidade e para energizar e fortalecer movimentos em prol da mudança. Hoje concentrados nas crises de nosso tempo, movimentos como a Extinction Rebellion são parte de uma longa história de lutas sociais que encontraram motivação e determinação em sonhos por um mundo melhor. Como observou o escritor uruguaio Eduardo Galeano, "a utopia situa-se no horizonte. Quando eu me aproximo dois passos, ela recua dois passos. Se prossigo dez passos para a frente, ela rapidamente escorrega dez adiante. Por mais longe que eu vá, nunca poderei alcançá-la. Qual é, então, o objetivo da utopia? É nos fazer avançar".[15]

Quando decidimos alcançar a utopia, poderiam os interesses de longo prazo de futuras gerações ser mais bem assegurados se não aspirássemos a reinventar este mundo, mas fugíssemos para um diferente?

Tecnolibertação: Estará nosso destino nas estrelas?

Quando se trata de tecnologia, nossa excelência como espécie é algo sem paralelo. Desde o primeiro machado de pedra aos mais recentes avanços no sequenciamento de genomas, conseguimos alterar radicalmente o caminho da humanidade. Apesar de haver um ceticismo público bem fundamentado com relação às virtudes da tecnologia, incluindo preocupações com os gigantes tecnológicos que roubam nossos dados pessoais ou com os problemas da dependência digital, muitos pensadores de longo prazo ainda acreditam que nossa meta mais importante deveria ser aquela em que investimos num futuro tecnológico. Esse objetivo de longo prazo assume três formas principais — Tecnofuga, Tecnodivisão e Tecnoconserto. Cada uma das quais oferece um *telos* convincente para guiar a humanidade.

A tecnofuga fornece uma das metas transcendentes mais sedutoras para nossa espécie: nosso destino está nas estrelas, e devemos nos concentrar em escapar dos confins da Terra a fim de colonizar outros mundos. O argumento por trás dessa fuga assume normalmente a seguinte forma: a longo prazo, todas as sociedades planetárias enfrentarão a ameaça da aniquilação — devido ao impacto de asteroides, ao esgotamento de recursos ou talvez por explodirem a si próprias —, de modo que qualquer civilização que queira sobreviver a longo prazo precisa se espalhar através de múltiplos planetas, não em razão de algum zelo romântico, mas pela razão prática de continuar viva. Como expressa Carl Sagan com sua eloquência característica:

Foi na Lua que a árvore da imortalidade cresceu segundo o antigo mito chinês. A árvore da longevidade se não da imortalidade, ao que parece, cresce de fato em outros mundos. Se estivéssemos lá em cima entre os planetas, se

Meta transcendente

houvesse comunidades humanas autossuficientes em muitos mundos, nossa espécie estaria a salvo da catástrofe... Se nossa sobrevivência a longo prazo está em jogo, temos uma responsabilidade básica para com nossa espécie de nos aventurarmos em outros mundos.[16]

Esta visão é compartilhada pelo empreendedor tecnológico e fundador da SpaceX Elon Musk, que acredita que colonizar Marte é o próximo grande passo para a humanidade (presumivelmente em foguetes pertencentes à sua companhia). "Quero morrer em Marte, mas não ao pousar", diz Musk.[17]

Uma questão com que se defrontam os adeptos da tecnofuga diz respeito ao tempo que isso irá demandar. Marte é um deserto sem vida e propenso à radiação envolto em dióxido de carbono, está sujeito a temperaturas de −100°C e se situa a mais de 48 milhões de quilômetros da Terra. É possível que tenhamos de esperar até 2040 antes que uma única pessoa ponha os pés lá. E a maioria dos especialistas acredita que, mesmo que pudéssemos levar um número suficiente de pessoas para o planeta em segurança, torná-lo habitável para uma população humana substancial criando artificialmente uma nova atmosfera (conhecida como "terraformação") demandaria provavelmente centenas ou talvez milhares de anos, e poderia, no fim das contas, ser impossível.[18] No entanto, os defensores da colonização do espaço sustentam que esse é precisamente o tipo de pensamento de longo prazo de que precisamos: se aspiramos verdadeiramente a ser bons ancestrais, devemos nos lançar o mais cedo possível na tarefa cósmica de nos estabelecermos em Marte e em outros planetas. Isso pode demandar um longo tempo, eles dizem, mas é a melhor maneira de garantir a sobrevivência de nossa espécie.

A meta da tecnofuga pode criar um grande dano colateral, algo que será um desafio ainda mais sério: quanto mais depositarmos nossas esperanças em escapar para outros mundos, é menos provável que façamos o esforço requerido para preservar nosso atual lar planetário. De fato, embora atacar um problema como as mudanças climáticas possa parecer assustador, isso é muito mais fácil que a tarefa de colonizar Marte. Como Martin Rees aponta: "Nenhum lugar em nosso sistema solar oferece um ambiente tão clemente mesmo em se tratando da Antártida ou do topo do Evereste".[19] Nossa primeira prioridade deveria ser aprender a viver dentro dos meios biofísicos do único planeta que sabemos ser capaz de sustentar a vida. Depois que tivermos dominado esse desafio, então poderemos fazer terraformação de Marte na quantidade que quisermos. Como qualquer alpinista lhe dirá, assegure-se de que seu acampamento de base está em boas condições, com amplos suprimentos, antes de tentar galgar um pico arriscado. Ainda temos um longo caminho a percorrer antes que nossa base esteja em ordem. Até lá, deveríamos considerar viajar para Marte como um esporte minoritário, de elite, praticado por Elon Musk e outros aventureiros do espaço super-ricos, em vez de uma meta final para a raça humana.

O crescente movimento transumanista oferece um *telos* alternativo de longo prazo, conhecido como tecnodivisão. Trata-se da ideia de que o futuro de nossa espécie está em usar a tecnologia para nos elevarmos a um ponto em que somos capazes de dar um salto evolucionário em direção a um novo tipo de ser humano, separando-nos efetivamente de nossos antepassados biológicos.[20]

Embora possamos levar vários séculos para saltar num novo plano evolucionário, os defensores da tecnodivisão ressaltam que as sementes dessa transformação já estão aparecendo. Alguns estão empolgados com a perspectiva de avanços médicos, como o transplante de partes do corpo e as manipulações genéticas para deter o envelhecimento de nossas células, algo que nos permitiria alcançar o que eles chamam de "velocidade de escape da longevidade". É aqui que, a cada ano que passa, o progresso na pesquisa médica eleva a expectativa de vida média do ser humano em mais de um ano, o que deveria teoricamente nos permitir escapar da morte e alcançar a imortalidade (a menos que um ônibus nos atropele). Outros transumanistas esperam o dia em que poderemos atualizar nosso cérebro com implantes que melhoram a memória e outras funções cognitivas a um nível de "superinteligência". Uma terceira vertente consiste em apostar na possibilidade de "emulação de todo o cérebro", em que criamos versões artificiais dele, passíveis de serem transferidas para a nuvem. Depois que estivermos inteiramente on-line, afirmam seus entusiastas, será fácil enviar nosso eu digital para colonizar os cantos mais remotos da galáxia e viajar por éons através do cosmo.[21]

Tecnodivisão é um assunto empolgante, mas é ciência ou ficção científica? Não há dúvida de que seres humanos artificialmente aperfeiçoados estão no horizonte — muitas pessoas já têm marca-passos conectados com a internet, e o artista daltônico Neil Harbisson tem uma antena de áudio implantada na cabeça. Contudo, a ideia de que podemos criar réplicas eletrônicas de nós mesmos é baseada na falsa analogia de que os seres humanos são essencialmente computadores cujas mentes são softwares que podem ser separados de seus hardwares de carne e osso.[22] Décadas de pesquisa neurológica mostraram que a mente e o corpo estão intimamente entrelaçados: aprendemos através de todo o nosso aparelho sensorial, um escultor pode projetar sua mente para as pontas de seus dedos, sentimos nossas emoções

Estamos de fato no limiar da tecnodivisão? O artista daltônico Neil Harbisson, conhecido como o "primeiro ciborgue do mundo", tem uma antena de áudio implantada permanentemente em sua cabeça, o que lhe permite sentir e ouvir cores como vibrações audíveis dentro de sua cabeça. Com um wi-fi ativado, ele pode também receber dados de satélite.

percorrendo todo o nosso corpo físico, o estresse mental pode causar diabetes, o batimento de nosso coração e o suor em nossas palmas são parte de quem somos.[23] Não somos apenas bits e bytes de informação que podem ser copiados e colados num grande servidor no céu. E ainda não temos nenhuma ideia sobre como a consciência realmente funciona, e se ela poderia algum dia se materializar a partir de um arranjo hábil de zeros e uns embutido num microchip. Seria realmente "eu" lá em cima, na nuvem?

Há também uma crescente preocupação com o surgimento de uma raça ciborgue projetada de super-humanos. Especialmente nos primeiros estágios, serão só os ricos que terão condições de adquirir aperfeiçoamentos artificiais (atualmente é preciso pagar cerca de 80 mil libras para ter o próprio cérebro criogenicamente congelado e mantido num depósito no Arizona — e ninguém sabe como, quando e se o descongelamento será possível algum dia). O perigo é que um novo tipo de desigualdade venha finalmente a emergir, uma genuína tecnodivisão que relegaria aqueles que não foram aperfeiçoados a ser uma classe subserviente. Como sustenta Yuval Noah Harari, se quisermos realmente compreender como isso poderia ocorrer, devemos pensar em como os europeus trataram seus súditos coloniais no século XIX, ou como tratamos os animais hoje.[24] Estamos realmente dispostos a condenar futuras gerações a um mundo baseado numa versão tecnológica da ideologia nazista do *Untermensch*? Longe de nos render elogios como bons ancestrais, isso representaria nosso trágico fracasso em considerar como nossas ações podem acarretar riscos de longo prazo.

A forma final da tecnolibertação é muito menos espetacular do que a tecnofuga e a tecnodivisão. Vamos chamá-la de tecnoconserto, e ela pode ser definida como a crença de que os seres humanos sempre inventarão novas tecnologias para resolver os problemas que enfrentam. Quando cidades se tornam apinhadas demais, inventamos arranha-céus. Quando precisamos de mais comida, chegou a Revolução Verde. E assim, argumenta-se, encontraremos maneiras de sair da crise ecológica que criamos para nós mesmos. No alto da lista figuram tecnologias como captura e armazenamento de carbono (CCS) e a geoengenharia de uma atmosfera limpa e saudável. O tecnoconserto pode não parecer uma meta de longo

Meta transcendente

prazo grandiosa para a humanidade, mas contrabandeia uma outra ideia pela porta dos fundos: a saber, que a meta de nossa espécie deveria ser continuar fazendo seja o que for que já estamos fazendo. Em outras palavras, poderemos manter a sociedade de consumo extremamente materialista que temos atualmente no futuro distante porque emergirão soluções tecnológicas para resolver os problemas ambientais que ela gera. Tamanho otimismo é justificado? Considere a geoengenharia, com a qual seria possível borrifar aerossóis de sulfato a fim de refletir luz na estratosfera, na esperança de criar um efeito de resfriamento global que contrabalance o efeito de aquecimento gerado pela queima de combustíveis fósseis. Essa solução nunca poderia ser testada em escala planetária e por isso poderia ter efeitos colaterais devastadores e irreversíveis que não podemos prever, como perturbar as chuvas de monção sazonais de que bilhões de pessoas dependem para produzir seus alimentos. Ademais, a geoengenharia seria politicamente complexa, exigindo uma coordenação global sem precedentes para manter o termostato num nível acordado e a tecnologia funcionando não apenas por alguns anos, mas indefinidamente, atravessando guerras, fomes e qualquer outra coisa que o futuro nos reserve.[25] A geoengenharia poderia funcionar, mas é uma aposta de proporções colossais que estaríamos impondo às gerações, uma após a outra.

Essa aposta entra em choque com um dogma básico da legislação ambiental conhecido como princípio da precaução: "Quando uma atividade ameaça causar danos para a saúde humana ou o ambiente, medidas de precaução devem ser tomadas mesmo que algumas relações de causa e efeito não estejam completamente estabelecidas cientificamente".[26] Essa é realmente uma maneira sofisticada de reformular o antigo princípio médico: "primeiro, não prejudicar". Podemos, como indivíduos, assumir o risco de um novo tratamento para o câncer que poderia nos matar mais depressa que a própria doença, mas temos o direito de impor um tratamento similarmente arriscado a bilhões de pessoas, tanto hoje quanto no futuro, para restaurar nossa saúde planetária?[27]

A tecnologia oferece metas visionárias para nossa espécie que podem fazer nossas imaginações avançarem séculos e até milênios. No entanto, como a historiadora econômica Carlota Perez ressalta, "a tecnologia fornece as opções, mas a sociedade escolhe o futuro". Nossa prioridade deve ser fazer escolhas prudentes sobre quais dessas opções melhor servirão ao bem-estar de futuras gerações e não representarão ameaças para suas vidas e subsistências.

Modo de sobrevivência: a preparação para o colapso civilizacional

Os ideais de progresso perpétuo, sociedades utópicas e libertação tecnológica são pouco mais que fantasias segundo defensores de uma quarta meta abrangente para a humanidade, que pode ser mais bem descrita como "modo de sobrevivência". Eles afirmam que passamos um tempo longo demais em negação sobre o destino da Terra e devemos encarar a realidade de que o colapso da civilização tal como a conhecemos é inevitável. Nossa principal tarefa existencial é nos prepararmos para o pior desenvolvendo as habilidades para a sobrevivência básica.

A premissa subjacente a esta ideia é que a emergência ecológica planetária é muito mais severa do que estamos dispostos a admitir: organizações como o Painel Intergovernamental sobre Mudanças Climáticas subestimam sistematicamente a extensão da crise em razão de sua necessidade de alcançar algum consenso; todos os indicadores sugerem que enfrentamos a perspectiva de uma severa escassez global de alimentos e água dentro das próximas décadas; e estamos à beira do colapso dos ecossistemas (na verdade, isso já está acontecendo, do branqueamento dos corais à mortandade em massa dos insetos). Não fizemos nenhum progresso sério na redução da emissão de gases de efeito estufa desde o início dos anos 1990, e não há razão para pensar que esse padrão mudará. Como tal, nunca nos manteremos abaixo da meta internacional de 1,5°C de aquecimento, e estamos de fato rumando para níveis calamitosos de no mínimo 3-4°C. Nossa civilização, afirma o especialista em sustentabilidade Jem Bendell, se defronta com "um colapso inevitável a curto prazo em razão das mudanças climáticas", provavelmente dentro dos próximos dez a vinte anos. "É

Meta transcendente 167

tarde demais para evitar que uma catástrofe ambiental global não atinja as pessoas que estão vivas hoje… estamos fadados a enfrentar níveis perturbadores e incontroláveis das mudanças climáticas, trazendo fome, destruição, migração, doença e guerra." O filósofo do clima expressa isso de maneira ainda mais sucinta: "Estamos fodidos. As únicas questões são dentro de quanto tempo e com que gravidade".[28]

Alguns adeptos do "modo de sobrevivência" imaginam um futuro semelhante ao violento e impiedoso mundo pós-apocalíptico do romance *The Road*, de Cormac McCarthy, num estado de natureza hobbesiano em que a vida é solitária, pobre, suja, brutal e curta. Para eles, a melhor estratégia é pegar uma arma, rumar para a parte elevada do terreno e puxar a ponte levadiça. Uma reação menos individualista, descrita por Bendell como "Adaptação Profunda", seria aquela em que deveríamos começar a trabalhar juntos imediatamente a fim de nos prepararmos para os impactos de grande alcance do colapso que há de vir. Ele sugere que tomemos ações como: retirar populações das linhas costeiras que serão inundadas; fechar instalações nucleares que poderiam enfrentar fusão nuclear em decorrência de colapso tecnológico e caos social; aumentar a produção de alimentos em nível comunitário e nos preparar psicologicamente para a "tragédia climática", incluindo a possibilidade muito real de que "você tema ser violentamente morto antes de morrer de fome".[29]

Embora a crise ecológica vá provavelmente ter um impacto mais forte e mais rápido do que a maioria das pessoas pensa, o colapso da civilização é necessariamente "inevitável"? As sociedades humanas são sistemas não lineares complexos, imprevisíveis: não há nada de inevitável neles. Quem poderia ter previsto a ascensão do cristianismo, a difusão do budismo a partir da Índia, a recuperação econômica da Europa após perder um terço de sua população em decorrência da Peste Negra, o nascimento do humanismo na Renascença, o impacto social da Jenny, uma máquina de fiar multifusos, a duplicação da longevidade humana desde o século XIX, o fim do apartheid, o socialismo de Estado na Europa Oriental ou o crescimento da internet? É absolutamente possível que, em razão das mudanças climáticas, encaremos centenas de milhões de pessoas morrendo de fome, bem como a desintegração do comércio internacional, a falência dos Estados, eclosões de guerra civil e múltiplas quebras de confiança e de outras normas sociais. Mas é também possível que esse colapso civilizacional não ocorra, ou pelo menos não na escala que os adeptos do "modo de sobrevivência" asseveram.[30] Nunca enfrentamos uma crise ecológica de nível planetário antes, por isso simplesmente não sabemos que impacto ela terá na vasta rede de organizações humanas que se desenvolveu ao longo dos últimos 10 mil anos.

O que sabemos é que os seres humanos podem ser extremamente eficazes ao responder a uma crise. Até os americanos e os russos conseguiram fazer uma aliança contra a Alemanha na Segunda Guerra Mundial, assim como foi extraordinária a cooperação social que emergiu em comunidades atingidas por desastres como o furacão Katrina e o Onze de Setembro. "A imagem do ser humano egoísta, em pânico ou regressivamente selvagem em tempos de desgraça contém pouca verdade", escreve Rebecca Solnit em seu livro *A Paradise Built in Hell*. "A natureza humana que prevalece em situações de desastre é resiliente, engenhosa, generosa, empática e corajosa."[31] É cedo demais para dizer que estamos no fim do jogo. Precisamos ser agnósticos com relação à perspectiva de colapso civilizacional: realisticamente preparados para a possibilidade de que ele ocorra, mas abertos para a possibilidade de que não o faça. Se essa possibilidade existe, é moralmente indesculpável darmos as costas para futuras gerações ao não agir com relação a ela. Elas nunca nos perdoarão se escolhermos desistir quando ainda há uma chance de evitar o desastre e saltar em direção de um caminho civilizacional transformativo.

A ideia de que o colapso é inevitável não só não foi comprovada empiricamente como também promove inércia e apatia fatalistas. "Ao desviar a atenção das pessoas para que se preparem para a ruína em vez de se concentrarem na mudança política e econômica estrutural", afirma o pensador cultural Jeremy Lent, "a Adaptação Profunda ameaça tornar-se uma profecia que tende a se autorrealizar, aumentando o risco de colapso ao diluir os esforços em prol da transformação social."[32] Se nos dizem que vamos falhar em alguma coisa e ficamos repetindo isso para nós mesmos, em geral tornamos esse resultado mais provável. Expressar o colapso como "inevitável" cria ciclos de desespero passivo que se retroalimenta em vez de fomentar uma esperança radical capaz de inspirar alguma ação. "Se supomos estar condenados, estaremos definitivamente condenados", escreve o filósofo Rupert Read, um dos principais nomes da Extinction Rebellion. "Precisamos sentir uma confiança: de que uma mudança de curso continua sendo eminentemente *possível*."[33]

O modo de sobrevivência substitui a negação da crise climática por uma outra forma de negação: a de que a mudança pode acontecer, de que tomar certas medidas poderia fazer uma mudança substancial no destino da civilização humana. Este não é um momento para falso otimismo. É um momento para reconhecer que, por meio de esforço coletivo, determinação e visão inspiradora, a humanidade pode pensar a longo prazo, agir a longo prazo e reconfigurar os contornos da história.

Prosperidade de um único planeta: viver dentro dos limites do mundo natural

Durante os últimos cinquenta anos, uma quinta meta de longo prazo para a humanidade emergiu de campos como ciência da sustentabilidade, design de sistemas e pensamento ecológico. Ela pode ser resumida pelo conceito de "florescimento de um único planeta", cuja ideia é que se possa contemplar as necessidades de todas as pessoas atuais e futuras dentro dos meios ecológicos de um planeta próspero. Na prática, isso requer que se viva dentro de sistemas que apoiem a vida natural, de modo a não usarmos mais recursos do que a Terra pode naturalmente regenerar (por exemplo, só colher madeira na mesma velocidade com que ela possa voltar a crescer), ou criar mais lixo do que ela possa naturalmente absorver (não queimar, portanto, combustíveis fósseis mais rapidamente do que eles podem ser absorvidos pelos oceanos ou outros escoadouros de carbono). Em outras palavras, trata-se de prosperar em equilíbrio pelos séculos e milênios que estão por vir.

Este é um *telos* inegavelmente ambicioso, mas também prontamente mensurável: atualmente usamos recursos naturais num ritmo que é quase o dobro do que a Terra é capaz de regenerar e absorver a cada ano. Em 2019, no dia 29 de julho — portanto, depois de apenas sete meses de começado o ano —, ultrapassamos a biocapacidade do planeta, principalmente em decorrência do desmatamento, da perda de biodiversidade, da erosão do solo e do acúmulo de dióxido de carbono na atmosfera.[34] Em última análise, precisamos deslocar o que passou a ser conhecido como o "Dia da Sobrecarga da Terra", fazendo com que este deixe de acontecer em meados do ano e volte a ocorrer a cada 31 de dezembro. Assim, com os recursos deste único planeta, estaremos prosperando verdadeiramente, sem exaurir os ecossistemas dos quais as futuras gerações deverão, como nós, depender para sobreviver.

Uma das mais profundas expressões desse ideal aparece na obra da bióloga e designer de biomimética Janine Benyus. Na sua visão, para que sobrevivamos a longo prazo deveríamos extrair nossas lições dos 3,8 bilhões de anos de pesquisa e desenvolvimento que a natureza tem para oferecer:

As respostas que buscamos, os segredos para um mundo sustentável, estão literalmente por toda parte, à nossa volta. Se optarmos por imitar verdadeiramente o gênio da vida, o futuro que vejo seria de beleza e abundância e certamente menos arrependimentos. No mundo natural, a definição de sucesso é a continuidade da Vida. Você se mantém vivo e mantém sua prole viva. Isso é sucesso. Mas não se trata da prole nesta geração. O sucesso é manter sua prole viva por dez mil gerações ou mais. Isso nos põe diante de um enigma porque você não estará lá para tomar conta de sua prole daqui a dez mil gerações. Assim, o que os organismos aprenderam a fazer é tomar conta do lugar que irá tomar conta de sua prole. A vida aprendeu a criar condições condizentes à vida. Essa é sua verdadeira mágica. E esse é também o resumo do projeto para nós neste exato momento. Temos de aprender como fazer isso.[35]

Esta passagem oferece um insight extraordinário sobre o pensamento de longo prazo: que podemos colocá-lo em prática *escapando do domínio do próprio tempo*, e que ele é uma questão de importar-se com o lugar tanto quanto de repensar o *tempo*. Para qualquer espécie — inclusive a nossa —, a melhor maneira de assegurar a própria longevidade é adaptar-se plenamente ao ecossistema em que se está inserido e preservá-lo. Isso significa importar-se com os rios, o solo, as árvores, os polinizadores, o próprio ar que respiramos. Significa respeitar as intrincadas relações que sustentam a rede da vida e nos permitiram evoluir. Se formos além da biocapacidade da natureza, estamos fracassando na tarefa de tomar conta do lugar que tomará conta de nossa prole.[36]

Em palavras simples: se quiser sobreviver e prosperar por milhares de gerações, não emporcalhe o ninho.

É precisamente isso, contudo, que seres humanos vêm fazendo desde que fabricaram sua primeira ferramenta, desde que se tornaram determinados a acumular, desde que perderam a capacidade de dizer "chega" e se tornaram uma espécie viciada em subir as perigosas curvas da Grande Aceleração na busca de progresso material.

Ter um único planeta que seja realmente próspero foi uma meta reforçada por um crescente reconhecimento de que os seres humanos não são separados da natureza, mas uma parte interdependente do todo planetário vivo. Esse pensamento holístico é evidente entre culturas indígenas em seu culto da Mãe Terra e em práticas como o princípio da sétima geração. Mas ele também vem encontrando espaço na mentalidade ocidental. Em 2011, Ron Garan passou seis meses vivendo na Estação Espacial Internacional. Em meio à sua extenuante jornada de experimentos científicos e reparos técnicos, às vezes ele era capaz de contemplar o "frágil oásis" da Terra lá embaixo.

Uma das coisas realmente interessantes sobre um voo espacial de longa duração é que você consegue observar a Terra se transformar ao longo das semanas e dos meses. Consegue observar o gelo se quebrando, as estações mudando. É dessa perspectiva que, ao longo do tempo, tem-se realmente a sensação de que há esse organismo vivo, que respira, pendurado na escuridão do espaço, apenas correndo através do Universo.[37]

Outras pessoas observaram a Terra do espaço e tiveram epifanias semelhantes, fenômeno que passou a ser conhecido como o "efeito panorâmico". De repente, a Terra passa a ser vista como um único sistema vivo, um raro e frágil todo orgânico que merece reverência e preservação, com os seres humanos sendo apenas uma pequena parte de sua rede de vidas interconectadas. Muitas pessoas experimentaram o efeito panorâmico em 1968 quando viram pela primeira vez o "Nascer da Terra", uma imagem parcial do planeta tirada a partir da espaçonave Apollo 8, e depois em 1972, quando astronautas da Apollo 17 retransmitiram a foto de todo o planeta que ficou conhecida como "A Bola de Gude Azul", que logo se tornou um símbolo icônico do movimento ambiental. Essa perspectiva holística estava também evidente na hipótese de Gaia. Formulada por James Lovelock e Lynn Margulis, ela surgiu pela primeira vez nos anos 1970 e sugere que nosso planeta funciona como um organismo vivo autorregulador. Ao longo das últimas décadas, desenvolvemos, gradualmente, uma percepção que Brian Eno chama de "o Grande Agora" — um conceito irmão que ele inventou para acompanhar "o Longo Agora".[38] O Grande Agora expande o domínio espacial de nossas responsabilidades pelo futuro a fim de abranger um aqui que é maior que nossa própria casa, ou vizinhança, ou país. Um país que é do tamanho da própria Terra.

A meta transcendente de vivermos num único planeta próspero nos pede para reconhecer nossa relação simbiótica com o todo planetário e para respeitar suas fronteiras e capacidades naturais. Ela fixa nosso olhar no lugar, e não no tempo, como sendo essa a chave que vai assegurar a longevidade de nossa espécie. Num planeta, a prosperidade se mantém afastada de outras formas de *telos* descritas anteriormente: a partir da preocupação elementar em salvaguardar a possibilidade da própria vida, geração após geração, ela se vale de quase 4 bilhões de anos de aprendizado e sabedoria evolucionárias. É uma questão de proteger o "acampamento Terra" e de assegurar um futuro viável para nossos descendentes no único planeta que evoluiu para sustentá-los. E é por isso que é a meta de longo prazo que melhor pode nos guiar ao longo do caminho do bom ancestral.

Meta transcendente

Deixe o mundo vivo agir como a bússola para a humanidade, como está tão belamente expresso na bênção mohawk: "Obrigado, Terra. Tu conheces o caminho".[39]

ESTAMOS NUM MOMENTO DECISIVO em nossa jornada. A esta altura, nosso cérebro de noz deveria estar bem, além de verdadeiramente ligado e estimulado: ganhamos o conjunto de habilidades cognitivas de que precisamos para o pensamento de longo prazo. Nossa mente viajou através das vastidões do tempo profundo. Transpôs os limites da morte na busca de um legado. Passou a se alicerçar nos princípios da justiça intergeracional. Foi inspirada pelo pensamento de catedral e descobriu as curvas S da previsão holística. E para guiá-la ganhou um *telos* que visa a prosperidade num planeta, o qual não é um projeto detalhado de uma forma específica de governo ou economia, mas uma estrela Polar para assegurar que nosso pensamento de longo prazo continue dirigido para os interesses de futuras gerações. Estamos prontos e preparados para dar o próximo passo de transformar ideias em ação. Chegou o momento de conhecer os rebeldes do tempo que estão pondo as seis formas de pensar a longo prazo em prática numa ambiciosa tentativa de lançar a humanidade num novo caminho civilizacional.

PARTE III

Provocar a rebelião do tempo

As ideias têm o poder de mudar o mundo, mas só quando as pessoas as põem em prática. Os capítulos que se seguem revelam como uma rede empenhada de ativistas, organizadores, acadêmicos, legisladores e estudantes está semeando as seis formas de pensar a longo prazo em três campos: política, economia e cultura. Esses rebeldes do tempo enfrentam formidáveis barreiras e sua vitória está longe de estar assegurada, e apesar disso eles estão determinados a descolonizar o futuro e remodelar os contornos da história.

9. Democracia profunda

Há um antídoto para a miopia política?

IMAGINE QUE AS GERAÇÕES DE AMANHÃ pudessem ter suas vozes ouvidas nos debates políticos de hoje. Que houvesse uma maneira de representar seus interesses e assegurar que seus futuros não fossem esmagados pela prevalência do curto prazo que governa a intensa competição da vida política moderna. Que fosse possível expandir os limites do que se entende por *demos* (palavra que em grego antigo significava "o povo"), de modo que o conceito incluísse não só os jovens que atualmente são excluídos das votações, mas a multidão de potenciais cidadãos que espera para nascer.

Você pode não ter lido sobre isso na mídia, mas uma revolução silenciosa vem ocorrendo precisamente com essa intenção, e ela é liderada por uma geração pioneira de rebeldes do tempo que se aventuraram num projeto radical para criar um novo modelo político que chamo de "democracia profunda". Sua ambição é ampliar os horizontes temporais dos governos democráticos, resgatando-os de políticos míopes que não adotam a visão de longo prazo quando se veem arrastados pelo torvelinho das eleições, por pesquisas de opinião e notícias 24 horas por dia, sete dias por semana.

Assim como a ideia de tempo profundo expande nossa imaginação temporal através do cosmo, a democracia profunda expande nossa imaginação política além da miopia que reside no coração do poder. Para tanto, ela se vale dos ideais de longo prazo discutidos na Parte II, como justiça intergeracional, pensamento de catedral, o princípio da sétima geração e a meta transcendente da prosperidade num único planeta.

O movimento da vanguarda rebelde que deseja reinventar a democracia ainda não tem um nome oficial e continua fragmentado, mas está ganhando impulso rapidamente mundo afora. Para avaliar plenamente suas perspectivas, precisamos responder a várias questões. Quais são os propulsores subjacentes da miopia política? A democracia é o melhor sistema para se lidar com desafios de longo prazo, ou os sistemas autoritários poderiam ser uma opção mais eficaz? E como os rebeldes do tempo estão pondo a democracia profunda em prática em face da poderosa oposição que enfrentam?

Pouca gente vê essa revolução democrática chegando. Mas, como os protestos que puseram abaixo o Muro de Berlim em 1989, há uma chance — certamente exígua, mas sem dúvida possível — de que, ao longo da história, as forças progressistas vão se alinhar e romper as barreiras que estão contendo uma nova era de política de longo prazo.

"Presentismo" político: como futuras gerações são excluídas do acordo democrático

"A origem do governo civil", escreveu David Hume em 1739, é que "os homens não são capazes de curar radicalmente, seja em si mesmos ou nos outros, aquela estreiteza da alma que os faz preferir o presente ao distante".[1] O filósofo escocês estava convencido de que instituições governamentais — como representantes eleitos e debates parlamentares — eram necessárias para moderar nossos desejos impulsivos e egoístas e estimular os interesses de longo prazo e o bem-estar da sociedade.

Quem dera.

Hoje, a visão de Hume parece ser ilusória, já que está tão surpreendentemente claro que os políticos e o próprio sistema político, em vez de serem uma solução para a prevalência do pensamento de curto prazo, tornaram-se uma de suas causas. No mundo ocidental, embora as democracias representativas tenham desenvolvido instituições duradouras como serviços públicos, forças policiais e sistemas judiciários, elas exibem igualmente o que pode ser chamado de "presentismo político": uma propensão a dar prioridade a interesses e decisões políticas de curto prazo, e em favor

Democracia profunda 179

de gerações atuais em detrimento das futuras.[2] Em junho de 2019, quando perguntaram ao primeiro-ministro tcheco Andrej Babiš por que ele tinha bloqueado um acordo em que os Estados-membros da União Europeia se comprometiam a zerar suas emissões líquidas de carbono até 2050, ele respondeu: "Por que deveríamos decidir com 31 anos de antecipação o que acontecerá em 2050?".[3] A classe política que nos governa geralmente se recusa a ver o futuro como sua responsabilidade.

A doença do presentismo político tem raízes em cinco fatores que impregnam a natureza da própria democracia. Em primeiro lugar vem a armadilha temporal dos ciclos eleitorais, uma limitação de projeto inerente ao governo democrático e que produz horizontes temporais políticos curtos.[4] O próprio tempo foi levado para as urnas, com os políticos e seus partidos se concentrando, de forma bitolada, no que quer que seja necessário para atrair eleitores nas eleições seguintes. Nos anos 1970, o economista William Nordhaus identificou esse problema como o "ciclo dos negócios políticos", observando que, na corrida para as eleições, os governos iriam expandir seu gasto repetidamente e, uma vez eleitos, passariam a introduzir medidas de austeridade a fim de controlar suas economias então superaquecidas. Sua preocupação era que isso pudesse gerar "uma política puramente míope, em que futuras gerações são ignoradas".[5] O resultado é que questões de longo prazo a partir das quais se obtém pouco capital político imediato, como lidar com o colapso ecológico ou a reforma das aposentadorias, são muitas vezes mantidas permanentemente em segundo plano.

Um segundo fator é o poder que têm certos grupos de interesse, e sobretudo as corporações, para obter favores políticos de curto prazo para si próprios ao mesmo tempo que transmitem os custos de longo prazo para o resto da sociedade.[6] Este está longe de ser um problema novo: em 1913, um Woodrow Wilson exasperado declarou que "o governo dos Estados Unidos é o filho adotivo de interesses especiais... os grandes banqueiros, os grandes manufaturadores, os grandes senhores do comércio".[7] Mais recentemente, Al Gore anunciou que "a democracia americana foi pirateada — e o pirata é o financiamento de campanhas".[8] Quando companhias de combustíveis fósseis são bem-sucedidas em pressionar governos pelo direito de furar poços ou extrair petróleo mediante a injeção de líquidos em terras públicas, ou quando conseguem bloquear uma legislação de redução de carbono, elas estão chantageando o futuro em nome dos retornos dos acionistas. De maneira semelhante, na esteira da crise financeira de 2008, bancos americanos e do Reino Unido responsáveis pelo colapso usaram sua influência política para obter enormes planos de resgate financiados pelos contribuintes, o que representou um conserto de curto prazo em vez de uma reforma de longo prazo. Segundo Jared Diamond, uma das causas decisivas do colapso das civilizações se dá quando "os interesses da elite responsável pelas tomadas de decisão entram em conflito com os interesses do resto da sociedade. Especialmente se a elite puder se isolar das consequências de suas ações".[9] Seria prudente de nossa parte levar isso em conta.

A causa mais profunda do presentismo político é o fato de a democracia representativa ignorar sistematicamente os interesses das pessoas do futuro. Nenhum direito é concedido aos cidadãos de amanhã, nem existem — na vasta maioria dos países — organismos públicos para representar seus interesses ou eventuais opiniões a respeito de decisões que, tomadas hoje, irão indubitavelmente afetar suas vidas.[10] Esse é um ponto cego tão enorme que mal o notamos: na década em que, como cientista político, pesquisei o tema da governança democrática, simplesmente nunca me ocorreu que futuras gerações estão privadas do direito de votar da mesma maneira que os escravos e as mulheres estiveram no passado. Mas essa é a realidade, e é por isso que centenas de milhares de jovens em fase escolar do mundo inteiro vêm fazendo greves para levar nações ricas a reduzir suas emissões de carbono: eles estão fartos de sistemas democráticos que as deixam sem voz e sem poder. É também por isso que tantos jovens no Reino Unido — especialmente aqueles abaixo da idade necessária para votar — se sentiram traídos pelo resultado do referendo do Brexit: como os eleitores com mais de 65 anos tinham uma probabilidade mais que duas vezes maior de votar pela saída da União Europeia do que aqueles com menos de 25 anos, os eleitores mais velhos tiveram um impacto maior numa decisão com consequências de longo prazo com as quais eles mesmos pouco teriam de conviver.[11]

Democracia profunda 181

Forças motrizes digitais, como a mídia social e os canais de notícias 24 horas, ampliaram o problema do presentismo político. Enquanto o crescimento da televisão como um meio de comunicação de massa a partir dos anos 1950 ajudou a lançar uma nova era de frases de efeito e viés político, vemo-nos agora vivendo em "Twittercracias", em que nossos representantes políticos passam grande parte de seu tempo emitindo opiniões instantâneas nas redes sociais e canais de notícias a cabo, e envolvendo-se numa constante guerra de reputações para se certificar de que estão tendo muita repercussão nas redes sociais.[12] Um único tuíte de Donald Trump pode rapidamente formar uma cascata de reações e gerar um drama político completo, capaz de ocupar políticos e a mídia por dias. O resultado disso é que o tempo político se encurta e a atenção pública se distrai das "notícias lentas", de prazo mais longo e menos merecedoras de tuítes, seja uma seca intensificada na África subsaariana ou um novo relatório intergovernamental sobre a crescente resistência de doenças comuns a antibióticos.[13]

Um último desafio político não pode ser atribuído diretamente aos governos democráticos, mas ao corpo mais amplo em que ele existe: o Estado-nação. Quando os Estados-nações emergiram, nos séculos XVIII e XIX, e substituíram a velha ordem de impérios e principados, eles não eram uma fonte especialmente perigosa da tendência ao curto prazo. A Itália e a França, por exemplo, tiveram visões de longo prazo para criar um forte senso de identidade nacional, juntamente com instituições públicas, incluindo serviços públicos e sistemas educacionais.[14] Mas os tempos mudaram. Muitas das mais agudas preocupações de longo prazo de hoje, como a crise do clima, são de natureza global e requerem soluções globais. Talvez não haja nenhum problema de ação coletiva maior do que conseguir que um grande número de países, que muitas vezes têm culturas, histórias, economias e prioridades vastamente diferentes, supere suas diferenças e encontre um solo comum. Em raras ocasiões, a cooperação acontece, como ocorreu com o Protocolo de Montreal para proteger a camada de ozônio em 1987, mas geralmente os Estados-nações individuais concentram-se em seus interesses particulares e não nos riscos de longo prazo compartilhados. Países como os Estados Unidos ou a Austrália poderiam se recusar a ratificar um acordo global sobre redução do carbono porque ele ameaça sua indústria de mineração ou desacelera sua economia. Outro (pense na Índia, no Paquistão ou em Israel) pode optar por ficar fora de um tratado de não proliferação nuclear caso pretenda desenvolver suas próprias armas nucleares. Mesmo regiões relativamente homogêneas, como a União Europeia, têm dificuldade em alcançar acordos quando o assunto são temas como o número de refugiados que cada Estado-membro deve acolher ou a quantidade de peixe que têm permissão para pescar.

Tal como os meus gêmeos de onze anos, os Estados-nações estão constantemente brigando, sempre querendo a maior fatia de bolo, e fazendo o possível para evitar a cota que lhes cabe das tarefas domésticas. Diferentemente dos meus gêmeos, os Estados-nações não exibem nenhum sinal de estarem deixando essas brigas para trás.

O Índice de Solidariedade Intergeracional: medição da performance política de longo prazo de democracias e autocracias

Nas democracias políticas, o problema da tendência de privilegiar o curto prazo tornou-se tão agudo que um crescente coro de vozes começou a defender a "ditadura benevolente" ou o "despotismo esclarecido" como solução para nossos problemas, em especial quando se trata de tomar as duras medidas necessárias para lidar com as emergências climáticas. Esses sentimentos, mencionados no capítulo 6, tornaram-se cada vez mais comuns não só entre figuras muito conhecidas, como James Lovelock, mas também em meio ao público em geral; termos como "ecoautoritarismo" estão começando a aparecer com crescente frequência em fóruns on-line e em feeds de redes sociais, e em minhas palestras sobre pensamento de longo prazo há ouvintes que sugerem, com frequência, que um governo autocrático é um antídoto para a miopia política.[15] O argumento usual é que precisamos nos tornar mais parecidos com a China, que parece ter um histórico comprovado em legislação de longo prazo, especialmente com relação ao investimento em tecnologias verdes. Ou como Cingapura, que

Democracia profunda 183

pode impor alguns limites às liberdades civis e políticas, mas consegue adotar uma abordagem previdente com relação a todas as coisas, desde a reforma da educação ao planejamento urbano.

Tudo isso começa a parecer muito atraente: vamos simplesmente deixar de lado aqueles políticos democráticos briguentos, interessados sobretudo em promover suas próprias carreiras, e depositar nossa fé, em vez disso, em regimes autoritários dispostos a empreender ações conjuntas de longo prazo nas múltiplas crises com que a humanidade se defronta.

O problema desse pensamento é que ele escolhe a dedo as melhores políticas de países como a China ou Cingapura, ao mesmo tempo que ignora os históricos de outros Estados de partido único e regimes de inclinação autoritária ao redor do mundo, como a Arábia Saudita, a Rússia e o Camboja. Examinar as evidências é crucial: seria realmente verdade que autocracias têm um desempenho melhor que democracias quando se trata de política pública de longo prazo para beneficiar as futuras gerações?

Durante a última década, acadêmicos e especialistas políticos começaram a conceber índices quantitativos que medem e comparam a orientação política de longo prazo de governos nacionais. Tais índices, que se concentram mais em avaliar resultados políticos do que em promessas, foram produzidos por organizações que incluíram o Fórum Econômico Mundial e a Fundação Internacional, bem como acadêmicos individuais.[16] A análise que se segue é baseada no que considero ser o mais conceitualmente coerente, metodologicamente rigoroso e geograficamente abrangente desses indicadores: o Índice de Solidariedade Intergeracional (ISI), criado pelo cientista interdisciplinar Jamie McQuilkin, e publicado pela primeira vez na revista revisada por pares *Intergenerational Justice Review*.[17]

Que aspecto tem o ISI e o que ele nos diz sobre as virtudes das democracias versus regimes autoritários? Desde 2015, o ISI fornece pontuações para 122 países e é um índice composto que combina dez indicadores de prática política de longo prazo nos campos ambiental, social e econômico (detalhes de sua construção são apresentados no Apêndice).[18] A dimensão ambiental recompensa países que não estão esgotando suas florestas, que têm baixa pegada de carbono e uma parte significativa de recursos renováveis em seu sistema de energia. Eles são também punidos por elevados níveis de produção de combustível fóssil. Na dimensão social, os países recebem pontuações mais elevadas por escolas primárias com turmas pequenas, baixa mortalidade infantil para um dado nível do PIB, e uma taxa de crescimento demográfico um pouco abaixo da taxa de reposição populacional. Os três indicadores econômicos recompensam pequena desigualdade na distribuição de renda, elevada poupança líquida e um equilíbrio saudável da balança de transações correntes. Para criar a pontuação final do índice, que varia de 1 (baixa solidariedade intergeracional) a 100 (alta solidariedade intergeracional), os indicadores recebem peso igual e são aritmeticamente agregados dentro de dimensões (ambientais, sociais e econômicas) e depois geometricamente entre eles. Esse método assegura que nenhum indicador ou dimensão isolada domine o índice.

Como um primeiro passo, vale a pena tomarmos alguns países individualmente e darmos uma rápida olhada em suas pontuações. Que nação no mundo pode reivindicar, de maneira justificável, estar agindo em relação às futuras gerações? A tabela a seguir apresenta os 24 países com melhor classificação para o índice de 2019. Impressiona ver que as nações de pontuação mais alta — como a Islândia, o Nepal, a Costa Rica e o Uruguai — estão localizadas em várias regiões geográficas e possuem diferentes níveis de renda. Embora os países ricos da OCDE ocupem muitos dos dez primeiros lugares, alguns deles estão muito abaixo na classificação geral: a Alemanha se classifica apenas em 28º lugar, o Reino Unidos fica com o 45º e os Estados Unidos, com o 62º. É igualmente notável que a China não alcance o nível superior, classificando-se apenas em 25º lugar em decorrência de suas más pontuações em medidas como a pegada de carbono e energia renovável (o país ainda está queimando grande quantidade de combustíveis fósseis por pessoa, apesar de seu crescente setor de renováveis). Cingapura está numa posição ainda mais baixa na tabela, ocupando o 41º lugar, o que ocorre, em parte, devido ao seu fraco desempenho em geração de energia renovável.

Democracia profunda   185

Tendo passado vários anos trabalhando como cientista político especializado na medição do desempenho de governos, estou bem consciente de que os resultados de qualquer índice devem ser tomados com uma ponta de desconfiança.[19] Os dados são feitos, muitas vezes, a partir de qualidades desiguais, e cada componente de um índice nunca passa de um representante para um conceito subjacente que tenta refletir. É inevitável que surjam dificuldades diante de qualquer tentativa de quantificar as complexidades do mundo real, razão pela qual um índice como o ISI funciona melhor para mostrar padrões amplos do que para fazer revelações acerca de um caso particular.[20]

Que dizer sobre a grande questão de saber se governos autoritários pensam mais a longo prazo que as democracias? Esta análise, que conduzi

Tabela da Liga da Solidariedade Intergeracional

Classificação	Pontuação ISI	País	Classificação	Pontuação ISI	País
1	86	Islândia	13	72	Eslovênia
2	81	Suécia	14	72	Espanha
3	78	Nepal	15	72	Sri Lanka
4	77	Suíça	16	72	Finlândia
5	76	Dinamarca	17	72	Croácia
6	76	Hungria	18	71	Países Baixos
7	76	França	19	71	Bulgária
8	75	Costa Rica	20	71	Bielorrússia
9	75	Bélgica	21	70	Vietnã
10	75	Uruguai	22	70	Nova Zelândia
11	74	Irlanda	23	70	Itália
12	73	Áustria	24	70	Luxemburgo

Nota: As pontuações no Índice de Solidariedade Intergeracional (ISI) variam entre 0 (baixo) e 100 (alto). Todos os dados são do índice de 2019.

conjuntamente com McQuilkin, exigiu que fizéssemos uma escolha entre o grande número de índices de democracia criados nos últimos anos. Escolhemos um dos padrões mais bem avaliados pelos cientistas políticos: o Índice V-Dem, produzido na Universidade de Gotemburgo, na Suécia. Assessores especializados dão pontuações aos governos e os classificam numa escala de 0 a 1 com base na presença de eleições livres e justas, liberdade de expressão e de informação, igualdade perante a lei, liberdades civis e mecanismos de controle e equilíbrio entre o Executivo, o Legislativo e o Judiciário. Países que não alcançam o grau são classificados como autocracias. Esse índice mede o que é comumente conhecido como "democracia liberal" ou "democracia representativa", em vez de formas alternativas como "democracia participatória".[21]

Sobrepondo a pontuação de democracia de cada país com sua pontuação intergeracional de solidariedade, criamos um quadro global único de sistemas políticos e seu desempenho político de longo prazo em nível nacional (veja a seguir). Cada índice foi também dividido em seu ponto central, permitindo a classificação dos países em quatro categorias: "Democracias de Longo Prazo", Democracias de Curto Prazo", "Autocracias de Longo Prazo" e "Autocracias de Curto Prazo".[22]

Os dados revelam com clareza vários padrões:

> Dos 25 países com as pontuações mais elevadas no ISI, 21 — 84% — são democracias. Dos 25 países com as pontuações mais baixas no ISI, 21 são autocracias.
>
> De 60 democracias, 75% são Democracias de Longo Prazo, ao passo que de todas as 62 autocracias apenas 36% são Autocracias de Longo Prazo. A solidariedade intergeracional média para democracias é 60, enquanto a média para autocracias é apenas 42. Portanto, autocracias tendem às políticas de curto prazo enquanto democracias tendem a políticas de longo prazo.
>
> Os quadrantes mais populosos são Democracias de Longo Prazo e Autocracias de Curto Prazo. Se os regimes autoritários fossem significativamente melhores para proporcionar desempenho político de

O que serve melhor às futuras gerações: democracias ou autocracias?

Pontuações para países no Índice de Solidariedade Internacional comparados com seus escores no Índice V-Dem, incluindo linha de tendência pontilhada

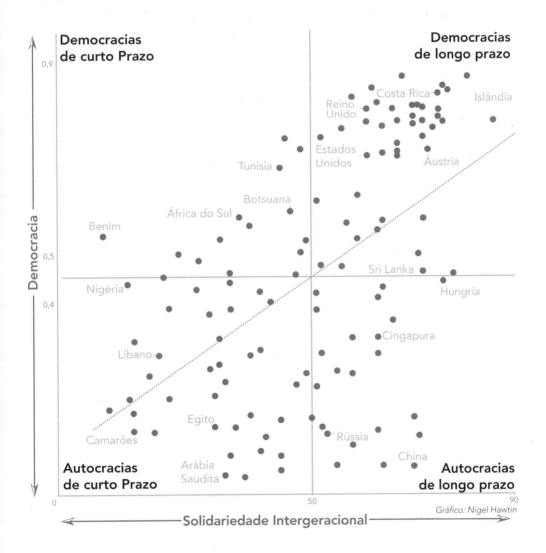

Gráfico: Nigel Hawtin

longo prazo, teríamos esperado que as Autocracias de Longo Prazo e as Democracias de Curto Prazo fossem os mais populosos, o que claramente não é o caso.

Esta análise revela a fraqueza fundamental das afirmações em favor de autocracias: não há nenhuma evidência empírica sistemática de que regimes autoritários tenham um desempenho melhor que governos democráticos quando se trata de políticas de longo prazo que sirvam aos interesses de futuras gerações. Na verdade, os dados sugerem o contrário: a pontuação ISI média para democracias é muito mais alta que para autocracias. Em outras palavras, é muito mais provável encontrar níveis elevados de solidariedade intergeracional numa democracia que num regime autoritário, quer ele seja uma ditadura militar clássica ou um Estado unipartidário. Além disso, a linha diagonal que no gráfico corre de baixo para cima e da esquerda para a direita sugere que mais democracia é acompanhada por mais políticas de longo prazo. E não esqueçamos o ponto óbvio de que regimes autoritários são pouco propensos a ter um grande desempenho em termos de outras coisas que talvez valorizemos, como liberdade política e direitos humanos.

Nada disso, contudo, sugere que democracias podem se sentar e relaxar. Todo governo democrático no mundo poderia estar se esforçando para obter uma pontuação mais elevada no ISI — até mesmo países que obtêm excelentes resultados, como a Suécia, a França e a Áustria. Há uma necessidade urgente de redesenhar a democracia de modo que ela possa responder muito mais eficazmente aos desafios de longo prazo de nossa era. Isso é bastante fácil de dizer, mas como exatamente deveria ser feito?

Os princípios da democracia profunda

Durante as duas últimas décadas, ativistas políticos, legisladores e acadêmicos engajados propuseram mais de setenta maneiras diferentes de incorporar o pensamento de longo prazo nas instituições democráticas.[23]

Princípios da democracia profunda

Guardiões do futuro
Instituições políticas que representam e salvaguardam os interesses da juventude sem direito ao voto e as futuras gerações

Assembleias de cidadãos
Participação da sociedade civil em assembleias deliberativas com base em sorteio a fim de moldar a política em questões de longo prazo

Direitos intergeracionais
Mecanismos legais para garantir os direitos e o bem-estar de futuras gerações e assegurar a equidade intergeracional

Cidades-Estados autogovernadas
Devolução radical de poder às cidades a partir do nível nacional, a fim de limitar a influência de elites políticas e econômicas propensas a privilegiar o curto prazo

Gráfico: Nigel Hawtin

Muitos deles lançaram campanhas, organizações e ações legais para transformar suas ideias em realidades. Una os pontos, e isso começa a se parecer com um movimento por um novo tipo de política: a democracia profunda. Suas propostas mais poderosas e inovadoras situam-se em quatro áreas principais: guardiões do futuro, assembleias de cidadãos, direitos intergeracionais e cidades-Estados autogovernadas (veja a seguir). Elas não deveriam ser pensadas como um projeto a ser imposto aos sistemas políticos existentes, mas sim como um conjunto de princípios com o potencial de injetar estruturas democráticas cuja percepção temporal é muito mais profunda. Todos esses princípios têm como denominador comum o fato de já serem postos em prática por alguns rebeldes do tempo comprometidos em fazê-lo.

Mas há realmente alguma necessidade de redesenhar a democracia, quando eleitorados poderiam simplesmente votar em políticos que apoiam políticas de longo prazo? O problema é que não haveria nada que fosse capaz de impedir um novo governo de, simplesmente, reverter as iniciativas de longo prazo que uma administração anterior previdente poderia ter perseguido realizar. Além disso, essa concepção subestima o quanto a tendência ao curto prazo está estruturada no DNA da democracia representativa, por exemplo no caso de um foco míope no ciclo eleitoral. É arriscado demais cruzarmos os dedos e esperarmos que nossas atuais democracias possam abandonar espontaneamente suas tendências ao curto prazo e tornar-se defensoras de justiça intergeracional. O valor dos quatro princípios, como estamos prestes a ver, é que eles ajudam a eliminar a miopia presente no sistema político.

Guardiões do futuro

Entre as melhores opções está a criação dos "guardiões do futuro". Estes são funcionários ou instituições públicas com a competência específica de representar futuros cidadãos — não só crianças, mas também gerações ainda não nascidas — que são deixados de fora de processos democráticos tradicionais.

Democracia profunda 191

Muitos desses organismos encontraram inspiração no "Comitê para o Futuro" parlamentar da Finlândia, fundado em 1993. Compreendendo dezessete membros eleitos do parlamento, o comitê examina políticas governamentais do ponto de vista de seu impacto sobre futuras gerações — especialmente em torno de questões de tecnologia, emprego e meio ambiente — e se dedica ao planejamento de situações hipotéticas de longo prazo. Em 2001, o parlamento israelense tomou a ousada iniciativa de designar um Comissário para Futuras Gerações com o poder de esquadrinhar e tornar mais lenta a legislação sobre preocupações de longo prazo, como poluição do ar e biologia genética. Ironicamente, o cargo teve vida curta, sendo abolido pelo Knesset em 2006 sob a alegação de que o comissário estava se tornando excessivamente poderoso.[24] Mas esse revés não impediu que outros países pegassem o bastão intergeracional. Entre 2008 e 2011, a Hungria teve um Ombudsman para Futuras Gerações com considerável influência sobre a política ambiental, e Malta criou um posto semelhante em 2012.[25] A Constituição da Tunísia de 2014 instituiu uma Comissão para Desenvolvimento Sustentável e os Direitos de Futuras Gerações, ao passo que em 2015 a Suécia estabeleceu um Conselho sobre o Futuro, cuja líder, Kristina Persson, tornou-se conhecida como a primeira "ministra do futuro" do mundo. Os Emirados Árabes Unidos seguiram o exemplo, com seu próprio Ministério dos Assuntos de Gabinete e o Futuro.

Nesse conjunto em expansão de guardiões, o mais conhecido hoje é o Comissariado das Gerações Futuras para o País de Gales, um papel que foi estabelecido sob a Lei de Bem-Estar para Futuras Gerações em 2015. Sua ocupante atual, Sophie Howe, é uma proeminente rebelde do tempo no crescente movimento global por justiça intergeracional. Em seu papel como comissária, está encarregada de examinar as políticas em áreas diversas — de habitação e educação ao ambiente e transporte — e assegurar que elas estejam de acordo com a definição internacionalmente reconhecida de desenvolvimento sustentável: satisfazer as necessidades do presente sem comprometer a capacidade de futuras gerações de satisfazer suas próprias necessidades. Como diz Howe, "justiça intergeracional é uma questão de dar prioridade a necessidades de longo prazo em detrimento de ganhos de curto prazo". Ela é uma política realista e a primeira a admitir que sua influência é limitada. "Não posso forçar ninguém a fazer nada e não posso forçar o governo a parar de fazer alguma coisa", disse-me ela numa discussão sobre os desafios políticos de seu papel, "mas tenho poderes de revisão para nomear e constranger, por isso eles têm de ficar alertas e tomar nota. Se eu gostaria de mais poderes? Sim, gostaria — quem não?"[26]

Apesar das restrições, ela conseguiu catapultar questões relativas a futuras gerações para o centro do debate público. Sua oposição à extensão da autoestrada M4, no valor de 1,6 bilhão de libras, sob a alegação de que ela era uma "solução do século xx" que não conseguia promover uma sociedade de baixo carbono, foi considerada instrumental para o desmantelamento do esquema.[27] Ela foi também uma franca defensora da assistência médica preventiva, afirmando que o Serviço Nacional de Saúde é, na realidade, um "serviço nacional da doença" quando deveria ser um "serviço de bem-estar nacional". Embora possa ser difícil convencer os eleitores de hoje a alocar seus impostos para beneficiar cidadãos de amanhã, Howe foi pragmática e concentrou-se em questões como assistência médica e meio ambiente, temas cujos benefícios se acumulam tanto para a geração atual quanto para as futuras.

Sua ação de maior impacto, contudo, talvez venha a ser a de inspirar outras pessoas a seguir seu exemplo. Em 2019, baseado no modelo galês, o ativista britânico antipobreza e fundador da revista *Big Issue* John Bird lançou uma campanha na Câmara dos Lordes para estabelecer um Comissário das Futuras Gerações para todo o Reino Unido. Impelido pela convicção de que as mudanças climáticas vão atingir os pobres mais duramente, Lord Bird fez uma defesa poderosa e pessoal das futuras gerações junto a seus pares:

> Temos um problema real: não somos os únicos a ficar excessivamente agitados diante do futuro. O público está ficando mais agitado. Minha filha de doze anos, que organizou greves a propósito do meio ambiente, está excessivamente agitada. Meu filho de catorze anos, meu filho de 43 anos, minha filha de 53 anos e minha filha de 42 anos — todo mundo à minha volta — estão excessivamente agitados com a possibilidade de mudar o futuro e com os

Democracia profunda 193

meios que temos para aproximá-lo de nós. A melhor metodologia é adotar uma Lei de Futuras Gerações.[28]

Sentado na plateia, eu observava o debate que se seguiu, e fiquei surpreso com o grande número de figuras públicas eminentes que falaram em apoio à iniciativa, entre elas o sociólogo Anthony Giddens, o economista Richard Layard e o astrofísico Martin Rees. Ficou impressionantemente claro que a questão da justiça intergeracional tinha finalmente chegado à maioridade: houve menções ao pensamento de catedral e até às lições de longo prazo dos esgotos vitorianos de Joseph Bazalgette.

Os desafios, no entanto, são enormes: mesmo que o Reino Unido tenha seu próprio comissário, para impactar seriamente qualquer assunto ele precisará ter poderes substanciais, como ser capaz de levar órgãos de governo ao tribunal se eles deixarem de cumprir seu dever público de seguir políticas de longo prazo em áreas como redução da pobreza infantil ou redução do carbono. Convencer membros da Câmara dos Comuns a conceder esses poderes irá requerer enorme pressão pública — e talvez uma crise como a do Grande Fedor, de 1858. Alguns ativistas adotaram uma abordagem diferente, concentrando-se, em vez disso, em estabelecer guardiões internacionais, como fizeram com a nomeação de um Alto Comissário para Futuras Gerações da ONU ou um conselho de alto nível de Guardiões Globais para Futuras Gerações. No entanto, pode ser ainda mais difícil assegurar a esses guardiões poderes de imposição que em nível nacional.[29]

O maior desafio, contudo, é que a própria ideia de ter guardiões do futuro pode ser criticada por carecer de legitimidade democrática. Por que adolescentes irritados fazendo greve não deveriam ter eles próprios algo a dizer em vez de ter de depender de representantes adultos? Além disso, quem vai exigir que o guardião preste contas e assegurar que ele realmente expresse as múltiplas perspectivas de futuros cidadãos de diferentes estratos sociais?[30] É por isso que é melhor enxergar o modelo do guardião como um primeiro passo rumo a uma forma mais radical e participativa de renovação democrática: as assembleias de cidadãos.

Assembleias de cidadãos

Numa entrevista sobre o persistente apoio do governo do Canadá à indústria de combustíveis fósseis, apesar de suas promessas de descarbonizar a economia, o ecologista David Suzuki expressou sua frustração com um sistema político em que "princípios e ideais não valem porcaria nenhuma". Quando perguntado o que faria para resolver o problema da prevalência do curto prazo na política, ele respondeu:

> Precisamos de um sistema em que tiramos políticos da cartola, da mesma maneira como formamos nossos júris. As pessoas deveriam ser encarregadas de servir por seis anos — elas não têm nenhum partido político, sua única tarefa é governar o melhor possível. Não há nenhuma possibilidade de isso vir a acontecer algum dia, mas, quando pensamos sobre ele, esse é o único sistema que iria funcionar.[31]

O sonho de Suzuki não está tão distante da realidade política. Em 2016, o parlamento irlandês criou uma Assembleia de Cidadãos composta de cem pessoas aleatoriamente selecionadas. Elas passaram vários meses deliberando sobre questões que incluíam aborto, mudanças climáticas e envelhecimento da população. Sua recomendação de legalizar o aborto foi acolhida pelo parlamento, com o referendo resultante fazendo história constitucional quando os votantes anularam a proibição. Cidades na Espanha e na Bélgica têm agora assembleias de cidadãos permanentes que alimentam o governo municipal, ao passo que aproximadamente um em cada sessenta canadenses foi convidado a participar deles em cidades por todo o país.[32] Em 2019, o parlamento britânico concordou em criar a Assembleia Climática do Reino Unido, um corpo de cidadãos que discutirá como o Reino Unido deve responder às emergências climáticas e implementar o objetivo do governo de zerar suas emissões líquidas de carbono até 2050.

A ascensão de assembleias de cidadãos sinaliza um desenvolvimento extraordinário na história da democracia moderna: um ressurgimento do antigo modelo ateniense de democracia participativa. Mas, diferentemente

Democracia profunda   195

de organismos atenienses como o Conselho dos Quinhentos, do qual podiam participar apenas cidadãos do sexo masculino, as assembleias de hoje foram concebidas para ter muito mais diversidade.[33]

Especialistas em democracia deliberativa argumentam que as assembleias de cidadãos podem ser extremamente eficazes para transcender a tendência de privilegiar o curto prazo por três razões principais. Em primeiro lugar, ao serem compostas de membros de uma ampla variedade de estratos, elas não refletem simplesmente as preocupações de grupos privilegiados na sociedade quanto ao futuro. Em segundo lugar, a prática de selecionar aleatoriamente cidadãos comuns (conhecida como "sorteio") limita efetivamente a dominação das assembleias por atores políticos e econômicos fortes que muitas vezes são impelidos por interesses de curto prazo, egoístas. Em terceiro lugar, assembleias de cidadãos são um exercício de "pensamento lento", concedendo aos participantes tempo e espaço para aprender e refletir sobre questões de longo prazo com que a sociedade se defronta. Esses fatores, mostra o cientista político Graham Smith, ajudam a explicar por que assembleias de cidadãos "têm melhor desempenho que instituições democráticas ao orientar participantes a considerar implicações de longo prazo".[34]

Mas podem cidadãos de hoje realmente se colocar no lugar de futuras gerações e representar seus interesses eficazmente? No Japão, o movimento Future Design está tentando responder exatamente a essa questão. Liderado pelo economista Tatsuyoshi Saijo, do Instituto de Pesquisas para Humanidade e Natureza em Tóquio, e inspirado pelo princípio da sétima geração dos povos nativos americanos, o movimento vem sendo pioneiro numa forma singular de assembleia de cidadãos em municipalidades por todo o país. Um grupo de participantes registra a posição de residentes atuais e os membros do outro grupo imaginam que são "futuros residentes" do ano 2060, usando até mesmo trajes cerimoniais especiais que os ajudam a saltar no tempo. Múltiplos estudos mostraram que os futuros residentes concebem planos de cidades muitos mais radicais e progressistas em comparação com os atuais, particularmente em áreas como política ambiental e assistência médica. Embora os participantes sejam geralmente adultos, afiliados do Future Design em cidades como Tóquio estão agora começando a fazer experiências com a inclusão de estudantes do curso secundário. Em abril de 2019, o movimento obteve uma grande vitória quando a cidade de Hamada adotou a abordagem do movimento como a base para seu planejamento urbano de longo prazo. O movimento visa a criar finalmente um Ministério do Futuro como parte do governo central e um Departamento do Futuro dentro de todos os poderes governamentais locais, que usariam seu modelo de assembleia para a elaboração de políticas. "Devemos projetar estruturas sociais que ativem a futurabilidade que temos dentro de nós", diz Saijo. "Se não fizermos isso, nossa existência continuada estará ela própria em jogo."[35]

Aqui está um futuro que eu gostaria de ver em todo o mundo democrático: de tempos em tempos, cidadãos a partir de doze anos seriam aleatoriamente selecionados para participar de uma assembleia de cidadãos do "bom ancestral", a qual seria baseada, em linhas gerais, no movimento Future Design do Japão e na Assembleia de Cidadãos da Irlanda.[36] Esses "júris intergeracionais" debateriam as questões de longo prazo do momento — quem sabe, se a meta do governo de zerar suas emissões líquidas

Residentes de cidades do ano 2060, usando seus trajes cerimoniais

de carbono deveria ser antecipada em uma década, ou se novas regras são necessárias no campo das tecnologias de inteligência artificial. As assembleias, que ocorreriam em todo o país, lançariam mão de testemunhas especializadas e dariam voz igual a todos os participantes, inclusive os jovens. Elas teriam poderes que rivalizariam com o de legislativos eleitos ou de conselhos municipais, com autoridade para adiar ou vetar políticas que tivessem impacto negativo nos direitos básicos de pessoas não nascidas. Também possuiriam a capacidade de lançar legislações em áreas políticas de longo prazo decisivas como energia, água, habitação e pobreza infantil. As assembleias suplementariam o papel de outras instituições, como os comissariados de futuras gerações, mas seriam muito mais abrangentes e democráticas. Em alguns países, elas poderiam até substituir câmaras legislativas, tornando-se uma câmara popular de bons ancestrais.[37]

A democracia assumiu muitas formas e foi reinventada muitas vezes durante os últimos 2, 5 mil anos. A democracia representativa, que emergiu no século XVIII, está agora tão dominada pela tendência de privilegiar o curto prazo que pode estar com sua data de validade vencida, tendo pouca capacidade de atacar os desafios de longo prazo que enfrentamos. Este poderia ser o momento para tirar vantagem do ímpeto político por trás das assembleias de cidadãos e injetar um novo fluxo de democracia participativa no sistema.

Direitos intergeracionais

Um terceiro princípio para a efetivação de uma democracia profunda eficaz é incrustar os direitos de futuras gerações no sistema legal, especialmente no direito constitucional. O direito é importante não só por ser uma maneira de delimitar os interesses dos detentores do futuro e protegê-los da tendência ao curto prazo dos políticos em exercício, mas porque age como um ponto de referência a partir do qual assembleias de comissários e de cidadãos de futuras gerações podem se insurgir, julgar governos e responsabilizá-los.

É exequível outorgar direitos a pessoas que nem sequer estão vivas ou são capazes de reivindicá-los? Embora já haja leis para proteger os direitos de um feto não nascido ou de uma pessoa em coma que não é capaz de falar por si mesma, ainda poderia soar não realista o ato de outorgar proteção legal a pessoas que podem levar décadas para nascer e que só existem em nossa imaginação. Contudo, ativistas legais começam a fazer isso acontecer no mundo todo.

Em 1993, o advogado especializado em direito ambiental Antonio Oposa agiu em nome de 43 crianças (inclusive seus filhos) e ganhou uma causa histórica na Suprema Corte das Filipinas: cancelar licenças emitidas pelo governo que permitiam a derrubada de florestas antigas. Oposa alegou que as licenças violavam os direitos de gerações atuais e futuras a um ambiente saudável, que preservasse o "ritmo e a harmonia da natureza". Mais recentemente vimos o caso Urgenda, nos Países Baixos: em 2019, os tribunais se basearam na Convenção Europeia sobre Direitos Humanos ao decidir que o governo tem o dever legal de proteger seus cidadãos do impacto futuro das mudanças climáticas cumprindo suas autodeclaradas metas de redução de emissões de gases de efeito estufa.[38] A ideia de direito intergeracional está sendo posta à prova agora nos Estados Unidos, onde um grupo de 21 jovens com idades entre doze e 23 anos está tentando assegurar "o direito legal a um clima seguro e atmosfera saudável para todas as gerações presentes e futuras", processando o governo federal por apoiar a indústria dos combustíveis fósseis. A causa, movida pela organização Our Children's Trust, é apoiada por figuras tão peso pesado quanto o cientista do clima James Hansen e o economista Joseph Stiglitz, bem como pelo Earth Guardians, grupo ativista liderado por jovens que se inspiram no princípio da sétima geração.[39]

Entre os demandantes está o artista indígena de hip hop Xiuhtezcatl Martinez, que começou seu ativismo ambiental aos seis anos e discursou pela primeira vez para a Assembleia Geral da ONU aos quinze. Seu senso de administração e legado é profundo. "Meu pai me ensinou que proteger a Terra é uma responsabilidade, da mesma maneira que nossos ancestrais tinham a responsabilidade de fazer isso", ele diz. "Como jovens, nós per-

Democracia profunda 199

guntamos: o que queremos construir, o que queremos deixar para trás?"[40] Embora os 21 rebeldes do tempo possam não ter sucesso em sua batalha de Davi versus Golias contra a administração Trump, que está fazendo esforços desesperados para bloquear o processo judicial, o enorme apoio público e a atenção da mídia que eles ganharam significam que já estão criando um legado inspirador para ativistas da justiça intergeracional no mundo inteiro.[41]

Um desafio que todas essas campanhas baseadas em direitos enfrentam é a falta de mecanismos de execução. No mundo inteiro, governos continuam a violar os direitos humanos de indígenas, minorias étnicas, mulheres, sindicalistas, jornalistas, crianças e muitos outros, apesar da existência de leis nacionais e documentos internacionais como a Declaração Universal dos Direitos Humanos. Por que esperaríamos que governos protegessem os direitos de pessoas que estarão vivas no futuro se eles deixam tão manifestamente de proteger os direitos daqueles que estão vivos hoje? De fato, não deveríamos nos concentrar em assegurar os direitos das gerações atuais antes de sequer começarmos com futuras gerações? Essas lutas não andam, no entanto, separadas. As crianças de hoje são em si mesmas parte de nossas futuras gerações: trabalhando para assegurar seus direitos; por exemplo, investindo em sua assistência médica e educação, estamos promulgando os valores da justiça intergeracional. É precisamente por isso que o Índice de Solidariedade Intergeracional inclui medidas como taxas de mortalidade infantil e tamanhos das turmas na escola primária. Em outras palavras, lutar pelos direitos das crianças é ter um trampolim para assegurar os direitos de futuros cidadãos de maneira mais ampla. De forma semelhante, o caso Urgenda foi ganho com base nos direitos de cidadãos holandeses vivos a um clima seguro no futuro, e não nos direitos de gerações não nascidas, mas os benefícios vão se acumular para muitas gerações vindouras. Ainda que possamos estar a alguma distância de assegurar pleno reconhecimento de direitos para pessoas do futuro na maioria dos países, deveríamos agarrar todas as oportunidades de levar o sistema jurídico nessa direção.

Uma abordagem legal que segue um caminho alternativo é a de concentrar-se não em estabelecer direitos para futuras gerações, mas para a própria Terra. Se conferir direitos a uma entidade não humana como um planeta soa fantasioso, não se esqueça de que as corporações gozam de pessoalidade legal desde 1886, quando a Suprema Corte dos Estados Unidos considerou que era preciso outorgar-lhes "devido processo legal", um direito originalmente estabelecido para proteger escravizados libertos.[42] Em 2010, a Bolívia começou a abrir o caminho com uma nova luta por direitos planetários com sua Lei dos Direitos da Mãe Terra, que dá à natureza direitos iguais aos dos seres humanos. A Nova Zelândia seguiu o exemplo em 2017, concedendo ao rio Whanganui, que é sagrado para o povo maori, o mesmo status legal de uma pessoa, assegurando que ele será protegido contra a mineração e outras formas de violação ecológica.[43]

Pela lógica, o passo seguinte nesse processo seria estabelecer o "ecocídio" — a ampla destruição do mundo vivo natural — como crime passível de punição de acordo com uma lei internacional. Sua principal defensora, a advogada ambientalista britânica Polly Higgins (que morreu em 2019), descreveu o ecocídio como "o crime internacional que falta em nosso tempo". Ela argumentou de maneira convincente que ele deveria ser considerado um equivalente legal do genocídio ou da limpeza étnica, com os indivíduos primariamente responsáveis, como CEOS ou ministros de governo, sendo passíveis de processo pela Corte Criminal Internacional (CCI) de Haia. Fazer disso uma lei, ela afirmou, seria eminentemente exequível, exigindo apenas que dois terços dos Estados-membros a assinassem. Há uma ampla concordância entre estudiosos do direito de que ações como as de companhias madeireiras que danificam o ecossistema da floresta amazônica, ou de uma corporação petrolífera que desestabiliza o clima conscientemente, satisfariam a definição de ecocídio. Como Higgins mostrou, a mudança na mentalidade legal para o tratamento da Terra como um ser vivo em vez de uma propriedade privada inerte "muda drasticamente a maneira como olhamos para o tempo a longo prazo porque depois que vemos a nós mesmos como administradores legais, como guardiões, começamos a assumir responsabilidades perante futuras gerações".[44]

Críticos do ecocídio alegam que a CCI está longe de ser uma instituição que inspire confiança. Desde que foi fundada, em 2002, indiciou menos de cinquenta pessoas sob acusações como crimes de guerra e genocídio, e só condenou um punhado delas. Deve ser lembrado, contudo, que as instituições legais, como as próprias leis, não são imunes à mudança; a cci pode se tornar mais eficaz com o tempo. O crescente movimento para criminalizar o ecocídio se assemelha aos primeiros movimentos para abolir a escravidão nos anos 1780 por sua ambição e impacto potencial, para não mencionar a força dos que a eles se opunham por causa dos negócios. Polly Higgins pode vir a ser lembrada como os grandes ativistas antiescravidão do século XVIII. Pode ser lembrada também como uma boa ancestral.

Cidades-Estados autogovernadas

No antigo mito grego, Perseu foi capaz de matar a Medusa pois evitou seu olhar graças ao truque arguto de olhar para o reflexo dela em seu escudo; hoje podemos ser capazes de matar a Medusa do pensamento de curto prazo adotando uma estratégia similarmente oblíqua: fazer, de maneira radical, com que os Estados-nações devolvam o poder que têm hoje. Essa última maneira de redesenhar a democracia não é dirigida diretamente para expandir a voz ou os direitos de futuras gerações, mas serviria aos seus interesses, uma vez que dispersa o poder de tomar decisões a partir do governo central, instância comumente capturada por interesses corporativos e outros formadores de opinião inclinados a obter ganhos de curto prazo. Uma análise baseada no Índice de Solidariedade Intergeracional confirma isto: quanto mais descentralizado é um governo em sua tomada de decisões, melhor é seu desempenho em termos de políticas públicas de longo prazo (assim, um país altamente federalizado como a Suíça tem pontuações particularmente boas).[45] Fazer essa mudança promoveria o que o economista Elinor Ostrom, ganhador do prêmio Nobel, chamou de "governança policêntrica", na qual a autoridade está espalhada entre múltiplas camadas encaixadas de governança desde os níveis locais até os globais.[46]

Não é fácil tirar poder de governos nacionais. Sendo assim, como poderíamos transformar esta ideia em realidade? Há uma abordagem que vale a pena adotar acima de todas as outras: reviver o antigo ideal grego da pólis, ou cidade-Estado autogovernada. A razão mais óbvia para fazê-lo é que isso já está acontecendo. Em todo o mundo, a crescente insatisfação com a política democrática em nível nacional está sendo acompanhada pela crescente proeminência e autonomia de cidades numa escala não vista desde a era das cidades-Estados da Renascença, como Florença ou Veneza.

O futuro humano é urbano. Uma proporção cada vez maior da população do mundo está vivendo não apenas em cidades, mas em "megacidades" de mais de 10 milhões de habitantes, da Grande São Paulo, com uma população de 21 milhões, à megalópole de Tóquio-Nagoya-Osaka (conhecida como o "Cinturão Taiheiyō"), que reúne mais de 80 milhões de pessoas. A China está atualmente se reorganizando em torno de duas dúzias de grupos de megacidades, cada um com uma população de até 100 milhões. As Nações Unidas preveem que em 2030 haverá 43 grupos de megacidades contendo dois terços da população do mundo e concentrando a parte mais vasta da riqueza global.[47]

As cidades não estão apenas absorvendo mais pessoas, estão também se tornando mais poderosas politicamente. Em junho de 2017, só uma semana depois que Donald Trump anunciou a retirada dos Estados Unidos do Acordo do Clima de Paris, 279 prefeitos do país — representando um em cada cinco americanos — prometeram, num gesto desafiador, apoiar o acordo em suas próprias cidades, como Boston e Miami. Na Inglaterra, não havia nenhum prefeito eleito diretamente no início do milênio, mas agora há 23, inclusive em cidades importantes como Londres e Manchester, e os pleitos eleitorais estão atraindo um número crescente de candidatos altamente qualificados. Essa nova geração de cidades autônomas vem se organizando em redes interdependentes, com as cidades C40, comprometidas a agir sobre as mudanças climáticas, o Parlamento Global de Prefeitos e as Cem Cidades Resilientes, projeto da Fundação Rockefeller. Essas redes são decisivas para a superação do impasse entre Estados-nações a respeito de desafios coletivos como a criação de acordos internacionais coercitivos sobre reduções de gases de efeito estufa. Especialista em relações internacionais, Parag Khanna afirma que estamos assistindo ao surgimento da

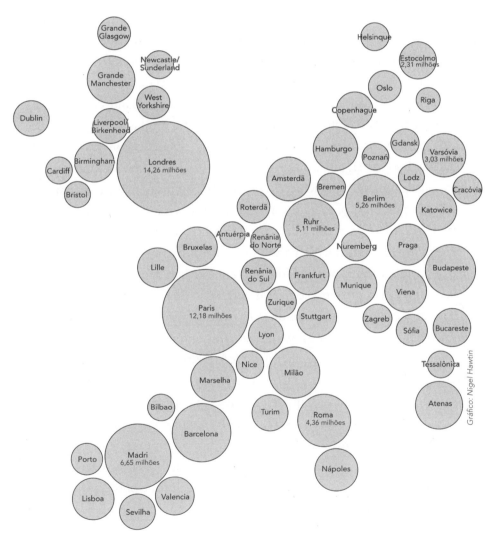

A Europa reimaginada como cidades-Estados

Tamanho das áreas metropolitanas com mais de 1 milhão de pessoas (baseado em dados do Gabinete de Estatísticas da União Europeia, 2018) "diplomacidade", em que cidades contornam governos nacionais e fazem acordos independentes sobre comércio e outras questões umas com as outras, de maneira muito parecida com a qual as quase duzentas cidades da Liga Hanseática faziam no norte da Europa nos séculos xv e xvi. "Estamos caminhando para uma era em que cidades vão importar mais que Estados", conclui Khanna.[48] A descentralização está se tornando um destino político. Imagine só a Europa com uma confederação de cidades-Estados do século xxi.[49]

Esse renascimento do poder das cidades deve-se, em parte, a um crescente reconhecimento de que elas são muito mais eficazes que Estados-nações para enfrentar problemas de longo prazo, como excessos ecológicos, pressões da migração e desigualdade de renda. Além disso, têm uma flexibilidade e uma adaptabilidade que as tornam resilientes diante da mudança, diferentemente de tantos governos nacionais, que muitas vezes sofrem de rigidez institucional e por estarem distantes das experiências vividas por seus cidadãos. Isso não significa que as cidades são uma forma política imaculada: toda cidade tem seus funcionários corruptos e empresas inclinadas a ganhos em curto prazo. Mas, se você está à procura de visão inovadora de longo prazo, é no nível da cidade que poderá encontrá-la. Precisamos de mais cidades como Freiburg, na Alemanha, onde carros particulares foram banidos para estacionamentos nos arredores de conjuntos residenciais, 40% das famílias não possuem um carro e mais de um terço de todos os deslocamentos é feito de bicicleta. Precisamos de mais cidades como Paris, onde a prefeita Anne Hidalgo enfureceu os motoristas construindo centenas de quilômetros de ciclovias e convertendo estradas em parques públicos. Precisamos de mais cidades como Inje, na Coreia do Sul, que gera 93% de sua energia a partir de fontes renováveis, quase metade dela eólica. Precisamos também da criatividade de cidades como Bogotá na Colômbia, onde o ex-prefeito Antanas Mockus substituiu guardas de trânsito corruptos por quatrocentos mímicos que levantavam cartões amarelos e vermelhos como os usados no futebol para motoristas que cometiam infrações. E funcionou: as infrações de trânsito despencaram e uma década depois o número de fatalidades das estradas havia caído à metade.[50]

Democracia profunda

O potencial da cidade não deveria nos surpreender. As cidades foram locais de solução pragmática de problemas e planejamento de longo prazo eficaz desde que os primeiros grandes centros urbanos emergiram na antiga Mesopotâmia, fornecendo às suas populações sistemas de drenagem, banhos públicos e traçados de ruas em grade. Mas as cidades de hoje ainda têm muito trabalho a fazer. A maior parte das cidades de renda elevada tem uma pegada ecológica —a área de terra e água requerida para suprir suas necessidades e assimilar seus resíduos — várias centenas de vezes maior do que seus territórios. O que realmente precisamos, afirma o ecologista William Rees, é criar "cidades-Estados biorregionais" que se autossustentem e que estejam integradas com seus ecossistemas locais em vez de parasitá-los.[51] Essas iniciativas deveriam ser suplementadas com o poder da democracia digital, dando à população local o direito de opinar na tomada de decisão por votação eletrônica e outras formas de engajamento público on-line. Exemplos inovadores incluem o Decide Madri, uma plataforma de tecnologia que registrou mais de 200 mil cidadãos que atuam em processos participativos de elaboração de orçamento alocando mais de 100 milhões de euros de fundos da cidade anualmente.[52] Todas as cidades deveriam estar se esforçando a fim de fortalecer seus cidadãos de tal modo que seus celulares se tornem uma ferramenta de bolso para que a renovação democrática seja feita por pessoas comuns.

Estados-nações são uma invenção histórica recente e só passaram a ser a forma dominante de organização política nos últimos dois séculos. As cidades, por outro lado, são a maior e mais duradoura tecnologia jamais inventada pela humanidade. É por isso que cidades como Istambul duraram dois mil anos, ao passo que impérios e nações ascenderam e caíram em volta delas. O Estado-nação ainda ficará conosco por algum tempo, arrastando-nos para seu vórtice de predomínio do curto prazo. Mas, para que a humanidade possa ter um futuro de longo prazo, as velhas fronteiras políticas devem desaparecer e o poder deve ser arrancado das garras da autoridade do Estado centralizado. Nossa grande esperança reside em nos tornarmos cidadãos de uma pólis do século XXI.

Poder político e a janela de Overton

As quatro abordagens à democracia profunda que abordamos não são as únicas opções disponíveis para aperfeiçoar o pensamento de longo prazo e promover a justiça intergeracional na vida política. Algumas estratégias alternativas, encontradas numa série de países, incluem:

Estabelecer "cotas da juventude" parlamentares como as vigentes na Tunísia: desde 2014, pelo menos um dos quatro principais candidatos numa lista partidária para as eleições parlamentares deve ter menos de 35 anos.

Rebaixar a idade mínima para o voto de dezoito para dezesseis anos, como ocorreu na Áustria e no Brasil, com base no argumento de que, em muitas nações, a existência de populações mais longevas faz com que os interesses de eleitores mais velhos prevaleçam sistematicamente sobre aqueles de jovens sem direito ao voto.

Monitorar e classificar o "impacto intergeracional" de orçamentos governamentais, o que ocorre nos orçamentos federais canadenses desde 2019 como consequência de campanhas de pressão movidas por grupos de jovens.

Criar "dispositivos de compromisso", como fez o governo britânico ao estabelecer legalmente o compromisso de chegar ao nível zero de emissões líquidas de carbono, tal como recomendado pelo estatutário Comitê de Mudanças Climáticas.

Isolar áreas políticas decisivas de intromissão política de curto prazo, como o Comitê de Política Monetária do Banco da Inglaterra, que fixou a taxa oficial de juro no Reino Unido desde 1977.

Desenvolver melhores capacidades de previsão, como o Centro para Futuros Estratégicos de Cingapura, que age como um proeminente *think tank* dentro do gabinete do primeiro-ministro.[53]

O problema com muitas dessas estratégias é que lhes falta um gume radical e elas pouco fazem para contestar as estruturas arraigadas de poder. Será

Democracia profunda

que instituições que não respondem a ninguém, como o Comitê de Política Econômica do Reino Unido, servem realmente aos interesses de futuros cidadãos quando quatro de seus nove membros atuais trabalharam para grandes bancos de investimento? Introduzir cotas parlamentares para a juventude irá evitar que empresas tecnológicas e companhias petrolíferas usem seu poder de exercer pressão financeira para assegurar leis e políticas que lhes sejam vantajosas?

Em cada caso a resposta é "provavelmente não". É por isso que precisamos dos quatro princípios da democracia profunda, que são grandes mudanças estruturais cujo papel é fazer muito mais que desmantelar a preponderância do pensamento de curto prazo enraizado no sistema político.

A dificuldade, no entanto, é que uma mudança política fundamental é um fenômeno raro, algo que requer uma confluência de fatores díspares combinando-se numa fórmula bem-sucedida capaz de levar à transformação.[54] É vital ter ideias poderosas e visionárias para suplantar o velho sistema, como cidades-Estados autogovernáveis, direitos intergeracionais, assembleias de cidadãos e guardiões do futuro. Mas isso é apenas o começo. Essas ideias precisam ser respaldadas por movimentos sociais extremamente motivados e eficazes, amparados por uma massa crítica da população. É útil também que haja uma crise que ameace aqueles que dominam o sistema e solape seu poder e autoridade, o que poderia ser qualquer coisa — de uma guerra a um colapso financeiro. Depois, acrescentemos alguma mudança tecnológica, uma estratégia inteligente e um pouquinho de sorte, e poderemos ter a chance que esperamos.

Apesar desses obstáculos, a luta por democracia profunda já está criando uma nova conversa pública, que vem mudando a "janela de Overton" — a gama das políticas aceitáveis na política convencional num dado momento. Pense no grau de pressão a que os governos estão submetidos agora para descarbonizar suas economias desde que teve início a ascensão de movimentos rebeldes, como as Greves das Escolas pelo Clima. Zerar emissões líquidas em 2050 está começando a soar como um alvo fraco e conservador, ao passo que datas que anteriormente pareciam extremas, como os anos 2030, foram normalizadas. A janela de Overton se deslocou numa distância considerável. Isso pode não só ajudar a transformar a política interna em muitos países como também encorajar governos nacionais a firmar compromissos mais corajosos na mesa de negociação internacional, assegurando os mecanismos globais necessários para atacar a crise planetária com que nos defrontamos.

Em muitos países, os rebeldes do tempo lutarão contra a inércia política e poderosos interesses particulares, mas em outros eles irão obter, gradualmente, uma colcha de retalhos com os ganhos que começam a alterar a paisagem democrática. Deixemos para trás o mito do ditador benevolente que virá a galope nos salvar e depositemos nossa fé no espírito pioneiro dos rebeldes do tempo que fazem política.

10. Civilização ecológica
Do capitalismo especulativo à economia regenerativa

NUM REFÚGIO NA MONTANHA TRÊS HORAS a oeste de Tóquio, há um hotel de águas termais isolado chamado Nishiyama Onsen Keiunkan. É o hotel mais antigo do mundo, tendo recebido hóspedes em seus quartos de piso de tatame desde o ano 705. O Japão é legendário por esses empreendimentos antigos, em atividade há mais de mil anos, incluindo cervejarias, fabricantes de quimonos e construtoras de santuários. O país abriga mais de 3 mil empresas que existem há pelo menos dois séculos, grande parte delas firmas familiares. Nelas foram transmitidas não só a propriedade, mas habilidades tradicionais que passaram de geração em geração, assegurando sua sobrevivência a longo prazo.[1]

Uma visão de longo prazo pode também ser discernida em meio a alguns dos principais atores corporativos do Japão, como a gigante tecnológica SoftBank. "Criaremos uma companhia que poderá crescer nos próximos trezentos anos", diz seu fundador Masayoshi Son. Seu carro-chefe, o Vision Fund, de 100 bilhões de dólares, fez investimentos previdentes em setores como robótica, veículos autônomos, tecnologia de satélites e genômica. Son é um grande fã da inteligência artificial, acreditando que "a corrida do ouro em inteligência artificial está chegando para valer" e que não vai demorar para que "a Terra se torne um grande computador".[2]

Tal qual investidores como Warren Buffett, Son é considerado a prova viva de que existe uma tendência crescente no pensamento corporativo que reconhece as virtudes de adotar a visão de longo prazo. "Empresas de longo prazo exigem desempenhos financeiros mais fortes com o passar do tempo", conclui um relatório da firma de consultoria em administração

McKinsey. Empresas que se concentram em objetivos de crescimento a longo prazo e investem em pesquisa e desenvolvimento têm melhor desempenho que aquelas voltadas apenas a atingir metas trimestrais e manter elevado o preço de sua ação. Entre 2001 e 2014, elas tiveram receitas 47% mais elevadas, lucros 81% maiores e sobreviveram melhor às crises financeiras que suas concorrentes míopes. A prática de tomar decisões levando em conta objetivos e consequências de longo prazo parece ser boa para a economia também: McKinsey estima que o PIB dos Estados Unidos seria alavancado em 0,8% anualmente se todas as empresas de capital aberto adotassem essa abordagem estratégica.[3]

É hora de apertar o botão do *pause* por um momento.

O problema com essas estatísticas é que elas pressupõem que a meta do pensamento econômico de longo prazo tem a ver unicamente com retornos financeiros e crescimento econômico. Este capítulo adota uma visão alternativa, argumentando em favor de uma referência radicalmente diferente: criar uma economia global que satisfaça necessidades humanas dentro dos meios biofísicos do planeta, geração após geração. Trata-se de aspirar a uma "civilização ecológica", descrita pelo pensador econômico visionário David Korten como uma civilização que "assegura suficiência material e abundância espiritual para todos em equilíbrio com os sistemas regenerativos de uma Terra viva".[4]

Será realmente possível nos curarmos de nossa dependência de ganhos financeiros, crescimento do PIB e cultura de consumo, e perseguir uma visão econômica que respeite o mundo vivo? Isso é precisamente o que os membros de uma nova estirpe de rebeldes do tempo ligados à economia estão tentando. Eles não são altos investidores como Son ou Buffett, mas um grupo crescente de economistas ecológicos, urbanistas e empreendedores sociais pioneiros — do Brasil a Bangladesh e à Bélgica. Seu sucesso não está de maneira alguma garantido: eles lideram uma rebelião frágil, embrionária, que poderia facilmente fracassar em face do sistema existente. De fato, as probabilidades históricas estão contra eles. Mas sua luta oferece esperança a todos aqueles que buscam um mundo próprio para a

Civilização ecológica

posteridade. Então, com que desafios eles se defrontam, como estão pensando e o que estão fazendo para forjar um caminho rumo a uma economia regenerativa de longo prazo?

Finança especulativa e o grande curto

Para resumir o problema: o pensamento de curto prazo está embutido no código genético do paradigma neoliberal, que passou a dominar o pensamento econômico desde que foi solto no mundo nos anos 1980 pela ideologia de livre mercado de Margaret Thatcher e Ronald Reagan.

Sua expressão mais completa foi o nascimento de uma nova era de capitalismo especulativo. A desregulamentação financeira promovida por economistas neoliberais como Milton Friedman ofereceu oportunidades para lucros consideráveis nos mercados, mas foi acompanhada por uma catastrófica série de altos e baixos como a Segunda-Feira Negra em 1987, a crise financeira asiática de 1997, o estouro da bolha das pontocom em 2000 e a crise financeira global de 2008, em que milhões de pessoas perderam seus meios de subsistência e casas. De 1970 a 2016, o período médio de aquisição de ações na Bolsa de Valores de Nova York caiu de cinco anos para apenas quatro meses.[5] A tecnologia digital alimentou esse encolhimento dos horizontes do tempo financeiro: os Rothschilds usavam pombos-correios para tirar proveito do resultado da Batalha de Waterloo em 1815, ao passo que as redes de fibra óptica e micro-ondas de hoje significam que o comércio de ações pode demorar menos de um milissegundo (e isso é trezentas vezes mais rápido que um piscar de olhos). Esta é uma era do "Grande Curto", do dólar rápido e do algoritmo de fração de segundo.[6]

A prevalência do pensamento de curto prazo foi igualmente visível no desejo liberal de reduzir o Estado por meio da privatização. Especialmente a partir dos anos 1990, bens do Estado que valiam bilhões, inclusive redes de ferrovias, empresas de fornecimento de água e centrais elétricas, foram vendidos para mãos privadas tanto em países ricos quanto nos pobres, muitas vezes sob pressão do Fundo Monetário Internacional (FMI). Esse pode ter sido um conserto rápido e útil para fazer face à dívida pública, mas representou uma perda a longo prazo de bens públicos que estavam destinados a ser uma herança compartilhada por gerações futuras.

A crescente influência do setor financeiro também alimentou o ímpeto em direção ao pensamento de curto prazo. Em 2011, 45 das cinquenta maiores corporações multinacionais eram bancos ou companhias de seguros. À medida que se tornaram gradualmente os acionistas dominantes de grandes corporações manufatureiras, de mineração e serviços, essas multinacionais procuraram exercer pressão de curto prazo sobre elas por meio das duas medidas de ouro da origem financeira: valor para o acionista e retorno sobre o investimento (*Return On Investment*, ROI, na sigla em inglês). Grandes investidores começaram a aumentar suas metas de ROI para as companhias que controlavam, mantendo-as focadas em atingir metas financeiras em apenas alguns meses ou até semanas.[7]

O neoliberalismo ofereceu ao mundo um modelo econômico que negava a realidade do futuro. Seria injusto, no entanto, atribuir toda a culpa por essa miopia aos adeptos do livre mercado e aos gananciosos de Wall Street. Os três principais modelos de desenvolvimento econômico que prevaleceram desde o fim da Segunda Guerra Mundial — neoliberalismo, keynesianismo, seu predecessor, e o marxismo — tinham todos em comum a crença num crescimento econômico interminável como sendo o caminho ideal para o progresso humano.[8] É essa fé subjacente no crescimento que representa o maior desafio quando se trata de assegurar um longo futuro para a humanidade. Como disse o economista Kenneth Boulding no início dos anos 1970, "qualquer pessoa que acredite que crescimento exponencial pode prosseguir para sempre num mundo finito é ou um louco ou um economista".[9]

O chiste de Boulding pode ter enfurecido economistas convencionais, mas assinalou a ascensão de um novo modelo de pensamento econômico que punha os interesses de longo prazo das pessoas e do planeta em seu cerne.

Civilização ecológica 213

O Lórax, o Donut e a ascensão da economia ecológica

A crítica de Boulding ao crescimento é mais bem explicada não por um economista, mas por um autor de livros infantis, dr. Seuss, em seu clássico de 1971 *O Lórax*. Descrito pela revista de ciência *Nature* como uma espécie de *Primavera silenciosa* para a turma do playground, ele conta a história de uma criatura, Once-ler, que chega a uma bela terra de abundância.[10] Once--ler inicia um negócio e passa a vender uma roupa estranha, mas apreciada, chamada *thneed*, feita com as folhas sedosas das trúfulas, as árvores locais. O guardião das árvores, Lórax, tenta impedi-lo de derrubar as árvores, mas isso é inútil. O Once-ler está decidido a "agigantar" sua fábrica de *thneed* cuspidora de fumaça, aumentando o tamanho de suas carroças e fazendo crescer seu dinheiro — "Eu tinha de ficar maior. Por isso maior eu fiquei", ele narra. Logo as árvores tinham todas desaparecido, a vida silvestre estava morta, a água poluída e o Once-ler sem empresa. O único consolo nessa fábula ambiental aparece no fim, quando a última semente sobrevivente de trúfula é dada a um menino para regenerar a paisagem arrasada.

A história contém uma dura advertência para a economia de consumo global de hoje, ajustada para crescer cada vez mais apesar das destrutivas consequências de longo prazo: a meta do crescimento econômico perpétuo irá por fim sucumbir à lógica de *O Lórax*.

Quando o assunto é economia, dr. Seuss pode ter sido um rebelde do tempo precoce, mas não estava sozinho. Precisamente quando *O Lórax* começava a ser lido para as crianças na hora de dormir, nos lares da América do Norte e da Europa, um novo ramo da economia com um programa igualmente radical começava a emergir. Tratava-se do campo hoje conhecido como economia ecológica. Durante muitos anos, ela definhou na obscuridade. No início dos anos 1990, quando eu estudei economia e fiz, depois, uma breve incursão na carreira de jornalista financeiro, certamente jamais ouvi falar dela. Mas hoje a economia ecológica começa a se aproximar da ideologia dominante, o que é uma boa notícia porque oferece aos aspirantes a bons ancestrais uma visão econômica de longo prazo que é essencial.

Um momento icônico na história da origem da economia ecológica é a publicação do relatório *Limites do crescimento* em 1972, em que um grupo de pensadores de sistemas do MIT liderados por Donella e Dennis Meadows usou a modelagem computacional para mostrar que, "se as atuais tendências de crescimento na população mundial, poluição, produção de alimentos e esgotamento de recursos continuarem inalteradas, os limites para o crescimento neste planeta serão atingidos em algum momento nos próximos cem anos". Ele conclui que o resultado mais provável seria o colapso civilizacional e um declínio fundamental no bem-estar humano, embora importantes mudanças nas políticas poderiam permitir uma transição suave para uma economia pós-crescimento.[11]

Recebido pela maioria dos economistas com incredulidade, o estudo foi ridicularizado, mas hoje é reconhecido por muitos como profético. Um de seus principais divulgadores foi o economista ecológico Herman Daly. Sua ideia crucial — uma ideia que é ao mesmo tempo enganosamente simples e capaz de transformar nossa perspectiva — é que a economia é um subsistema da biosfera mais ampla que é finito e não crescente em tamanho, o que significa que a produtividade material da economia não pode continuar crescendo para sempre. "A humanidade", diz Daly, "deve fazer a transição para uma economia sustentável — uma economia que presta atenção nos limites biofísicos inerentes do ecossistema global de modo a poder continuar a operar num futuro distante."[12] Isso, portanto, significa não usar recursos da Terra e não criar lixo mais depressa do que eles podem ser naturalmente regenerados e absorvidos.

Tudo isto parece senso comum, e reflete a visão de um planeta único e próspero discutida no capítulo 8. Mas é improvável que você encontre essa abordagem nos livros comuns de economia, em que os impactos ecológicos do uso de recursos são comumente considerados "externalidades" — um tipo de dano colateral que é excluído dos sinais de preço do mercado, ao passo que diagramas centrais como o fluxo circular de renda mostram a economia situada contra um fundo branco, em vez de incrustada na biosfera.[13] Daly conta uma história reveladora sobre o tempo em que trabalhou no Banco Mundial: em 1992, o influente Relatório de Desenvolvimento

Civilização ecológica 215

Mundial, naquele ano intitulado *Development and the Environment*, trazia em seu esboço inicial um diagrama com um quadrado cuja legenda, "Economia", se encontrava sobre o familiar fundo branco. Em seus comentários, Daly sugeriu que em torno dele fosse desenhado um outro quadrado, com a legenda "Ambiente", a fim de mostrar que o primeiro era um subconjunto do segundo e que estava sujeito a seus limites. Quando recebeu o rascunho seguinte, a nova caixa estava lá como a moldura de um quadro ao redor da Economia, mas sem nenhuma legenda descritiva. Depois, na versão final, a caixa do ambiente foi completamente removida. De volta à estaca zero.[14]

Felizmente, os tempos mudaram e uma rebelião econômica está agora em pleno curso. Estão aparecendo novos modelos que questionam o velho paradigma ecologicamente cego e o que Daly chama de "mania de crescimento". Eles variam da economia circular e das ciências econômicas pluralistas à Economia do Bem Comum e o movimento de decrescimento. Entre essas alternativas destaca-se a economia Donut, criada pela economista Kate Raworth (ressalva: somos casados). Adotado por cidades ambiciosas, governos, empreendimentos progressistas e ativistas no mundo inteiro, o modelo do Donut de Raworth consiste em dois anéis (ver a seguir).[15] O anel exterior do Donut é um "teto ecológico" que compreende os nove Limites Planetários desenvolvidos por cientistas do sistema terrestre, dentre os quais estão Johan Rockström e Will Steffen: exceder limites decisivos, como o que ocorre nas mudanças climáticas ou na perda de biodiversidade, é algo que ameaça deixar em más condições todo o nosso sistema planetário delicadamente equilibrado, gerador de vida. Abaixo do anel interno do Donut, chamado de a "fundação social", encontra-se uma escassez no bem-estar humano básico, em que pessoas carecem de coisas imprescindíveis como comida, habitação e educação.[16]

Raworth afirma que a meta fundamental dos sistemas econômicos não deveria ser o crescimento interminável do PIB perseguido pela maioria dos governos, mas a decisão de nos colocarmos no "espaço seguro e justo para a humanidade". Ele se situa entre os dois anéis: em outras palavras, satisfazendo as necessidades das pessoas ao elevá-las acima da fundação social (de modo que ninguém seja deixado no buraco do Donut) sem ex-

Podemos viver dentro do Donut?

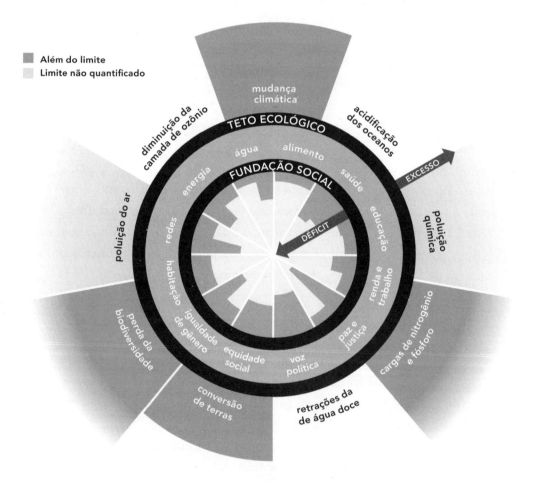

O Donut de limites sociais e planetários, de Kate Raworth. A área entre a Fundação Social e o Teto Ecológico é "o espaço seguro e justo para a humanidade". Os segmentos cinza-escuro mostram a extensão atual do déficit e do excesso da humanidade.

ceder o teto ecológico crítico. Então, onde estamos neste exato momento? No nível global, estamos fracassando de forma significativa em ambas as contas, com um déficit em todas as doze dimensões sociais, e excedendo quatro dos limites planetários para os quais existem dados. Este é um retrato devastador da humanidade no século XXI, uma chocante selfie coletiva para nosso tempo.

Bons ancestrais vão reconhecer que a ambição de entrar no Donut encarna a meta transcendental de um planeta único e próspero. Com ela satisfazemos as necessidades de gerações atuais e futuras sem exceder os sistemas cruciais para a sustentação da vida na Terra. Essa é uma meta inteiramente alinhada com a ideia de que, se quisermos assegurar nossa longevidade como espécie daqui a milhares de gerações, nossa primeira tarefa é aprender com a natureza, zelando pelo mundo vivo que cuidará da nossa prole. O Donut oferece uma maneira de vencermos o cabo de guerra contra a prevalência do curto prazo, pois confere importância ao lugar — nosso único e exclusivo lar planetário — em vez de simplesmente fazer com que nos concentremos na extensão de nosso senso temporal. Ao fazê-lo, fornece uma poderosa bússola para assegurar o bem-estar humano nos próximos séculos. Como Raworth observa, "no fim das contas esse é o único Donut realmente bom para nossa saúde a longo prazo".

Assim, tendo mudado de uma meta insustentável de crescimento interminável do PIB para prosperar com equilíbrio entre limites sociais e planetários, o que os rebeldes do tempo estão fazendo para realizar isso na prática?

Ampliação dos horizontes temporais e economia corporativa

Primeiro ele queria ser padre. Mas acabou se tornando CEO do conglomerado anglo-holandês Unilever, proprietário de produtos domésticos que vão do sabonete Dove à maionese Hellmann's. Em 2009, no dia em que assumiu o cargo, Paul Polman chocou seus acionistas abolindo os relatórios trimestrais, numa medida destinada a desafiar a constante pressão feita para provar que, a cada três meses, a companhia atingira a sagrada trindade de vendas crescentes, lucros crescentes e participação de mercado crescente. "Eu imaginei que não poderia ser demitido no meu primeiro dia", disse ele. Durante uma década Polman liderou uma cruzada pela sustentabilidade em toda a Unilever, aumentando o uso de matérias-primas oriundas de fontes sustentáveis, como óleo de palma e de soja, de 10% para 56% até se demitir, em 2019. Tudo isso era parte de seu plano de criar um negócio em que valores e propósitos importavam tanto quanto o resultado financeiro. "Ética significa fazer a coisa certa para uma perspectiva de longo prazo e tomar conta de sua comunidade, e essa é a maneira como você realmente quer que um negócio responsável seja gerido", disse ele.[17]

Embora o ímpeto de sustentabilidade de Polman tenha sido criticado muitas vezes por carecer de ambição e finalização, seu compromisso com a subsistência de futuras gerações é mais genuíno que o da maioria dos CEOS.[18] Um número crescente de líderes empresariais é especialista não só em *greenwashing*, "banho verde" (fazem apropriações ambientais não corroboradas para suas companhias), mas também naquilo que vejo como "banho longo" (forjam uma estratégia de longo prazo fundamentalmente em benefício do desempenho financeiro da firma, e não para o bem-estar do mundo de amanhã).

Se esperamos conduzir boa parte das economias em direção a um pensamento mais voltado para o longo prazo e que nos leve para o Donut, não podemos depender das ações voluntárias de homens de negócios progressistas como Polman. Eles são simplesmente raros demais e permanecem incrustados em companhias que continuam presas na camisa de força de maximizar os retornos para os acionistas (a Unilever entre elas). Uma solução inicial é os governos mudarem as regras do jogo por meio de regulamentos que estendam os horizontes temporais na economia corporativa.

Uma possibilidade seria limitar a imprudente tendência de privilegiar o curto prazo do capitalismo especulativo tributando as transações acionárias com base na extensão de tempo em que elas são mantidas. O pensador cultural e ex-CEO tecnológico do Vale do Silício Jeremy Lent sugere as seguintes taxas de impostos: 10% se a ação for mantida por menos de um

Civilização ecológica 219

dia, 5% se for por menos de um ano, 3% por menos de dez anos, 1% por menos de vinte anos e 0% por mais de vinte anos. "A indústria de serviços financeiros seria transformada da noite para o dia", diz ele. A transação de ações de alta frequência e os *traders* cujo lucro é obtido no mesmo dia desapareceriam, e a orientação de curto prazo do mercado de ações seria substituída por decisões de investimento de longo prazo cuidadosamente consideradas. Particularmente isso atrairia muito mais investimento em setores com retorno de mais longo prazo, como energia renovável.[19] O governo francês já está abrindo caminho para essa forma de "regulamentação do tempo", tendo introduzido uma taxa em negociações algorítmicas de alta frequência executadas em menos de meio segundo.[20]

Uma segunda opção seria contestar o dever de facto que têm as companhias de maximizar o retorno para o acionista. As corporações sempre afirmam que não poderiam dar prioridade a metas ambientais de longo prazo mesmo que quisessem, por causa da pressão de acionistas para que maximizem seus ganhos e a ameaça de serem processadas caso não o façam. Mas tudo isso mudaria se seus estatutos as obrigassem a proceder de outra maneira. Embora poucos governos nacionais pareçam propensos a contemplar uma mudança regulatória como essa no curto prazo, o movimento "B Corps" vem mostrando como isso pode ser feito. Uma Corporação de Benefícios certificada é um modelo de negócio inovador que tem por objetivo equilibrar propósito e lucro, em que se exige legalmente que companhias considerem o impacto de suas decisões sobre trabalhadores, clientes, fornecedores, comunidade e meio ambiente. Até agora, 2,5 mil firmas de mais de cinquenta países inscreveram-se voluntariamente, registrando esses requisitos em seus estatutos. São empresas pequenas em sua maioria, mas há alguns atores de grande vulto entre elas, inclusive a Patagonia, a Ben & Jerry's, a Kickstarter, a gigante brasileira de cosméticos Natura e a companhia verde de produtos de limpeza Seventh Generation.[21]

Será que esses tipos de mudanças regulatórias — bem como a abolição dos relatórios trimestrais ou a desvinculação da remuneração do CEO do desempenho financeiro de curto prazo — realmente vão nos levar para o Donut?[22] Infelizmente não. Elas podem ajudar a estender horizontes temporais econômicos, mas não irão deter todo o desperdício material, todos os danos ecológicos e todo o consumo de luxo que nos impeliram a usar recursos naturais numa taxa que excedia em muito a biocapacidade da Terra.[23] "Elas representam meros ajustes num sistema que, em última análise, precisa ser completamente transformado", admite Jeremy Lent, "mas, como modestos compensadores que ajudam a redirecionar um transatlântico, talvez possam começar a refrear a força destrutiva das transnacionais e reorientar seu enorme poder para um caminho mais sustentável."[24]

Então, que aspecto realmente acarretaria uma transformação econômica mais profunda — uma transformação que fosse além de simplesmente regular o modelo capitalista? Basta perguntar aos rebeldes do tempo que lideram o movimento do projeto regenerativo.

Como iniciar uma rebelião regenerativa

A maior parte das tentativas de desafiar sistemas econômicos dominantes no passado fracassou. As economias planejadas do socialismo de Estado sobreviveram por meio século, mas agora quase não podem ser vistas em lugar nenhum. As grandes esperanças do movimento cooperativo no século XIX gradualmente desapareceram, só sobrevivendo em regiões pequenas como Mondragón, na Espanha. Hoje estamos testemunhando outro corajoso esforço para desafiar a hegemonia do sistema de mercado: o projeto regenerativo, um movimento emergente em seus primeiros estágios de vida, e suas chances de sucesso são reconhecidamente exíguas. Mas, se esperamos ter, algum dia, um modelo econômico que substitua a dependência do crescimento por uma visão mais sustentável, ele terá o pensamento regenerativo em seu núcleo.

O projeto regenerativo é uma abordagem holística ao projeto que nos pede para considerar o modo como nossa maneira de fazer compras, comer, trabalhar e viver pode ter lugar dentro dos limites biofísicos do planeta, sem menosprezar os sistemas ecológicos de que toda vida depende ou nos arremessar num precipício de aquecimento global. Tem a ver com

Civilização ecológica 221

processos que são capazes de restaurar, renovar e revitalizar suas próprias fontes de energia e materiais, tornando-as sustentáveis e resilientes por um prazo muito longo — décadas e séculos em vez de meses e anos.[25] Os rebeldes regenerativos de hoje levaram sua luta para quatro áreas cruciais: economia circular, produção cosmolocal, energia democrática e "refaunação".

Imagine que você está andando por um shopping center local. A maior parte dos produtos que vê — de meias e smartphones a cotonetes e desodorantes — é feita segundo um antiquado modelo linear de projeto industrial que Kate Raworth resume como "pegar, fazer, usar, perder". Tomamos materiais da Terra, os transformamos em coisas que queremos, as quais usamos por algum tempo — às vezes em só uma ocasião — e em seguida as jogamos fora. E é esse modelo econômico degenerativo linear que nos empurra para a borda de limites planetários.[26]

Um modelo alternativo conhecido como "economia circular" de projeto regenerativo está ganhando terreno. É aqui que os produtos estão continuamente sendo transformados em novos, por meio de processos circulares que minimizam o desperdício. Um material biológico como pó de café poderia ser primeiro usado para fazer sua infusão matinal, depois transformado em composto para o cultivo de cogumelos, depois enviado a uma fazenda para se tornar alimento para o gado e, por fim, devolvido ao solo como esterco. Para materiais manufaturados, como aço ou plástico, o processo é similar, com o material sendo usado muitas e muitas vezes com reparo, reforma, adaptação e reciclagem. Num sistema circular, resíduo é uma coisa que não existe: é apenas um recurso no lugar errado. No campo da manufatura, isso equivale a passar de um conceito linear de tempo para um conceito circular, gerando um "eterno retorno" de longo prazo de recursos planetários.

Milhares de empresas e empreendimentos sociais têm manifestado interesse pela mentalidade circular. A companhia canadense de resíduos Enerkem extrai carbono de lixo doméstico que não pode ser reciclado e o transforma num gás para fazer biocombustíveis verdes, um processo que ajudou a cidade de Edmonton a reutilizar 90% de seus resíduos e reduzir o aterro sanitário em 100 mil toneladas por ano.[27] Para provar suas credenciais circulares, em 2018 a companhia de roupas de esporte Houdini abriu a primeira instalação de compostagem de roupas do mundo. Os clientes podem levar suas roupas usadas de lã orgânica até lá, jogá-las em caixas de compostagem e depois usar o solo produzido a partir delas para cultivar legumes e apreciar uma saborosa refeição feita a partir de seu velho casaco de inverno.

Parece ótimo, mas onde está o problema? Na economia circular, fechar o ciclo e eliminar o resíduo ambiental pode ser dispendioso. Um resultado é que as roupas de esporte da Houdini são caras. É claro, diz a companhia — isso acontece porque estão cobrindo todos os custos ambientais da produção, diferentemente da concorrência. Mas a realidade é que, sem maiores mudanças comportamentais, a maioria das pessoas continuará buscando pechinchas na Primark ou na H&M, e os produtos da Houdini continuarão sendo destinados a um nicho. O que é realmente necessário é propagar o modelo circular para a economia como um todo.

O movimento Fab City concentra-se exatamente nessa tarefa. Suas origens remontam a 2014, quando o prefeito de Barcelona desafiou as cidades do mundo a "produzir tudo que consomem" até 2054.[28] Desde então, o movimento brotou em mais de trinta cidades, de Santiago a Shenzhen, não só promovendo a criação de uma economia circular de emissão zero, mas pondo em prática uma inovadora filosofia de fabricação conhecida como "produção cosmolocal".

A ideia básica desta segunda abordagem ao projeto regenerativo é que "átomos são pesados e bits são leves": faz sentido fabricar produtos (feitos de átomos) localmente para reduzir custos de transporte e uso de energia, e baseá-los em projetos (feitos de bits de informação) que são livremente disponíveis em todo o globo através de plataformas digitais de código aberto. Frequentemente ouvimos falar de softwares de código aberto, como Linux, Drupal ou Firefox, mas o movimento Fab City está olhando também para hardwares de código aberto. O inventor polonês-americano Marcin Jakubowski, por exemplo, criou o que ele chama de Global Village Construction Set, compreendendo planos comunitariamente desenvolvidos e gratuitos que podem ser baixados para a construção de cinquenta

Civilização ecológica 223

máquinas essenciais — de tratores a impressoras 3D — cujo custo de produção fica bem abaixo do valor comercial regular. "Nossa meta", ele diz, "é ser um repositório de projetos publicados tão claros e tão completos que um único DVD gravado constitua de fato um kit para dar início à civilização."[29] Seu trabalho inspirou outros como o Open Building Institute e a WikiHouse, que oferecem projetos para moradias ecológicas modulares de baixo custo passíveis de ser manufaturadas e construídas localmente. Muitas dessas organizações podem agora ser encontradas nos *makerspaces* que brotam em toda a África, do Benim à Nigéria.[30]

Como muitas ideias transformativas, o cosmolocalismo está lutando contra um sistema econômico existente que poderia facilmente sufocá-lo. Seria ótimo viver numa casa adquirida por uma pechincha, com baixa emissão de carbono, que chegasse como um pacote achatado de uma loja de departamentos e cuja construção demandasse apenas alguns meses, mas, dados os altos preços da propriedade urbana, como você poderá pagar o terreno em que vai construir, a menos que esteja disposto a viver a quilômetros de distância de qualquer lugar? Embora devamos ser realistas sobre suas perspectivas, Michel Bauwens, guru da economia compartilhada conhecida como *peer to peer*, acredita que a produção cosmológica tem um potencial de mudar o jogo para "diminuir radicalmente a pegada humana em recursos naturais, que precisam ser preservados para futuras gerações e todos os seres do planeta".[31] Além disso, ela possui também adaptabilidade e flexibilidade inerentes, criando economias que tendem a responder a necessidades locais e são resilientes à mudança: baseada na produção cosmolocal, cada cidade terá um aspecto diferente, valendo-se da inovação de seus hábeis produtores locais.

Nem é preciso dizer que uma economia plenamente regenerativa seria 100% energizada por luz solar, vento, ondas e outras fontes renováveis. Se quisermos nos manter abaixo de 1,5°C de aquecimento planetário, não temos escolha senão descarbonizar completamente nossos sistemas de energia dentro de duas décadas, no máximo. Enormes passos estão sendo dados nessa área: mais de cem cidades geram agora mais de 70% de sua eletricidade a partir de fontes renováveis, de Dar es Salaam, na Tanzânia, a Curitiba, no Brasil.[32] Mas o desenvolvimento realmente empolgante é o que o teórico social Jeremy Rifkin chama de "democratização da energia".[33] Isso se refere ao crescimento de microrredes de energia renovável que permitem que casas não só produzam sua própria eletricidade solar, mas vendam seu excedente aos vizinhos, por meio de sistemas horizontais ao estilo *peer to peer*. Isso não está acontecendo tampouco somente em países ricos como a Alemanha. Em Bangladesh, dezenas de milhares de pessoas — muitas delas mulheres pobres da zona rural — foram treinadas para se tornarem engenheiras solares em suas próprias aldeias, instalando sistemas solares em mais de 4 milhões de casas sob um programa governamental de "eletrificação em enxame". Até 2030, mais de 10 mil sistemas de microrrede estarão conectando casas geradoras de energia pelo país como parte da revolução solar que mais rapidamente cresceu no mundo.[34]

A virtude desse modelo é que ele tanto é distributivo quanto regenerativo: ajuda a tirar as pessoas da fundação social do Donut ao dar a elas a capacidade de produzir eletricidade de maneira muito mais justa do que se suas casas fossem dependentes de grandes companhias privadas de energia orientadas para gerar lucro.[35] Essa democratização da energia pode ter profundas implicações políticas também. Sistemas de microrrede tendem a fortalecer a coesão comunitária. Com a produção, a propriedade e a distribuição da energia tornando-se locais, é provável que as pessoas queiram que outras coisas sejam locais também, inclusive a tomada de decisões políticas. Ao longo de toda a história humana, sistemas de energia moldaram sistemas políticos. Assim como o desenvolvimento da indústria de mineração no século XIX fortaleceu o movimento sindical e demandas por direitos dos trabalhadores, a revolução solar liderada pela comunidade do século XXI poderia se tornar uma força em prol da descentralização radical do poder, que fomenta o pensamento de longo prazo.[36] Se, por outro lado, donos de casa optarem por armazenamento privado em baterias e acumularem sua energia em vez de compartilhá-la, ou se a produção de energia renovável se tornar dominada por grandes corporações — como está acontecendo em muitos países —, então seu potencial democratizante poderá nunca ser plenamente realizado.

Mulheres em aldeias como Buri Goalini são a vanguarda da revolução energética na zona rural de Bangladesh, instalando e mantendo painéis solares.

Uma quarta forma de projeto regenerativo está sendo defendida pelo movimento de "refaunação", que brotou durante a década passada em toda parte — da Escócia à África do Sul e à Romênia. Suas origens são em parte uma resposta aos fracassos das organizações tradicionais de conservação. Durante mais de um século, conservacionistas afirmaram que nossa grande tarefa é preservar a Terra, de modo que ela possa ser transmitida para futuras gerações em condições imaculadas. Embora isso pudesse soar como uma aspiração admirável em sintonia com a meta transcendente do bom ancestral de prosperar dentro dos limites da natureza, críticos ressaltam que muitas organizações de conservação sucumbiram de maneira não intencional ao que ficou conhecido como "síndrome da mudança da linha de base".

Como explica o ecologista George Monbiot, "as pessoas de cada geração percebem o estado dos ecossistemas que encontraram em suas infâncias como normal". Em consequência, conservacionistas frequentemente exigem a restauração dos peixes, animais ou plantas à linha de base ecológica de sua juventude, desconhecendo que esse podia já ser um estado de extremo esgotamento. Na Grã-Bretanha, por exemplo, muitas pessoas fazem campanha pela preservação das charnecas abertas do país, mas de fato elas eram anteriormente matas ricas, repletas de vida silvestre, que foram devastadas por séculos de criação de ovelhas. "O movimento de conservação, embora bem-intencionado, procurou congelar sistemas vivos no tempo", afirma Monbiot. Por isso ele e muitos outros preferem "refaunação" a "conservação". A refaunação não tenta devolver a natureza a algum estado anterior, mas sim permitir que processos ecológicos recomecem pela reintrodução de plantas e animais que possam estimular a recuperação da natureza e da vida selvagem. O caso clássico é o do Yellowstone Park, onde a reintrodução de lobos em 1995 resultou numa cascata trófica de regeneração ecológica: os lobos impediram que veados comessem árvores novas, o que permitiu que as árvores voltassem a crescer, o que por sua vez trouxe de volta pássaros canoros, castores e outras criaturas situadas mais abaixo na cadeia alimentar.[37]

O objetivo do movimento de "refaunação" não é simplesmente regenerar paisagens e evitar a perda da biodiversidade, mas fornecer uma "solução natural de carbono" para a emergência climática planetária. A solução oferecida não é uma opção de alta tecnologia como a captura e o armazenamento de carbono, mas uma tecnologia muito mais antiga e eficaz para sugar dióxido de carbono: árvores. O potencial da "refaunação" para o sequestro de carbono é enorme. Junto com outras abordagens baseadas na natureza, como a agricultura regenerativa, a "refaunação" de áreas como turfas e charnecas poderia fornecer mais de um terço da mitigação mundial de gases de efeito estufa requerida até 2030 para nos mantermos abaixo de níveis de aquecimento perigosos — e apesar disso a iniciativa só atraiu 2,5% dos recursos para mitigação até agora. Um estudo feito pela organização militante Rewilding Britain revela que o desvio de dois terços dos atuais subsídios agrícolas para projetos de "refaunação" sequestraria 47 milhões de toneladas de dióxido de carbono por ano, mais de um décimo das emissões atuais do Reino Unido.[38] É claro que a "refaunação" não é

Civilização ecológica

a única solução — a mudança para dietas baseadas em vegetais, o fim do transporte de combustíveis fósseis e o isolamento de nossas casas farão todos uma grande diferença —, mas o potencial regenerativo de árvores é um lembrete de que um longo futuro para a humanidade poderia emergir da redescoberta das maravilhas profundas do "tempo das árvores".

Essas quatro práticas regenerativas são inovadoras e inspiradoras. Mas encaremos a decepcionante realidade: os rebeldes do tempo enfrentam formidáveis forças de poder econômico e político; elas estão lutando contra o pensamento de curto prazo do comportamento corporativo arraigado e da especulação financeira, contra governos intransigentes comprometidos com alvos trimestrais de crescimento e uma cultura de consumo descartável. Com tais barreiras a superar, as pessoas vão realmente olhar para trás daqui a um século e ver o surgimento de uma revolução econômica regenerativa tão claramente quanto podemos ver agora a Revolução Industrial?

Provavelmente não. Mas possivelmente sim. Porque as práticas regenerativas embrionárias que estão aparecendo no mundo todo têm precisamente o aspecto que uma transformação econômica apresenta num estágio inicial. Ela é frágil, fragmentada e contingente. Foi exatamente assim durante os primeiros dias da industrialização no século XVIII. Homens instruídos, como Adam Smith, nem sequer se deram conta de que havia uma Revolução Industrial diante de seus próprios olhos.[39]

Esperanças de uma revolução regenerativa estão sendo sustentadas agora por governos que começam a pensar de uma maneira diferente. Os Países Baixos conceberam um programa pioneiro para criar uma economia circular até 2050, incluindo uma redução de 50% no consumo de matérias-primas até 2030.[40] A Suécia tem uma ambiciosa "meta geracional" de resolver os principais problemas ambientais do país numa única geração. A Finlândia se comprometeu a se tornar neutra em carbono até 2035. Incluindo a Nova Zelândia, a Escócia e a Islândia, o Well-being Economy Governments é um grupo de governos que pretende criar novas métricas de desenvolvimento baseadas mais no bem-estar coletivo que no crescimento econômico. Alguns países como o Butão começam a medir a Felicidade Nacional Bruta, enquanto outros tendem a adotar New Deals Verdes.

O maior desafio, entretanto, é resolver a tensão central no coração da economia do século XXI: se é possível perseguir o crescimento econômico ao mesmo tempo que se permanece dentro dos limites ecológicos do planeta? É um dilema inescapável com que se defrontam governos no mundo todo. Um país decidido a resolvê-lo é a China, uma nação que muitas vezes se atrasou em decorrência de sua visão de longo prazo, e que estabeleceu para si o objetivo de criar a primeira civilização ecológica do mundo. Que lições ela poderia oferecer?

Pode a China criar uma civilização ecológica?

Há uma história chinesa folclórica, muito apreciada pelo presidente Mao Tsé-tung, chamada "O velho tolo remove as montanhas". Um homem de noventa anos estava tão irritado com um par de montanhas que obstruíam as viagens a partir de sua casa que decidiu pô-las abaixo usando apenas sua enxada para remover a terra e as pedras. Quando zombavam dele por se lançar nessa empreitada aparentemente impossível, ele respondia que, por meio de seu próprio trabalho árduo e o de suas muitas gerações de descendentes, as montanhas iriam acabar desaparecendo. Os deuses ficaram tão impressionados com sua perseverança que ordenaram às montanhas que se separassem.[41]

A cultura chinesa é cheia de fábulas e provérbios similares sobre as virtudes da adoção da visão de longo prazo. Eles ajudam a pintar um quadro da China como uma civilização antiga em que o tempo se estende por centenas ou mesmo milhares de anos para trás no passado e para a frente no futuro, em contraste com a obsessão ocidental com o agora. Quando perguntaram ao líder chinês Zhou Enlai, em 1972, sobre o impacto da Revolução Francesa, sua resposta lendária foi que era "cedo demais para dizer". Mais tarde soube-se que ele tinha pensado que estavam lhe perguntando sobre as revoltas estudantis em Paris em 1968, mas ainda assim esta anedota reforça a ideia de que os chineses pensam em termos de séculos, enquanto o resto do mundo observa o ponteiro dos segundos. Por outro

Civilização ecológica 229

lado, o ritmo frenético do desenvolvimento urbano na China hoje exibe pouco dessa mentalidade de longo prazo: muitos prédios mal duram vinte anos antes de serem demolidos e substituídos, ao passo que planejadores urbanos arrasaram completamente distritos históricos como a cidade velha de Kashgar ou o bairro de Laoximen, em Xangai.

Não há dúvida, contudo, de que o país faz jus à sua reputação por pensamento de longo prazo e sua capacidade de planejamento, especialmente nas áreas de infraestrutura e política industrial. Seus líderes acreditam que o sucesso da China se deve, em grande parte, à capacidade de seu sistema político para "concentrar forças" em projetos de desenvolvimento e prioridades de longo prazo, diferentemente de democracias em que há eleições e mudanças de governo constantes.[42] Segundo o presidente Xi Jinping, "nossa maior vantagem é que o sistema socialista de nosso país pode se concentrar em fazer coisas de vulto".[43]

Esses projetos de longo prazo variam da Barragem das Três Gargantas ao colossal Projeto de Transferência de Água Sul-Norte, um esquema de canais iniciado em 2002 para levar água do sul úmido do país para o norte seco, que deverá estar concluído, segundo se espera, em 2050. Incluem também uma variedade de projetos de infraestrutura e energia sob a Nova Rota da Seda, programa internacional de investimentos que pretende estender a influência econômica da China na Ásia Central, África e Europa. O mais recente plano do governo para a ciência e a tecnologia revela que aos megaprojetos tradicionais de engenharia estão se juntando agora megaprojetos digitais: até 2030 a China pretende ser uma força global dominante em Big Data, cibersegurança, inteligência artificial, cidades inteligentes e muito mais.[44]

Junto com essas iniciativas, o presidente Xi anunciou que a China almeja se tornar uma "civilização ecológica" dentro das três próximas décadas, o que irá assegurar "harmonia entre seres humanos e natureza" e "beneficiar gerações por vir".[45] Poucos governos no mundo ocidental poderiam se arrogar uma visão tão ambiciosa. Na prática, ela significa políticas com grande investimento em energia renovável, ação sobre poluição do ar e da água e reflorestamento em grande escala. Um projeto recente é a maior fazenda solar flutuante do mundo, situada sobre um lago que fica em cima de uma antiga mina de carvão na cidade oriental de Huainan, e que tem capacidade de fornecer eletricidade a quase 100 mil residências.[46] O ritmo da mudança é extraordinário: segundo o Greenpeace, a China cobre o equivalente a um campo de futebol a cada hora com painéis solares e instala mais de uma turbina eólica por hora.[47] E a China sabe que tem de agir rapidamente: seus próprios cientistas do clima advertem que ela enfrentará elevações do nível do mar maiores que a média, inundações, seca e insegurança alimentar nos próximos anos.[48]

A meta de uma civilização ecológica sinaliza um movimento na direção de uma economia mais regenerativa, em sintonia com os sistemas naturais do mundo vivo. Mas não se ajusta bem ao compromisso contínuo do governo de estabelecer o crescimento econômico como prioridade política máxima.[49] Uma das principais políticas do presidente Xi é conhecida como as duas "metas de cem anos". A primeira meta é construir uma sociedade moderadamente próspera até 2021 (o centésimo aniversário do Partido Comunista Chinês) e a segunda é criar uma potência econômica altamente desenvolvida até 2049 (o centenário da fundação da República Popular da China). Esta última meta é um admirável exemplo de pensamento de catedral de longo prazo. Contudo, ela depende inteiramente de que a China sustente uma elevada taxa de crescimento de cerca de 6% ao ano até meados do século.[50]

Nisso reside o problema, pois há poucas evidências de que tal crescimento exponencial e decisivo possa ser alcançado sem que se ponha em risco toda a visão de uma civilização ecológica. A China pode ter fazendas solares flutuantes, mas ainda usa metade do carvão do mundo, um terço do petróleo do mundo e 60% do cimento do mundo.[51] Ela produz também mais aço e usa mais pesticidas, fertilizantes artificiais e madeira que qualquer outro país no mundo. Isso não ocorre apenas porque a China é grande — ocorre também porque o modelo industrial continua em grande parte dependente de combustíveis fósseis e substâncias químicas tóxicas. Mesmo em cenários otimistas, o carvão ainda fornecerá 47% da eletricidade do país em 2040 (contra os cerca de 70% atuais).[52] Ao mesmo tempo, a China

Civilização ecológica 231

terceirizou grande parte de sua dependência de combustíveis fósseis: entre 2001 e 2016, através de seu programa Nova Rota da Seda, ela participou do desenvolvimento de 240 usinas termelétricas a carvão em 25 países. À medida que a população enriquece, as pessoas vão querer mais carros, mais aquecimento, mais carne, mais eletrodomésticos — e tudo isso leva a mais uso de energia e degradação ambiental.[53] Como diz o economista Richard Smith, "Xi Jinping pode criar uma civilização ecológica ou pode construir uma rica superpotência. Não pode fazer ambas as coisas".[54]

Os que creem no "crescimento verde" afirmam que essas duas metas são compatíveis. Até agora, no entanto, nenhum país no mundo conseguiu crescer ao mesmo tempo que reduz suas emissões de gases de efeito estufa em qualquer escala necessária para evitar uma perigosa mudança climática. A despeito de toda a nossa engenhosidade tecnológica, ainda não encontramos uma maneira de "desacoplar" o crescimento econômico dos níveis de uso de recursos que nos levam muito além dos limites planetários. O "desacoplamento absoluto" mínimo alcançado em alguns países é algo suplementar e está longe de se aproximar do necessário para reduzir as emissões globais de dióxido de carbono à metade dentro de uma década.[55] "Os economistas lhe dirão que podemos desacoplar o crescimento do consumo material", diz Václav Smil, cientista especializado em assuntos sobre energia, "mas isso é um total disparate."[56]

A China não é a única a lutar com esse dilema: ele é enfrentado por todos os países de rendimento médio. A verdade que emerge e que a liderança chinesa enfrenta é que as metas gêmeas de crescimento econômico e civilização ecológica podem ser profundamente incompatíveis entre si. Elas parecem desafiar a antiga filosofia taoista do yin e yang, em que forças aparentemente contrárias podem coexistir em harmonia e equilíbrio como parte de um todo integrado. Talvez a China vá ser uma exceção à regra e o presidente Xi vá ser lembrado como o líder que promoveu a união das duas metas. Contudo, mesmo com todos os poderes do Estado chinês à sua disposição, ele talvez ainda precise da ajuda de deuses que movem montanhas.

Além do apartheid climático

Os rebeldes do tempo que estão por trás da economia circular e de outros projetos econômicos regenerativos podem nos salvar de nosso dilema civilizacional, permitindo que saiamos de uma economia impulsionada pela meta de crescimento interminável do PIB para uma que — retornando às palavras de David Korten — "assegure suficiência material e abundância espiritual para todos, em equilíbrio com os sistemas regenerativos de uma Terra viva". Mas eles estão envolvidos numa clássica luta de Davi contra Golias que poderia facilmente terminar em vitória para o atual sistema viciado em crescimento.

Se isso acontecer, e continuarmos agindo como sempre, devemos nos preparar para as consequências. E já sabemos que aspecto elas poderão assumir. Quando o furacão Sandy atingiu Nova York em 2012, centenas de milhares de famílias de baixa renda e pessoas em situação de vulnerabilidade foram deixadas sem acesso a energia e assistência médica, enquanto a matriz do Goldman Sachs foi protegida por dezenas de milhares de seus próprios sacos de areia e energia de seu próprio gerador. Para Philip Alston, relator especial da ONU sobre extrema pobreza e direitos humanos, isso sinalizou os perigos do "apartheid climático", em que "os ricos pagam para escapar do superaquecimento, da fome e do conflito, ao passo que os resto do mundo é relegado ao sofrimento".[57] Pense em *No mundo de 2020, Elysium, Na mira do atirador* ou em qualquer distopia de ficção científica.

Ainda que o 1% mais rico, que possui metade da riqueza do mundo, possa ser capaz de se isolar das devastações da emergência ecológica global, a maioria das pessoas não poderá fazê-lo, especialmente aquelas que vivem na pobreza em países de renda tanto alta quanto baixa.[58] É por isso que é tão essencial que nos esforcemos para criar uma economia regenerativa que não só nos mantenha dentro do círculo crítico dos limites planetários, mas também traga as pessoas para cima da fundação social do Donut. Isso não é uma simples questão de justiça econômica e social para hoje, mas de justiça intergeracional para amanhã, assegurando que populações tanto

Civilização ecológica

atuais quanto futuras possuam os meios e a resiliência para enfrentar possíveis calamidades climáticas.

Alguns países de baixa renda afirmam que não podem se permitir criar uma economia regenerativa e que precisam de crescimento econômico agora para tirar seus cidadãos de privação aguda. Além disso, por que não deveriam eles desfrutar de sua justa cota de emissões de combustível fóssil, quando países desenvolvidos vêm desfrutando delas durante os dois últimos séculos?

É verdade que o ônus de reduzir emissões deveria caber sobretudo àqueles países mais responsáveis por elas: uma perspectiva de longo prazo não pede nada menos do que isso. Mas a mudança para uma economia regenerativa não é um luxo apenas para o desfrute de nações ricas. Como o sucesso da indústria solar descentralizada de Bangladesh demonstra, ela oferece também um caminho para países de baixa renda promoverem bem-estar econômico dentro dos limites ecológicos do mundo vivo. Um projeto regenerativo poderia lhes permitir superar o velho modelo do capitalismo industrial e criar um tipo diferente de economia: um modelo que seja mais limpo, mais justo e baseado numa visão de um agora mais longo. Essa economia já está aqui, tentando florescer nas rachaduras e frestas. Ela pode ser espezinhada sob os nossos pés. Mas, se fizermos o esforço de cultivá-la, poderia simplesmente florescer.

11. Evolução cultural
A narrativa, o design e a ascensão de futuros virtuais

A SOBREVIVÊNCIA DE NOSSA ESPÉCIE depende da biosfera que nos rodeia, que fornece oxigênio e outros itens essenciais para a vida. Mas, segundo o antropólogo Wade Davis, somos rodeados também por uma "etnosfera" que fornece o ar cultural em que respiramos. Ela contém o turbilhão de ideias, crenças, mitos e atitudes predominantes na sociedade, e que constituem as visões de mundo que moldam nossas maneiras de pensar e agir.[1]

A etnosfera está num estado de constante fluxo e mudanças através de um processo de "evolução cultural", mais um útil conceito para nosso léxico de longo prazo. Em qualquer momento, certas maneiras de pensar podem ser dominantes na etnosfera, mas depois surgem outras para deslocar as antigas. Por exemplo, no fim do século XX, a crença em valores coletivos (como justiça social) deu lugar pouco a pouco a uma ideologia de individualismo que passou a impregnar a etnosfera do mundo ocidental, graças à ascensão do neoliberalismo e do capitalismo de consumo. De maneira similar, valores seculares começaram a competir com sistemas de crenças religiosas para ver quem dominava.

A evolução cultural difere da evolução biológica de três maneiras principais. Em primeiro lugar, ela pode ser uma questão de escolha consciente: podemos potencialmente moldar a direção em que a etnosfera se desenvolve. Em segundo lugar, ela pode acontecer muito mais rapidamente que sua homóloga biológica, permitindo que nos adaptemos a nosso ambiente em transformação, tal como nos casos desafiadores da crise climática ou da crescente desigualdade de renda entre as pessoas. Em terceiro lugar, diferentemente da evolução biológica, na qual a seleção natural incorpora ao nosso DNA novos traços que podem ser herdados ao longo de gerações, a cada troca de geração a evolução cultural precisa ser reproduzida muitas e muitas vezes por sistemas de educação e outras instituições e movimentos que inculcam valores e ideias.[2]

O que tudo isso tem a ver com o cabo de guerra entre pensamento de curto e de longo prazo? Estamos em meio a um período decisivo no que diz respeito à evolução cultural, com rebeldes do tempo semeando novas ideias e práticas na etnosfera numa variedade de hábitats culturais — das artes visuais a sistemas religiosos. Se alguém saísse de 1821 e viajasse no tempo, chegando ao mundo de 2021, sem dúvida ficaria chocado com o ritmo rápido da vida diária e nosso estado de constante distração digital, mas ficaria também pasmo com a quantidade de tempo que passamos imaginando e pensando sobre o futuro, seja ele daqui a décadas ou até séculos. Esse viajante encontraria evidências disso em filmes, salas de aula, artigos de jornal, sermões de igreja, video games e nas paisagens mentais da realidade virtual. E é aos rebeldes do tempo que devemos agradecer por isso.

O resultado é que em paralelo com a mentalidade de curto agora que ocupa nossa mente um agora mais longo começa a emergir: nunca na história humana nos preocupamos tanto com o mundo por vir. Quer isso decorra de esperança ou de medo, o fato é que uma profunda mudança está tendo lugar em nossas paisagens mentais. Estamos começando a respirar o ar do pensamento de longo prazo.

Quem são as figuras rebeldes por trás dessa transformação cultural? Quais são suas estratégias? E que esperança elas têm de ganhar acesso ao potencial não realizado de nosso cérebro de noz? Este capítulo nos leva a uma jornada para as zonas culturais mais criativas e inovadoras do pensamento de longo prazo de hoje, começando com um dos mais antigos atos humanos: o de contar histórias.

Ficção científica e o poder das narrativas

Embora a rebelião do tempo na política e na economia só tenha se desenvolvido desde os anos 1970, romancistas e cineastas vêm estendendo nossa

Evolução cultural

imaginação rumo ao futuro há mais de um século. Um expoente pioneiro foi Charles Dickens; em *Uma canção de Natal*, o Fantasma dos Natais Futuros mostra ao sovina Ebenezer Scrooge a morte de Tiny Tim e seu próprio túmulo abandonado. No entanto, o verdadeiro salto no futuro veio no fim do século XIX com os escritos de Júlio Verne e H.G. Wells, fundadores da ficção científica, um gênero frequentemente conhecido hoje como "ficção especulativa". Ideias como máquinas do tempo, homens na Lua e perder-se no espaço logo passaram a fazer parte de nosso vocabulário cotidiano.

Hoje quase podemos ter a impressão de que experimentamos uma overdose disso, com Hollywood produzindo muitos blockbusters de ficção científica apocalípticos como *O dia depois de amanhã*, em que a mudança do clima cria uma supertempestade gigantesca que causa uma nova idade do gelo. É fácil menosprezar essa indústria de "apocalipse de entretenimento" que nos dá muita emoção e excitação high-tech, mas fracassa em forjar um sentimento profundo de conexão com o destino de pessoas que viverão no futuro. No entanto, há um igual número de tentativas sérias e reflexivas de explorar futuros possíveis, desde romances como *O conto da aia*, de Margaret Atwood, e sua continuação *Os testamentos*, a filmes como *Filhos da esperança*, um longa-metragem baseado no romance de P.D. James e que é situado num mundo em que duas décadas de infertilidade humana deixaram a sociedade à beira do colapso e nossa espécie encarando a extinção.

Numa das primeiras tentativas sistemáticas de estudar o gênero, acadêmicos da Universidade de Lisboa analisaram os temas dominantes em 64 dos filmes e romances de ficção científica mais influentes ao longo dos últimos 150 anos, variando de *Nós*, de Ievguêni Zamiátin, e *Metrópolis*, de Fritz Lang, até *A curva do sonho*, de Ursula Le Guin, e *Avatar*, de James Cameron. Codificando-se o conteúdo deles em mais de duzentas categorias temáticas, padrões claros começam a aparecer. Em 27% da amostra, a tecnologia se tornou uma ferramenta para manipulação e controle social. A destruição do mundo vivo apareceu em 39% dos livros e filmes, e a aguda escassez de alimentos foi um tema em 28%, ao passo que 31% continham movimentos de resistência para combater sistemas políticos opressivos e extrema desigualdade. Uma das principais conclusões do estudo foi que ficções e filmes especulativos não apenas nos ajudam a visualizar e nos conectar com a noção abstrata do "futuro", mas operam também como um sistema precoce de advertência que nos envolve ativamente com os riscos da tecnologia ou da exploração de recursos muito mais eficazmente que as análises desapaixonadas dos cientistas ou os longos relatórios governamentais. Eles podem nos politizar, nos socializar e nos alterar. Segundo os autores, a ficção científica tem a capacidade de "falar sua verdade ao poder" e promover "uma ética de precaução e responsabilidade".[3]

O gênero pode, portanto, ser ficcional, divertido, mas pode também transmitir uma mensagem. Kim Stanley Robinson, que tratou dos impactos do aquecimento global e dos desafios da colonização de outros mundos numa série de romances politicamente esclarecidos de grande sucesso, como *Nova York 2140* e *Aurora*, diz que o objetivo de seus escritos é contar "a história do próximo século". Toda a sua ficção científica está firmemente baseada na mais recente pesquisa sobre clima e tecnologia, e, embora ela possa explorar fraquezas humanas tanto quanto qualquer romance literário, seu objetivo mais amplo é nos ajudar a compreender as crises que se avizinham e nos inspirar a agir agora para evitá-las ou minimizá-las. Seus livros são um aviso. Robinson os descreve como "realismo sobre nosso tempo".[4]

Se eu tivesse que destacar um único exemplo para ilustrar o poder que a ficção científica tem de nos dar um "aviso precoce", este seria *Star Maker*, a obra-prima profética de Olaf Stapledon publicada em 1937. O romance descreve um planeta distante, muito parecido com o nosso, conhecido como a Outra Terra, similarmente povoado por seres humanos. Um dia, um geólogo desse planeta descobre uma placa litográfica de 10 milhões de anos gravada com o diagrama de um rádio semelhante àqueles produzidos e utilizados por sua própria sociedade.

Os habitantes desse planeta não podem acreditar que, antes de colapsar e desaparecer, houve certa vez uma civilização humana tão avançada tecnologicamente quanto a sua. Consolam-se com a crença de que o diagrama deve ter sido deixado por alguma outra espécie inteligente, mas menos robusta, que experimentara uma breve centelha de civilização. Segundo

Evolução cultural

Stapledon, "Foi acordado que o homem, uma vez que atingira um patamar cultural tão elevado, nunca caíra dele".

Qual foi o destino final das pessoas da Outra Terra? Elas tinham uma sociedade curiosa, em que a tecnologia do rádio se tornou tão avançada que a maioria dos habitantes carregava no bolso um receptor de rádio que estimulava seu cérebro quando apenas tocavam nele. Por meio dessa "estimulação rádio-cérebro" as pessoas podiam experimentar os prazeres sensoriais de um banquete sem comer, participar de uma emocionante corrida de motocicleta sem perigo, viajar para onde quisessem e até desfrutar de sexo induzido pelo rádio. "O poder desse entretenimento era tal que tanto homens quanto mulheres eram vistos quase sempre com uma mão no bolso", diz-nos Stapledon. Finalmente, "foi inventado um sistema graças ao qual um homem podia se deitar pelo resto da vida e passar todo o seu tempo recebendo programas de rádio".

Os governos da Outra Terra logo se deram conta de que podiam manipular esse mundo virtual de "felicidade radiofônica" usando os receptores para transmitir mensagens de propaganda nacionalista que demonizavam seus inimigos. O resultado foi a eclosão de guerras devastadoras. Não muito tempo depois, cientistas descobriram que o fraco campo gravitacional do planeta estava causando a perda gradual do precioso oxigênio que sustentava a vida. Embora eles sempre tivessem alimentado uma crença autoconfiante de que sua civilização podia superar qualquer desafio "por meio de seu conhecimento científico excepcional", uma das consequências não intencionais das guerras induzidas pelo rádio foi a postergação do avanço científico por pelo menos um século, deixando para as pessoas da Outra Terrra tempo insuficiente para resolver o problema de sua atmosfera em deterioração. O destino delas estava selado. Estavam destinadas à extinção.[5]

Stapledon pode ter escrito tudo isso mais de oitenta anos atrás, mas dificilmente poderia haver uma parábola melhor para nosso tempo. Enquanto mexemos distraidamente com nossas próprias versões digitais de felicidade radiofônica digital guardadas em nossos bolsos, poderíamos nos tornar mais uma civilização perdida a ser descoberta nos estratos rochosos pelos geólogos de amanhã?

A porta criativa para a viagem no tempo mental:
Arte, música e design

Percorra as galerias do Renascimento do Louvre ou do Uffizi e você verá muito poucas tentativas de representar mundos imaginários futuros. Mas, se perambular num museu de arte conceitual hoje, encontrará todo um gênero de obras relacionadas com o tempo dedicadas a explorar nossas muitas relações possíveis com o futuro, e a estender nossos horizontes temporais muito além do aqui e agora. Uma rebelião temporal está sacudindo os próprios fundamentos do mundo da arte, representando uma virada rumo ao expressionismo temporal. Aqui estão alguns exemplos:

Arthur Ganson construiu *Máquina com concreto*, cuja engrenagem gira a duzentas revoluções por minuto numa extremidade conectada a outras onze engrenagens, cada uma girando a um quinto da velocidade da engrenagem precedente. A última delas está embutida em concreto sólido e conclui uma única revolução a cada 2 trilhões de anos.

Num parque de Londres, Cathy Haynes criou a *Stereochron Island*, campanha para fundar um novo Estado sem relógios na tentativa de levar seus cidadãos de volta a uma relação cíclica com o tempo solar.

A composição intergeracional *Organ²/ASLSP*, de John Cage, está sendo executada atualmente num órgão, na cidade alemã de Halberstadt, durante um período de 639 anos. Uma corda começou a soar em janeiro de 2006 e dois anos e meio se passaram antes que a nota seguinte fosse tocada. A nota final será tocada em 2640.

Trabalhando com o World Wildlife Fund, Yoshiyuki Mikami criou fotos de animais sob ameaça de extinção, em que cada pixel representava um animal restante deixado na natureza: a imagem do panda tinha somente 1.600 pixels.

Em abril de 2019, na Islândia, cientistas ergueram a primeira placa em memória de uma geleira perdida — a Geleira OK —, reconhecendo que todas as geleiras do país provavelmente desaparecerão dentro de duzentos anos.

Evolução cultural

A artista escocesa Katie Paterson é considerada um dos maiores expoentes desse expressionismo temporal, tendo criado uma série de obras de tirar o fôlego usando o tempo como matéria-prima.[6] Em *Vatnajökull (o som desligado)*, membros do público podiam ligar para um número de telefone e ouvir ao vivo o som de uma geleira islandesa em derretimento por meio de um microfone submerso. As contas de *Fossil necklace* eram feitas de fósseis espalhados pelas vastidões do tempo profundo: entre elas havia uma estrela do mar do Saara, um dente gigante de lagarto das montanhas Atlas e um osso do dedo do pé de um rinoceronte-lanudo inglês extinto há muito. Nenhuma das obras de Paterson fez mais para capturar a imaginação pública que o projeto de arte de cem anos *Biblioteca do futuro*. A partir de 2014, a cada ano e durante um século, um escritor famoso doa para a biblioteca uma nova obra, a qual será mantida em segredo, sem ser lida, como um presente para as futuras gerações. Em 2114, os cem livros serão impressos em papel fornecido por uma floresta de mil árvores especialmente plantadas nas proximidades de Oslo. "Há algo de mágico nisso", diz Margaret Atwood, uma das autoras a contribuir. "É como *A bela adormecida*. Os textos vão dormir por cem anos e depois vão acordar, ganhar vida novamente."[7]

A *Biblioteca do futuro* condensa perfeitamente o ideal de um legado transcendente, que será desfrutado pelos leitores do século XXI quando a maioria dos autores envolvidos no projeto estiver morta há muito tempo. Ela suscita questões que ajudam a forjar um senso de conexão intergeracional. Quem serão esses leitores? Em que tipo de mundo viverão eles — sequer existirão livros físicos a essa altura? E como eles nos julgarão, a nós e aos legados que lhes deixamos? Como *O relógio de 10 mil anos* no deserto do Texas, a floresta da *Biblioteca do futuro* está destinada a ser um local de peregrinação. Quando sugeri a Paterson que ela era uma rebelde do tempo à frente de uma luta intergeracional para descolonizar o futuro, ela pareceu um pouco surpresa. Mas momentos depois estava falando de maneira apaixonada sobre os protestos associados ao clima global e também sobre como olhar para o tempo profundo pode ajudar a nos dar a perspectiva de que precisamos para reconhecer tudo que estamos pondo em risco mediante nossas ações ecologicamente destrutivas. Sua arte, com toda a sua sutileza temporal, transmite uma profunda mensagem política para nosso tempo.[8]

Uma maneira criativa e muito diferente de abordar o pensamento de longo prazo pode ser encontrada na obra de Brian Eno. Seu influente *77 Million Paintings* foi projetado sobre estruturas que incluem a Ópera de Sydney e combina aleatoriamente 296 obras de arte originais numa tela em grupos de quatro, sobrepondo-as a uma música gerada de maneira igualmente aleatória, o que produz um número quase infinito de variações. A obra reflete seu interesse de longa data por "música generativa", a expressão que ele cunhou para descrever composições — entre as quais as de seus clássicos álbuns dos anos 1970, *Discreet Music* e *Music for Airports* — que introduzem elementos aleatórios dentro de um conjunto de regras básicas para criar um tipo de música interminável que não é eternamente repetitiva, mas eternamente cambiante. Para Eno, essas obras generativas expandem nossa mente em direção a um agora mais longo, da mesma forma que faz a economia regenerativa, que de modo similar baseia-se na ideia de criar "sistemas adaptativos complexos", autossustentáveis, os quais asseguram a própria longevidade adaptando-se e mudando através do tempo dentro de um conjunto de parâmetros básicos. Ele olha para a composição *In C*, por Terry Riley, de 1964, em busca de inspiração. Essa obra sem duração estabelecida foi escrita para um número qualquer de executantes, e nela os músicos tocam 53 frases melódicas curtas, mas cada um deles as repete tantas vezes quantas desejar antes de passar para a seguinte. "Para minha maneira de pensar", disse-me Eno, "*In C*, de Terry Riley, é a complexidade dinâmica para as fugas muito mecânicas de Bach."[9]

Enquanto a arte e a música podem nos levar para jornadas imaginativas pelo tempo, uma nova geração de designers começou a criar "futuros experimentais" imersivos que nos permitem não só visualizar mas sentir, ouvir e até cheirar o futuro. Anab Jain, cofundador do estúdio de design anglo-indiano Superflux, criou o The Future Energy Lab para o governo dos Emirados Árabes Unidos. Entre os objetos em exposição estava uma "máquina de poluição" que permitia a ministros inalar uma mistura nociva

Evolução cultural

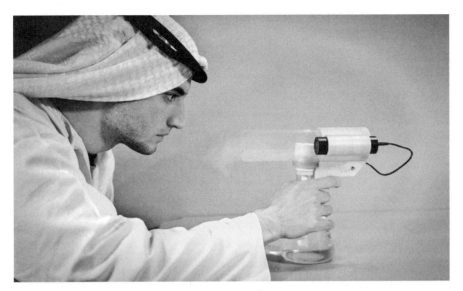

Funcionário público dos Emirados Árabes Unidos respira o ar tóxico de 2034. Cortesia da agência de projetos Superflux.

de monóxido de carbono, dióxido de enxofre e dióxido de nitrogênio. Ela representa a qualidade do ar prevista para os Emirados Árabes em 2034 se eles continuarem poluindo nas taxas atuais. Segundo Jain, enfiar seus narizes nos gases tóxicos foi um dos fatores que ajudaram a convencer autoridades do governo sobre a necessidade de investir pesadamente em energia renovável.[10]

Se pelo menos todos nós pudéssemos respirar o ar que nossos filhos e netos se esforçarão para respirar no futuro. Se pelo menos pudéssemos sentir o calor, sentir a insegurança que eles podem vir a enfrentar.

Isso poderia simplesmente se tornar possível com a ajuda da realidade virtual e da realidade aumentada, que têm o potencial de espalhar a experiência da máquina de poluição de Jain e outras inovações de design para um público mais amplo. Imagine colocar seu headset Oculus (ainda caro, mas baixando de preço rapidamente) e ter uma imersão sensorial de corpo inteiro em mundos dois, quatro ou seis graus mais quentes que o nosso. No Virtual Human Interaction Lab da Universidade de Stanford você pode fazer um mergulho autônomo num recife de coral repleto de vida e depois observar como ele se deteriora numa zona biológica morta até 2100, em razão da acidificação dos oceanos. "Não podemos levar todo mundo a ler artigos científicos sobre as mudanças climáticas, assim, essa experiência é um atalho para tudo isso", diz seu criador, Jeremy Bailenson. "Queremos que as pessoas saiam de lá sentindo empatia e querendo agir." Quem visita o laboratório também pode derrubar uma árvore virtual agarrando um dispositivo mecânico que simula o movimento de uma serra. Estudos mostraram que indivíduos que têm essa experiência virtual usam 20% menos papel durante a semana seguinte que aqueles que meramente leem ou assistem a um vídeo sobre o corte de árvores para estimular a conservação de papel.[11]

Infelizmente, grande parte dessa tecnologia virtual continua num estágio inicial de desenvolvimento e ainda não deixou o laboratório. Temos realmente tempo para esperar por isso a fim de alcançar o nível de qualidade de *Matrix*? E, seja lá como for, quanta fé deveríamos realmente depositar nessa tecnologia como um elixir para o pensamento de longo prazo? Em vez de derrubar uma árvore virtual, alunos de Stanford poderiam, nesse meio-tempo, sair para uma caminhada de vinte minutos para visitar El Palo Alto, uma sequoia de mil anos na borda do campus, ou caminhar pelas White Mountains da Califórnia à procura de um pinheiro bristlecone que veio crescendo por um tempo ainda mais longo. Sentados em volta da fogueira do acampamento eles poderiam jogar The Thing from Future, um jogo de cartas visionário (e muitas vezes hilariante) inventado pelos designers Stuart Candy e Jeff Watson. Há três tipos de cartas: um tipo especifica um possível mundo futuro, um segundo tipo especifica um artefato cultural desse mundo e um terceiro, um tema a que o artefato está relacionado. Assim, as três cartas que você pega podem dizer: "Num futuro feminista — há uma lei — relacionada com dinheiro" ou "Num futuro reacionário — há uma máquina — relacionada com o amor". O objetivo é inventar e descrever o artefato usando nada além das ferramentas da imaginação e da conversa. Em diferentes combinações, as cartas permitem dezenas de milhares de possíveis sugestões. Candy refere-se ao jogo como uma forma de "antropologia antecipatória".[12]

Não deveríamos esquecer as virtudes dessas experiências analógicas enquanto ansiamos pelo futuro virtual. Nem deveríamos esquecer o poder da arte, da música e do design para criar uma perturbação cultural de longo alcance. Em 1787, na Grã-Bretanha, ativistas antiescravidão produziram um pôster chamado "O navio negreiro Brookes", mostrando como 482 escravizados podiam ser espremidos a bordo, submetidos a condições completamente desumanas. A imagem tornou-se viral. Logo havia dezenas de milhares de cópias fixadas com tachinhas em pubs, igrejas, cafés e lares por todo o país. Essa foi uma das obras de design gráfico mais influentes na história, ajudando a divulgar e estimular o movimento bem-sucedido contra a escravidão e o tráfico de escravos. Precisamos urgentemente que mentes criativas de hoje produzam obras que façam da luta por justiça intergeracional e um agora mais longo uma questão eletrizante.

O cultivo de comunidades imaginárias por meio da educação e da religião

Na França do século XIX, líderes políticos se lançaram num dos projetos culturais mais ambiciosos na história da Europa: inventar a ideia de ser francês. Na época da Revolução Francesa, o que era nominalmente um único país era, na verdade, uma terra extremamente dividida por religiões, costumes, distâncias e, de maneira decisiva, a língua: 50% da população nem sequer falava francês e pouco mais de 10% o falava bem.[13] Suas lealdades eram mais locais e regionais que nacionais. Mas isso mudou gradualmente por meio de uma série de reformas, como um novo sistema de educação para ensinar uma língua e uma história compartilhadas, a celebração de feriados nacionais e o canto do hino nacional. Foi um caso clássico de forjamento do que o historiador Benedict Anderson chamou de uma "comunidade imaginária" — um senso de identidade coletiva entre pessoas que nunca poderiam se conhecer todas umas às outras. Foi assim que o nacionalismo europeu se desenvolveu numa força tão poderosa: já no século XX, milhões de pessoas estavam dispostas a sacrificar sua vida por seus compatriotas.[14]

Um desafio similar — ou talvez até maior — se apresenta a nós hoje. Como podemos criar um senso de identidade compartilhada com as gerações não nascidas do mundo de amanhã, as pessoas do futuro que nunca poderemos conhecer mas que devemos nos esforçar por abraçar como nossos parentes e amigos? As artes criativas, o cinema e a literatura desempenharão todos um papel decisivo. Mas nunca serão por si mesmos poderosos o bastante para criar e sustentar uma nova comunidade imaginária baseada em solidariedade intergeracional. É vital aproveitar o poder de duas forças que têm o potencial de ampliar e espalhar os valores do bom ancestral: educação e religião.

A educação parece sofrer de uma tensão temporal inerente. Por um lado, ela incorpora o pensamento de longo prazo fornecendo investimento em jovens, cujos frutos podem não emergir completamente por pelo menos uma década, quando eles se tornam força de trabalho e se tornam cidadãos ativos. Por outro lado, o que eles precisam aprender está num constante estado de fluxo, talvez agora mais do que nunca, em decorrência de rápidas mudanças tecnológicas como a automação. Como afirma Yuval Noah Harari: "Uma vez que não sabemos como será o mercado de trabalho em 2030 ou 2040, hoje não temos a menor ideia do que ensinar a nossas crianças. A maior parte do que elas estão aprendendo atualmente nas escolas provavelmente será irrelevante quando tiverem quarenta anos".[15]

Há pelo menos duas habilidades essenciais que elas deveriam estar aprendendo que vão resistir ao teste do tempo. Em primeiro lugar, habilidades de relacionamento como a empatia, na qual seres humanos têm uma grande vantagem sobre as máquinas de inteligência artificial que ameaçam tomar seus empregos. Em segundo lugar, a própria habilidade de pensamento de longo prazo. Isso é algo de que sempre precisaremos num mundo que passa por rápida transformação e enfrenta ameaças de longo prazo. Precisamos de sistemas de educação forjando um vínculo com futuras gerações que vão herdar as consequências de nossas ações. Educação para todos, de pré-escolares a pessoas em formação continuada: isso deve ajudar a criar uma nova comunidade imaginária através das vastidões do

Evolução cultural

tempo, assim como os sistemas educacionais do século xix forjaram uma comunidade nacionalista através do espaço.

Que aspecto poderia ter isso? Basta nos voltarmos para os rebeldes do tempo educacional. No mundo todo, há projetos e movimentos pela reforma da educação que se baseiam na educação ambiental, já bem estabelecida em muitos países, oferecendo aos estudantes uma perspectiva mais explicitamente de longo prazo. Aqui está uma amostra do que vem sendo entregue tanto a jovens quanto a velhos:

Roots of Empathy é um programa educacional que alcançou quase 1 milhão de crianças em países que vão da Costa Rica à Coreia do Sul e trabalha com bebês reais para ensinar empatia intergeracional em sala de aula. O currículo júnior para idades de nove a onze anos leva as crianças a imaginar o bebê no futuro e explorar qual é sua conexão e responsabilidade por eles.[16]

O FutureLab produziu um material para professores escoceses, o Futures Thinking Teachers Pack. O pacote inclui atividades e jogos para explorar futuros possíveis, prováveis e preferidos ao longo dos próximos trinta anos e introduz os métodos de planejamento de situações hipotéticas para uso em geografia, aulas de inglês e de educação para a cidadania.[17]

No Canadá, a Fundação David Suzuki criou materiais didáticos para que alunos do ensino fundamental estudem direitos intergeracionais valendo-se do pensamento indígena sobre a sétima geração e escrevam novas cláusulas para a Declaração Universal dos Direitos Humanos da onu, concentrando-se em gerações futuras.[18]

Na Universidade do Havaí, o guru futurista Jim Dator pede a seus alunos que projetem um sistema de governança ideal para uma população de 50 mil pessoas que viveriam em Marte em meados do século xxi. Usando vídeos, imagens e palavras, eles devem tratar de questões como os valores subjacentes da sociedade, sua constituição, alocação de recursos e obrigações para com as futuras gerações.[19]

Em Berkeley, a Universidade da Califórnia ofereceu um curso de design sobre "Pensar como um bom ancestral: Encontrar o significado na tecnologia que construímos". Graças a seu criador, Alan Cooper, os alunos vão de "como posso maximizar meu benefício pessoal agora?" para "como posso maximizar o benefício para todos, perpetuamente?".[20]

O pensamento sistêmico é uma disciplina em ascensão que teve entre seus pioneiros estudiosos como Donella Meadows. Hoje, ele é ensinado em escolas e universidades no mundo inteiro. Profundamente alimentadas pelo pensamento de longo prazo, suas revelações podem ser exploradas por meio de enormes cursos on-line abertos ao público, como o "Planetary Boundaries" e "Human Opportunities", oferecido pelo Centro de Resiliência de Estocolmo.[21]

Educadores podem se inspirar numa gama variada de fontes on-line criativas para promover o pensamento de longo prazo. No website DearTomorrow você pode escrever uma carta para alguém em 2050 (por exemplo, para uma criança que hoje faz parte da sua vida ou para você mesmo no futuro). Nessa carta, você se compromete a tomar medidas em relação à crise climática.

Tudo ainda está no início, e esse mosaico de abordagens fragmentadas está longe de constituir uma revolução educacional abrangente (atualmente, as iniciativas se concentram em países de renda elevada). Mas juntas elas têm o potencial de formar a base de currículos do Bom Ancestral para diferentes grupos etários e culturas ao redor do mundo. Movimentos educacionais progressistas como o International Baccalaureate — que dia após dia alcança mais de 1 milhão de crianças em 157 países — poderiam pensar em trazer o longo prazo para o centro de seus programas. Alguns pais poderiam se preocupar com os perigos que há em suscitar questões possivelmente traumáticas, como o colapso ecológico, em especial entre crianças mais jovens. É uma preocupação legítima, que deve ser tratada com sensibilidade. Mas, a partir das evidências do crescente movimento das Greves das Escolas pelo Clima, parece que crianças em idade escolar estão muito à frente da maior parte dos adultos

Evolução cultural 249

no reconhecimento das ameaças. Querem aprender sobre elas — e agir com base no que aprendem.

Qualquer esforço para trazer gerações futuras para nossa comunidade imaginária seria insensato se ignorasse o mais poderoso mecanismo inventado pela humanidade para criar identidades coletivas: a religião. Um muçulmano, um judeu ou um cristão podem entrar numa mesquita, sinagoga ou igreja em quase qualquer lugar do mundo e ser bem recebido como parte da comunidade de fiéis. Mas o que sabemos sobre as credenciais de longo prazo das principais religiões? O quadro é misto. No budismo, por exemplo, conceitos como a interconexão de todos os seres vivos, a bondade amorosa universal e o renascimento fornecem um vínculo entre gerações atuais e futuras que não pode ser facilmente encontrado no cristianismo, no islamismo ou no judaísmo, bem como criam a base para um forte ethos de conservação.

O cristianismo oferece aos fiéis a dádiva máxima da vida eterna no Céu, mas foi acusado de miopia ecológica. Desde a Idade Média, pensadores cristãos promoveram a ideia do domínio humano sobre a natureza, com pouca consideração das consequências ambientais (apesar de haver algumas exceções, como os ensinamentos de são Francisco de Assis). Nos anos 1960, o historiador ambiental Lynn White argumentou, num texto famoso, que ao destruir o animismo pagão (em que cada árvore, rio e animal tinham seu espírito guardião), o "cristianismo tornou possível explorar a natureza sentindo indiferença pelos sentimentos de objetos naturais", o que fez dele "a religião mais antropocêntrica que o mundo já viu" e um cúmplice pronto da Revolução Industrial.[22]

Ecologistas cristãos vêm se defendendo contra tais acusações desde então, enfatizando que os seres humanos são administradores encarregados de respeitar e preservar a criação sagrada de Deus. Esse pensamento aparece de maneira proeminente na encíclica de 2015 do papa Francisco, *Laudato si'*, onde se enfatiza a importância da "justiça entre gerações" e da "solidariedade intergeracional" e se pergunta "que tipo de mundo queremos deixar para os que vêm depois de nós?". Ela critica "a cultura do consumismo" e exige uma "política que seja clarividente".[23] O papa, ao que parece, juntou-se à brigada dos rebeldes do tempo. Quando entrevistei um representante do Vaticano em Roma, ele não só ressaltou a perspectiva intergeracional de *Laudato si'*, mas apontou as credenciais de longo prazo de instituições católicas como a abadia Einsiedeln, um mosteiro beneditino na Suíça que vem mantendo cuidadosamente sua floresta há mais de mil anos.[24] Se a rebeldia do tempo praticada pelo papa e suas intenções vão se manifestar na realidade é uma outra questão: apesar da pressão pública, o Banco do Vaticano ainda não se desfez de combustíveis fósseis.[25]

A Igreja católica está claramente reescrevendo a história do que significa ser um cristão no século XXI, assim como os protestantes evangélicos estão gradualmente elevando seus níveis de consciência ecológica e senso de obrigação intergeracional (embora muitos deles ainda neguem as mudanças climáticas).[26] Com sua ampla rede global de igrejas e organizações comunitárias, os 2 bilhões de cristãos do mundo têm um potencial maior de incutir os valores do pensamento de longo prazo na etnosfera que quase qualquer outro movimento social no planeta.

E quanto aos 16% da população global (inclusive eu) que não se identificam com nenhuma religião?[27] Eu cheguei a pensar, anteriormente, que seria quase necessário que alguém inventasse uma nova religião para si que pudesse instilar valores de longo prazo. Mas depois, graças à leitura de *Blessed Unrest*, de Paul Hawken, dei-me conta de que as centenas de milhares de organizações ambientais no mundo todo operam efetivamente como uma enorme religião descentralizada, cada uma adorando a mesma divindade que foi venerada por povos nativos durante tanto tempo: a Mãe Terra. Embora isso não possa ser escrito em suas declarações de objetivos fundamentais, elas são todas impulsionadas, cada uma à sua maneira, pela crença quase religiosa de que toda vida é sagrada. Não há necessidade de inventar uma nova religião porque ela já está aqui, um produto do vibrante ativismo ecológico que emergiu no último meio século.[28] E, com sua forma descentralizada, ela poderia até evitar alguns dos hábitos decorrentes da avidez de poder das religiões tradicionais.

Expus esta ideia ao biólogo evolucionário Richard Dawkins, talvez o ateu mais famoso do mundo. Em nossa era de emergência ecológica,

Evolução cultural 251

perguntei-lhe se o culto de alguma versão da Mãe Terra não seria a única religião que mereceria nossa fidelidade. Eu esperava uma rejeição caracteristicamente estridente dessa sugestão, mas sua resposta me surpreendeu:

> Eu lamentaria se a Mãe Terra fosse considerada uma religião — prefiro efetuar as argumentações científicas sobre a razão pela qual deveríamos fazer alguma coisa a respeito das mudanças climáticas. Mas posso ver que poderia haver um argumento político para tratar a Terra como uma deusa como Gaia, como uma maneira de galvanizar as pessoas e estimulá-las a protegê-la.[29]

Mesmo entre as pessoas mais cientificamente racionais, pode haver razões — ainda que apenas instrumentais — para promover uma conexão espiritual com o planeta vivo e desenvolver um conjunto de crenças e rituais que instilam em nós os valores de longo prazo de preservação e regeneração. Quer escolhamos adorar uma madrugada de solstício em Stonehenge, lutar para proteger espécies sob ameaça de extinção, fazer campanha para "refaunar" porções de terra degradadas ou erguer turbinas eólicas no mar, esses atos nos põem em comunhão com os ideais do bom ancestral. Eles nos lembram de adotar a perspectiva do tempo profundo. Encorajam-nos a considerar nossos legados para as futuras gerações. E nos guiam para a meta transcendente de prosperar dentro dos meios que o planeta possui.

O Cavalo Branco: Mil anos de ritual de longo prazo

No verão passado, eu me vi numa encosta isolada cerca de trinta quilômetros ao sul de minha casa em Oxford, despedaçando pedaços de calcário no solo com uma marreta. Eu não estava sozinho: éramos cerca de uma dúzia a martelar as macias rochas brancas, pulverizando-as, fazendo parte de um antigo ritual chamado "branquear o cavalo", que vem acontecendo há mais de mil anos.

O cavalo em questão é o Cavalo Branco de Uffington, uma obra icônica de arte minimalista que foi entalhada num morro de calcário durante a Idade do Bronze. Medindo mais de cem metros de comprimento, sua forma empinada pode ser vista de quilômetros de distância. Ninguém sabe quem o fez, ou por que ele está ali. Numa tradição que remonta pelo menos à Idade Média e que durou até o século XIX, aldeões locais escalavam o morro a cada sete anos para limpar a figura de ervas daninhas e substituir o calcário que tinha sido removido pelas chuvas, preservando o cavalo para futuras gerações. Feito o trabalho, eles voltavam para baixo e realizavam um festival em honra do cavalo.

Embora não ocorra mais, o festival foi substituído por uma peregrinação anual de devotos que ainda repõem o calcário no cavalo, agora sob o olhar vigilante do National Trust, que cuida do sítio. É por isso que eu estava lá juntamente com colegas do posto avançado de Londres da Long Now Foundation. Para todos nós — uma turma heterogênea que incluía um engenheiro de software, um designer gráfico, um profissional de marketing, um ecoartista e um par de garotos que tinham matado aula por um dia com o pai — foi uma oportunidade para entrar em conexão com

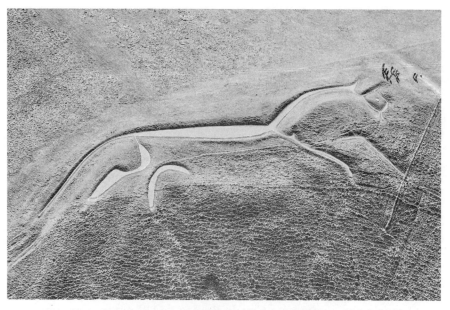

O Cavalo Branco de Uffington, entalhado na encosta de um morro de calcário nos Berkshire Downs.

Evolução cultural

um senso temporal mais profundo. Nossos celulares estavam desligados e nossos únicos relógios eram a batida rítmica de nossos martelos e o sol movendo-se lentamente pelo céu.

O ritual de reposição do calcário nos fala sobre o valor da manutenção. Ele é um lembrete de que preservar as coisas que importam para nós — de nossa herança cultural até relações familiares e o próprio planeta — requer dedicação, esforço e ciclos de cuidado. Do contrário, as coisas se desmantelam, os sistemas se exaurem, as rachaduras começam a aparecer.

Enquanto martelávamos a pedra reduzindo-a a pedaços cada vez menores, dando nossa modesta contribuição para um trabalho atemporal de arte comunitária, visualizei a longa cadeia de pessoas que tinham feito exatamente a mesma coisa por séculos e que poderiam continuar a fazê-lo no futuro. Uma cadeia interconectada de cuidado humano, mantendo o Cavalo Branco vivo.

12. O caminho do bom ancestral

NOVEMBRO DE 02019. Enquanto escrevo, o país onde cresci está em chamas: a costa leste da Austrália está ardendo. Meu pai de 86 anos teve de fugir, por causa das chamas que ameaçavam engolfar sua casa em Sydney. Agora ele está sufocando nas cinzas que encheram o ar e obscureceram o sol numa névoa enfumaçada, enquanto dezenas de milhares de pessoas se reúnem no centro da cidade e exigem que um governo intransigente e letárgico tome ações imediatas sobre o clima.

Em seu livro *A terra inabitável*, David Wallace-Wells previu que o século XXII seria o "século do inferno".[1] Talvez ele já tenha começado.

É um mundo que provavelmente exacerbará as desigualdades do presente. Já há 1 bilhão de pessoas que não têm alimentos suficientes para comer e estão vivendo precariamente, mas agora elas se defrontam com um futuro ecológico que investe contra elas com mais secas, mais inundações, mais furacões, mais conflitos. Aproxima-se com velocidade a era do apartheid climático, em que os que têm podem se proteger atrás de muros altos, enquanto os que não têm lutam para sobreviver além deles. Dentro de cinquenta, cem, quinhentos anos, é provável que ainda haja seres humanos vivendo, trabalhando, amando e sonhando pelos continentes do planeta Terra. E a vida que eles levam será profundamente influenciada pelo modo como agimos hoje, pelas consequências da história que eles vão herdar. Somos seus ancestrais, e as escolhas que fazemos — políticas, ambientais, culturais, tecnológicas — irão inevitavelmente moldar suas perspectivas.

Sabemos o que está em risco. Então, o que está nos impedindo de desviar nosso olhar do aqui e agora para ter uma visão mais estendida a

256 *Provocar a rebelião do tempo*

respeito do futuro da humanidade? A resposta fácil é a natureza humana: a miopia inerente de nosso cérebro de marshmallow. Mas isso não pode ser a história toda porque nossa espécie, apesar de todas as suas deficiências, demonstrou repetidamente uma aptidão para pensar e planejar para a posteridade, lançando mão de nossa capacidade cognitiva cerebral de noz. De fato, existem mais quatro barreiras fundamentais para a mudança que foram temas recorrentes ao longo deste livro:

Projetos institucionais obsoletos

Nossos sistemas políticos têm pouca capacidade de adotar uma visão de longo prazo: tanto a democracia representativa quando os Estados-nações são orientados para horizontes de curto prazo e respondem mais a interesses próximos que a riscos distantes. Há uma ausência de mecanismos institucionais que dão voz aos interesses das gerações de amanhã, que estão efetivamente excluídas do sistema. A política permite a colonização do futuro.

O poder dos interesses pessoais

O futuro está sendo coagido por todo um ecossistema econômico propenso a ganhos de curto prazo e gratificação instantânea, de companhias de combustíveis fósseis e especuladores financeiros a grandes sites de venda on-line. Eles são a força vital de uma economia global baseada no crescimento que nos aprisiona na miopia. Esses interesses exercem cada vez mais seu poder por meio de canais da mídia social, usando algoritmos inteligentes e outras ferramentas tecnológicas para difundir desinformação e influenciar resultados políticos em seu favor.[2]

Insegurança no aqui e agora

O pensamento de longo prazo será sempre um desafio para aqueles que estão se esforçando para satisfazer necessidades imediatas no presente, em decorrência de fatores como insegurança no emprego, fome e ameaça de violência. Esse é especialmente o caso para os 230 milhões de migrantes e refugiados do mundo — um número que provavelmente crescerá para mais de 450 milhões até 2050. A maioria dessas pessoas se concentra compreensivelmente em lidar com seu contexto presente de incerteza e deslocamento em vez de planejar para um futuro distante.[3]

Senso insuficiente de crise

Apesar de todas as calamidades ecológicas e ameaças tecnológicas que enfrentamos, a maioria das pessoas — especialmente aquelas em posições de poder — não tem um genuíno senso de crise, urgência ou medo que as conduza a tomar uma ação radical. Somos uma espécie que está fervendo em fogo brando na panela e precisará de um choque brusco para poder pular fora dela. Como disse Milton Friedman, um dos arquitetos do neoliberalismo, "só uma crise — real ou percebida — produz mudança real".[4]

Tendo em vista esses enormes obstáculos, que esperança pode haver para o pensamento de longo prazo? A resposta nos leva de volta ao poder das ideias. Elas fornecem o pátio em que a ação humana tem lugar. São as ideias o ingrediente secreto do paradigma que molda nossa vida. Milton Friedman certamente reconheceu seu potencial transformador. Depois que ele e os colegas que compartilhavam suas ideias trabalharam por quase meio século semeando o pensamento de livre mercado em universidades, centros de estudos, jornais e partidos políticos, nos anos 1980 o neoliberalismo finalmente superou seu arquirrival, o keynesianismo, e ainda reina supremo décadas depois como uma das visões de mundo mais dominantes de nosso tempo. Devemos ser igualmente ambiciosos em nossas esperanças de pensamento de longo prazo, embora seu cabo de guerra contra o pensamento de curto prazo precise ser ganho bem mais rapidamente. Essa é uma luta pela mente humana. Descolonizemos nossa mente e iremos descolonizar o futuro, libertando-o do domínio do tempo presente. E temos todas as ferramentas de que precisamos nas seis formas de pensar a longo prazo.

Para transformá-las em hábitos mentais e no modo como vemos o mundo, precisamos de tempo para reflexão, exploração e conversação, por isso expus questões para contemplação que se relacionam com cada uma das seis formas a seguir. Essas questões podem ser usadas como uma fagulha para discussões ambiciosas com amigos, família, colegas ou estranhos. Como disse o historiador Theodore Zeldin, "uma conversa satisfatória é aquela que faz você dizer o que nunca disse antes".[5]

Por trás desse conjunto de questões há uma maior. Encontramo-nos num momento da história em que encaramos uma escolha existencial, uma escolha que Jonas Salk reconheceu como a mais crítica de nosso tempo: queremos ser uma sociedade impulsionada pelo pensamento de curto prazo e valores individualistas, ou queremos tomar outro rumo e ir em direção ao pensamento de longo prazo para o bem comum?

Mesmo que façamos a escolha de nos tornarmos bons ancestrais, ainda enfrentamos o desafio aparentemente insuperável de ultrapassar as muitas barreiras para o pensamento de longo prazo. Estamos cercados e sufocados pelo curto agora da modernidade que tem acesso a nosso cérebro de marshmallow. Os altos e baixos diários do mercado de ações, as filas nos aeroportos para voos de fim de semana, a corrida frenética nas liquidações, os acordos pré-eleições dos políticos e o cacoete das pessoas que não param de checar seus celulares são exemplos disso.

Há também, contudo, uma realidade mais auspiciosa diante de nós. Dê um passo atrás e olhe para a rebelião do tempo que está ocorrendo nos cenários cultural, econômico e político do início do século xxi — trata-se de uma extraordinária constelação de compromisso e ação que está semeando valores de longo prazo por toda a etnosfera. Visto como um todo, há um movimento global emergente dedicado a expandir nossos horizontes de tempo e forjar uma nova comunidade imaginária com pessoas do futuro. Podemos estar no limiar de uma civilização de longo agora. Como poderíamos promover a causa da melhor maneira e participar da luta?

Conversas do bom ancestral

Humildade diante do tempo profundo
Quais foram suas experiências mais intensas de tempo profundo, e como elas o afetaram?

Justiça intergeracional
Quais são, para você, as razões mais poderosas para se importar com futuras gerações?

Mindset de legado
Que legado você quer deixar para sua família, sua comunidade e para o mundo vivo?

Meta transcendente
Qual você acha que deveria ser a meta máxima da espécie humana?

Previsão holística
Você prevê um futuro de colapso civilizacional, transformação radical ou um caminho diferente?

Pensamento de catedral
Que projetos de longo prazo você poderia perseguir com outros que se estenderia além de sua própria vida?

Quando se trata de ser um bom ancestral, a questão-chave não é "como posso fazer uma diferença?" mas "como *nós* podemos fazer a diferença?". Uma mera mudança de pronome tem o poder de mudar o mundo. Mais do que ações pessoais isoladas, a urgência de nossa crise atual exige estratégias de mudança baseadas em ação coletiva, dirigida para aqueles que estão no poder. Como afirma David Wallace-Wells, "o cálculo do clima é tal que escolhas individuais de estilo de vida não representam muito, a menos que sejam ampliadas pela política".[6]

Para os que estão buscando transformar o pensamento de longo prazo em prática de longo prazo, a prioridade deve ser buscar aquilo que podemos fazer juntos. Isso poderia significar ingressar nas rebeliões do tempo já em curso: apoiando as batalhas legais por direitos intergeracionais, fazendo parte de assembleias de cidadãos ou pressionando políticos para pôr fim a subsídios para combustíveis fósseis e entrar no Donut. Poderia significar olhar para as organizações de que você já faz parte, como escolas, igrejas ou ambientes de trabalho, e perguntar o que você pode fazer para promover a visão de longo prazo — pode ser uma campanha para zerar suas emissões de carbono, escrever um plano estratégico para 2100 ou transformar sua empresa numa B-Corp. Poderia também significar ocupar as ruas e bloquear o caminho para um novo aeroporto com seu grupo de samba, realizar um *sit-in*, com manifestantes sentados juntos a fim de exigir investimentos de longo prazo no sistema de saúde pública, ou unir-se a seus filhos numa greve climática. Lembre-se das palavras do antropólogo James Scott: "Os grandes ganhos emancipatórios para a liberdade humana não foram o resultado de procedimentos institucionais ordeiros, mas de ação desordenada, imprevisível e espontânea que quebra a ordem social a partir de baixo".[7]

E o relógio está fazendo tique-taque. Estamos num paradoxo pois não podemos esperar pacientemente que o pensamento de longo prazo emerja pouco a pouco e se faça sentir: precisamos dele urgente e imediatamente a fim de fazer frente às múltiplas crises que se dirigem a toda velocidade em nossa direção. Como Martin Luther King Jr. escreveu, "somos confrontados com a feroz urgência do agora".[8] Amanhã tornou-se hoje. A história

O caminho do bom ancestral 261

nos conta que a ação coletiva funciona. No entanto, traçar uma linha inflexível entre esforços individuais e comunitários é uma falsa dicotomia. Nossas ações pessoais não são uma inútil gota no oceano, pela simples razão de que as ondulações que elas provocam podem se transformar em ondas. O contágio social é uma força poderosa: um estudo mostrou que metade das pessoas que conhecem alguém que deixou de voar de avião por causa das mudanças climáticas voam menos elas próprias como resultado desse exemplo. Outra pesquisa demonstra que quando você instala painéis solares em seu telhado não só ajuda a empurrar para baixo o preço de mercado da energia renovável como pode também estimular amigos e vizinhos a fazer o mesmo. A estratégia inteligente consiste em considerar ações que têm o potencial de ser amplificadas.[9]

Devemos ainda, no entanto, dar espaço para aquilo que é profundamente pessoal.

Apaixonarmo-nos por um lugar — uma montanha, uma floresta, um rio — pode nos transformar em guardiões do futuro, pois isso pode instilar em nós o desejo de preservar suas maravilhas vivificantes para as gerações vindouras. Numa era de deslocamentos e comunidades rompidas, essas paisagens fornecem uma âncora a que podemos prender nossos anseios temporais. Elas nos reconectam com a meta transcendente de um planeta próspero, de modo que possamos cuidar do mundo vivo que tomará conta de nossa prole.

Visualizar a vida de nossos entes queridos mais jovens estendendo-se rumo à distância além da nossa própria pode também ser uma ponte para um agora mais longo. Quem serão eles quando forem idosos? Que tipo de mundo habitarão? Como vão nos considerar e ao que fizemos ou deixamos de fazer quando tivemos chance? O poder de *whakapapa* pode se tornar parte de nossa imaginação, ajudando a iluminar a grande cadeia dos vivos, mortos e não nascidos que se estende, de forma ininterrupta, ao longo do tempo.

Ver a nós mesmos como parte dessa cadeia pode trazer uma dádiva inesperada: um sentimento de propósito em nossa vida. Podemos cultivar nossa necessidade de conexão e de relacionamento criando um vínculo empático com gerações futuras através da paisagem temporal. Podemos encontrar propósito no esforço de assegurar o florescimento da vida, geração após geração. Podemos começar a nos libertar do medo da morte vendo-nos como parte de um quadro maior. A busca de pensar a longo prazo é cheia de alimento existencial.

Quando refletimos sobre nosso relacionamento cambiante com o tempo, quando consideramos nossos próprios legados, quando contemplamos o que significa para nossa vida ser apenas um piscar de olhos na história de 13,8 bilhões de anos do Universo, iniciamos nossa viagem além do aqui e agora. Começamos a insuflar nova vida na evolução da cultura humana. Começamos a trilhar o caminho do bom ancestral.

Apêndice
O Índice de Solidariedade Intergeracional

O Índice de Solidariedade Intergeracional foi desenvolvido pelo cientista interdisciplinar Jamie McQuilkin. Foi publicado originalmente na *Intergenerational Justice Review*, que contém uma discussão completa de seus fundamentos conceituais e metodológicos. A análise deste livro baseia-se numa versão atualizada do índice, que contém dados de séries temporais para 122 países em cada ano — de 2015 a 2019 (ou os anos mais recentes para os quais há dados disponíveis) — e inclui ajustes para algumas das medidas componentes. Em sua maioria, os indicadores se baseiam em distribuição de dados, não em valores tomados como alvos (com exceção da taxa de natalidade ajustada à mortalidade) e são calculados com base em médias de cinco anos. O conjunto de dados completo e informações detalhadas sobre a construção do índice podem ser encontrados em www.goodancestorproject.org.

O índice contém dez indicadores que recaem em termos gerais em três dimensões: ambientais, sociais e econômicos. Eles estão resumidos na tabela a seguir.

As pontuações no índice vão de 0 (baixa solidariedade intergeracional) a 100 (elevada solidariedade intergeracional). No cálculo da pontuação final, os indicadores nas dimensões ambiental, social e econômica recebem um peso igual e são agregados aritmeticamente dentro de suas próprias dimensões; depois, são combinados geometricamente entre si, seguindo o método do Índice de Desenvolvimento Humano do Programa de Desenvolvimento das Nações Unidas. Um indicador final, Produção de Combustíveis Fósseis, é aplicado como um ajuste de penalidade à pontuação global, em razão de seus efeitos sobre o bem-estar intergeracional.

Índice de Solidariedade Intergeracional

	INDICADOR	MÉTRICA	FONTE
Ambiental	Esgotamento de florestas	Mudança anual da cobertura florestal (%)	FAO
	Pegada de carbono	Intensidade da pegada de carbono (PIB em dólares [PPP] por GHa)	Ecological Footprint Network
	Energia renovável	Energia renovável e nuclear (% do consumo de energia)	EIA, Estados Unidos
Social	Educação primária	Proporção básica de alunos para professores	Unesco; corpos estatísticos nacionais.
	Mortalidade infantil	Diferença entre mortalidade infantil esperada e real, com base na regressão per capita do PIB	Unicef; OMS; Banco Mundial; Undesa, ONU.
	Crescimento da população	Taxa de natalidade prevista por mulher (ajustada à mortalidade infantil)	Unicef; OMS; Banco Mundial; Undesa, ONU
Econômica	Desigualdade de renda	Desigualdade de renda e coeficiente de Gini	Crédit Suisse
	Conta-corrente	Saldo em conta-corrente (% do PIB)	FMI
	Poupanças líquidas	Poupanças líquidas ajustadas (% de PIB)	Banco Mundial
Perda	Produção de combustível fóssil	Produção de hidrocarbonetos (gigajoules/per capita)	EIA, Estados Unidos

O mapa a seguir mostra a distribuição geográfica das pontuações de países para a versão de 2019 do índice.

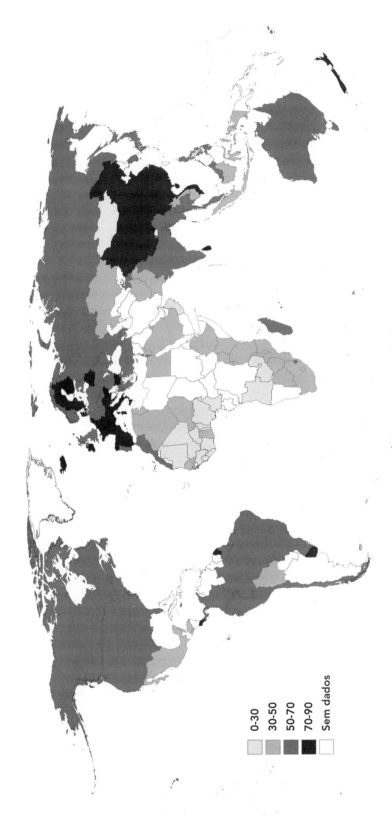

Pontuações para 122 países no Índice de Solidariedade Intergeracional (2019): quanto mais escuro é o tom, maior a solidariedade intergeracional

Agradecimentos

Para minha maravilhosa parceira Kate Raworth, que não só me ajudou a me orientar em campos como pensamento sistêmico e ciência dos sistemas terrestres — bem como nos aspectos mais sutis da Economia Donut — como ofereceu constante orientação, inspiração e apoio durante os anos que passei escrevendo *O bom ancestral*.

Para meus excelentes revisores Drummond Moir e Suzanne Connelly, por sua dedicação, argúcia e sábios conselhos; e para Patsy O'Neill, Jo Bennett, Andrew Goodfellow e todos os outros na Ebury pelo grande apoio dado ao livro.

À minha agente Maggie Hanbury, cuja fé inabalável em meus escritos tem continuamente levantado minha disposição de ânimo e estimulado minha determinação; sem ela este livro não existiria.

Para Louisa Mann, Jen Hooke e Nikki Clegg, da Thirty Percy Foundation, por seu inestimável e generoso apoio ao Projeto do Bom Ancestral.

Para Jamie McQuilkin, por seu brilhante trabalho no Índice de Solidariedade Intergeracional, por suas críticas incisivas ao texto e sua esclarecedora conversa de doze horas de duração sobre as possibilidades e problemas do pensamento de longo prazo.

Para Brian Eno, por sua generosidade intelectual, seus comentários aos manuscritos e seu ensaio pioneiro, "The Big Here and Long Now", ao qual retornei muitas e muitas vezes.

Para Nigel Hawtin, cujo magistral trabalho de desenho gráfico deu forma visual às ideias contidas neste livro.

Para Sophia Blackwell, cujo olhar poético e bisturi editorial fizeram tanto para melhorar o texto, e para Ben Murphy, pelo magnífico índice.

Para Alicia Carey e o Hawkwood College, por me oferecerem uma Changemaker Residency, na qual escrevi o capítulo sobre justiça intergeracional.

Para Drew Dellinger, pelos versos de seu belo poema "Hieroglyphic Stairway".

Para Tom Lee, por seu trabalho fantasticamente inventivo sobre as animações em vídeo.

Para o estimado grupo de especialistas e amigos que comentaram o manuscrito: Kevin Watkins, Lisa Gormley, Morten Kringelbach, Andrew Ray, Daan Roovers, Marc Jumelet, Kaj Lofgren, Christopher Daniel e Caspar Henderson.

Para todos que ajudaram com sua conversa, ideias e apoio: Caterina Ruggeri Laderchi, George Monbiot, Jonathan Salk, Mary Bennett, Samwel Nangiria, a Long Now Foundation e membros do Long Now de Londres, Stuart Candy, Svante Thunberg, Greta Thunberg, Richard Fisher, Jeremy Lent, Ari Wallach, Camilla Bustani, James Hill, Sophie Howe, Gijs van Hensbergen, Ella Saltmarshe e Beatrice Pembroke, do Long Time Project, Jonathan Smith, John Steele e a equipe do Sturmark, todos no Museu da Empatia, Rebecca Wrigley, Michael Bhaskar, Juliet Davenport, Mark Shorrock, David Kelly, Philippa Kelly, Luke Kemp, Toby Ord, Max Harris, Katie Paterson, Carlo Giardinetti, Nanaia Mahuta, Jane Riddiford e Rod Sugden, do Global Generation, Anab Jain e Jon Ardern, do Superflux, Sophie Howarth, Anthony Barnett, Judith Herrin, Tony Langtry, Jennifer Thorp, Tebaldo Vinciguerra, Pablo Suarez e Chris Jardine.

E por fim para meus filhos, Siri e Cas — detentores do futuro cujas ideias, conselhos e tolerância me ajudaram a fazer deste um livro melhor e me deixaram orgulhoso de ser seu pai.

Notas

1. Como podemos ser bons ancestrais? (pp. 13-26)

1. Salk mencionou pela primeira vez o conceito do "bom ancestral" em 1977 (Jonas Salk, "Are We Being Good Ancestors?", discurso de aceitação do prêmio Jawaharlal Nehru por Compreensão Internacional, Nova Délhi, 10 de janeiro de 1977. Reeditado em *World Affairs: The Journal of International Issues,* Nova Délhi, v. 1, n. 2, dez. 1992). Desde então, outros foram inspirados pelo conceito — que pode ter raízes em culturas indígenas —, e entre eles estão o ativista ecológico David Suzuki, o crítico cultural Lewis Hyde, o ativista dakota Winona LaDuke, os futuristas Bina Venkataraman e Ari Wallach, a ativista pró justiça racial Layla Saad, o pensador do design Alan Cooper, o pensador de liderança James Kerr, o escritor dedicado à natureza Robert Macfarlane e o estrategista tecnológico Tyler Emerson. Para a filosofia de pensamento de longo prazo de Salk, ver: Jonas Salk, *Anatomy of Reality: Merging of Intuition and Reason* (Nova York: Columbia University Press, 1983, pp. 8, 12, 109, 114-18, 122-3); Jonathan Salk, "Planetary Health: a New Perspective" (*Challenges,* S.l., v. 10, n. 7, 2019, p. 5) e Jonas Salk e Jonathan Salk, *A New Reality: Human Evolution for a Sustainable Future.* (Westport: City Point Press, 2018).

2. Mary Catherine Bateson, *Composing a Further Life: The Age of Active Wisdom.* Londres: Vintage, 2011, p. 22.

3. Sobre o conceito de "tendência nociva ao pensamento de curto prazo ver: Simon Caney, "Democratic Reform, Intergenerational Justice and the Challenges of the Long-Term" (Centre for the Understanding of Sustainability Prosperit. Guildford: University of Surrey, 2019, p. 4)". Para uma análise abrangente da tendência ao curto prazo na política, ver: Jonathan Boston, *Governing the Future: Designing Democratic Institutions for a Better Tomorrow.* Bingley: Emerald, 2017.

4. O especialista em risco existencial e filósofo da Universidade de Oxford Toby Ord calcula que o número seja de um em cada seis (com a maior ameaça vindo da IA), enquanto um levantamento realizado pelo Instituto do Futuro da Humanidade da universidade resultou num número ligeiramente melhor, de 19% (Toby Ord, *The Precipice.* Londres: Bloomsbury, 2020, p. 167); <http://thebulletin.org/2016/09/how--likely-is-an-existential-catastrophe/>). Quando perguntei ao pesquisador Anders Sandberg sobre qual era sua estimativa para o risco existencial, ele respondeu que "há apenas 12% de chance de que estejamos condenados" (palestra em The Hub, Oxford, 21 de maio de 2018). Medir os componentes do risco existencial é sem dúvida uma ciência inexata e um tanto especulativa. Sobre os receios de Nick

Bostrom com relação à nanotecnologia, ver: <https://www.nickbostrom.com/existential/risks.html>.

5. Disponível em: <https://www.theguardian.com/society/2005/jan/13/environment.science>; Jared Diamond, *Collapse: How Societies Choose to Fail or Survive*. Nova York: Penguin, 2011, p. 522; ver também: Will Steffen e Johan Rockström et al., "Trajectories of the Earth System in the Anthropocene". *PNAS*, Washignton D.C., v. 115, n. 33, 2019.

6. Citações do discurso de Attenborough em palestras sobre o clima durante a COP24 da ONU, realizada na Polônia, em 3 de dezembro de 2019, e em seu programa de TV na BBC, *Climate Change: The Facts*, transmitido em 18 de maio de 2019.

7. Meu uso da expressão *terra nullius* se vale do trabalho do historiador dos direitos indígenas à terra na Austrália, Henry Reynolds. Disponível em: <https://www.themonthly.com.au/books-henry-reynolds-new-historical-landscape-responce-michael-connor039s-039the-invention-terra-nul#mtr>. A ideia do futuro como um território colonizado foi sugerida pela primeira vez, ao que eu saiba, nos escritos do futurista austríaco pioneiro Robert Jungk, *Tomorrow is Already Here: Scenes from a Man-Made World* (Londres: Rupert Hart-Davis, 1954, pp. 16-9). A metáfora aparece mais explicitamente na obra do clarividente estudioso Jim Dator ("Decolonizing the Future", In Andrew Spekke [Org.], *The Next 25 Years: Challenges and Opportunities*. Chicago: World Future Society, 1975) e da socióloga Barbara Adam (*Time*. Cambridge: Polity Press, 2004, pp. 136-43).

8. Martin Rees, *On the Future Prospects for Humanity*. Princeton: Princeton University Press, 2018, pp. 226-7. Seus comentários sobre a China foram feitos numa palestra sobre seu último livro, *On the Future*, na Blackwell's Bookshop, Oxford, em 5 de novembro de 2018.

9. "The Short Long", discurso de Andy Haldane realizado em Bruxelas, maio de 2011. Disponível em: <https://www.bankofengland.co.uk/speech/2011/the-short-long-speech-by-andy-haldane>.

10. Mary Robinson Foundation, "Global Guardians: A Voice for the Future". *Climate Justice Position Paper*, Dublin, abr. 2017, p. 6); papa Francisco, *Laudato si'*, carta encíclica do santo padre Francisco. Cidade do Vaticano, Roma: 2015, cap. 5, entrada 159. Disponível em: <http://www.vatican.va/content/francesco/pt/encyclicals/documents/papa-francesco_20150524_enciclica-laudato-si.html>.

11. Entre as poucas exceções a esse vácuo intelectual está o conceito de "longa trilha" de Ari Wallach. Ver: <https://www.longpath.org/>. Agradeço a Graham Leicester pela ideia de haver uma "emergência conceitual". Ver: <https://www.internationalfuturesforum.com/s/223>.

12. Para uma crítica dessas teorias de mudança social, veja meu relatório Oxfam, *How Change Happens: Interdisciplinary Perspectives for Human Development*". (Oxford: Oxfam, 2007).

13. Brian Eno, "The Big Here and Long Now", Long Now Foundation, San Francisco, 2000.

Notas   271

14. Charles D. Ellis, *The Partnership: The Making of Goldman Sachs*. Nova York: Penguin, 2009, pp. 177-80.
15. John Dryzek, "Institutions for the Anthropocene: Governance in a Changing Earth System". *British Journal of Political Studies*, Cambridge, v. 46, n. 4, 2014, pp. 937-41.
16. Para uma crítica de diferentes marcos temporais para visualizar o futuro, ver: Richard Slaughter, "Long-Term Thinking and the Politics of Reconceptualization". *Futures*, S.l., v. 28, n. 1, 1966, pp. 75-86.
17. Stewart Brand, *The Clock of the Long Now: Time and Responsibility*. Nova York, 1999, pp. 4-5.
18. Terry Eagleton, *Hope Without Optimism*. Londres: Yale University Press, 2015, pp. 1-38.

2. O marshmallow e a noz (pp. 27-46)

1. Disponível em: <https://www.nytimes.com/interactive/2018/08/01/magazine/climate-change-losing-earth.html?hp&action=click&pgtype=Homepage&clickSource=story-heading&module=photo-spot-region&region=top-news&WT.nav=top-news>. Para uma causticante censura da visão de Rich por Naomi Klein, ver: <https://theintercept.com/2018/08/03/climate-change-new-york-times-magazine>.
2. Morten Kringellbach, *The Pleasure Centre: Trust Your Animal Instincts*. Oxford: Oxford University Press, 2009, pp. 55-6; Kent Berridge e Morten Kringellbach, "Affective Neuroscience of Pleasure: Reward in Humans and Animals". *Psycopharmacology*, S.l, v. 199, n. 3, 2008; Morten Kringellbach e Helen Phillips, *Emotion: Pleasure and Pain in the Brain*. Oxford: Oxford University Press, 2014, pp. 124-31.
3. Maureen O'Leary et al., "The Placental Mammal Ancestor and the Post-K-Pg Radiation of Placentals". *Science*, Washington, D.C., v. 339, n. 6.120, 2013; ver também: <https://www.nytimes.com/2013/02/08/science/common-ancestor-of-mammals-plucked-from-obscurity.html?_r=1&>.
4. John Ratey, *A User's Guide to the Brain*. Londres: Abacus, 2013, p. 115.
5. Peter Whybrow, *The Well-Tuned Brain: A Remedy for a Manic Society*. Nova York: Norton, 2016, p. 6; ver também: <http://www.zocalopublicsquare.org/2015/09/18/low-interest-rates-are-bad-for-your-brain/ideas/nexus/>.
6. Ibid., pp. 112-13.
7. Walter Wishel, Yuchi Shoda e Monica Rodriguez, "Delay of Gratification in Children". *Science*, Washington, D.C., v. 244, n. 4.907, 1989, pp. 933-98; ver também: <https://behavioralscientist.org/try-to-resist-misinterpreting-the-marshmallow-test/>; Morten Kringellbach e Helen Phillips, op.cit., pp. 164-5; ver também: <http://theconversation.com/its-not-a-lack-of-self-control-that-keeps-people-poor-47734>.

8. Martin Seligman, Peter Railton, Roy Baumeister e Chandra Sripada, *Homo prospectus*. Oxford: Oxford University Press, 2016, p. ix.

9. Daniel Gilbert, *Stumbling on Happiness*. Nova York: Harper Perennial, 2007, p. 9; Martin Seligman et al., op. cit., p. xi.

10. W. A. Roberts, "Are Animals Stuck in Time?". *Psychological Bulletin*, Washington D.C, v. 128, n. 3, pp. 481-6, 2002; Roland Ennos, "Aping Our Ancestor". *Physics World*, Bristol, v. 27, n. 8, maio 2014.

11. Martin E. P. Seligman e John Tierney, "We Aren't Built to Live in the Moment". *New York Times*, maio 2017. Disponível em: <https://www.nytimes.com/2017/05/19/opinion/sunday/why-the-future-is-always-on-your-mind.html>.

12. Thomas Princen, "Long-Term Decision-Making: Biological and Psychological Evidence". *Global Environmental Politics*, Cambridge, MA, v. 9, n. 3, 2009, p. 12; David Passig, "Future Time-Span as a Cognitive Skill in Future Studies". *Futures Research Quarterly*, S.l., inverno 2004, p. 31-2; Jane Busby Grant e Thomas Suddendort, "Recalling Yesterday and Predicting Tomorrow". *Cognitive Development*, S.l., v. 20, 2005.

13. Roy Baumeister et al., "Everyday Thoughts in Time: Experience Sampling Studies of Mental Time Travel". *PyArXiv*, Ithaca, 2018, pp. 22, 45.

14. Daniel Gilbert, op.cit., pp. 10-5; Ricarda Schubotz, "Long-Term Planning and Prediction: Visiting a Construction Site in the Human Brain", In: W. Welsch et al. (Orgs.), *Interdisciplinary Anthropology*. Berlim: Springer-Verlag, 2011, p. 79.

15. Roy Baumeister et al., op.cit., p. 20.

16. Disponível em: <http://www.randomhouse.com. kvpa/gilbert/blog/200607.html>.

17. <https://www.npr.org/templates/story/story.php?storyId=5530483>.

18. Peter Railton, "Introduction". In: Martin Seligman, Peter Railton, Roy Baumeister e Chadra Stripada, *Homo prospectus*. Oxford: Oxford University Press, 2016, p. 4.

19. Thomas Princen, op.cit., p. 13.

20. Disponível em: <https://www.nytimes.com/2016/03/20/magazine/the-secrets-of-the-wave-pilots.html>; Sander van der Leeuw, David Lane e Dwight Read, "The Long-Term Evolution of Social Organization". In: David Lane et al. (Orgs.), *Complexity Perspectives in Innovation and Social Change*. Heildeberg: Springer, 2009, p. 96; Jerome Barkow, Leda Cosmides e John Tooby, *The Adapted Mind: Evolutionary Psychology and the Generation of Culture*. Oxford: Oxford University Press, 1996, pp. 584-5.

21. Thomas Princen, op.cit., pp. 14-5; Kristen-Hawkes, "The Grandmother Effect". *Nature*, Londres, v. 428, n. 128, 2004, pp. 128-9.

22. Ver: <http://longnow.org/seminars/02011/feb/09/live-longer-think-longer/>; ver também: Mary Catherine Bateson, op. cit., p. 14-15.

23. Roman Krznaric, *Empathy: Why It Matters and How to Get It*. Londres: Rider Books, 2015, pp. 4-5.

24. Charles Darwin, *The Descent of Man*. Nova York: Appleton and Company, 1889, p. 132.

Notas 273

25. Disponível em: <https://www.romankrznaric.com/outrospection/2009/11/14/152>; ver também o capítulo 1 de meu livro *Empathy* (2015), no qual se discute a pesquisa sobre nossas naturezas empáticas na biologia evolucionária, na neurociência e na psicologia do desenvolvimento.
26. Martin Seligman et al., op.cit., p. 5; ver também: Railton, op.cit., p. 25-6 e Roy Baumeister, "Collective Prospection: The Social Construction of the Future". In: Martin Selegman et al., op.cit., p. 143.
27. Sander Van der Leeuw, David Lane e Dwight Read, op.cit., p. 88-92; Sanders var der Leeuw, "The Archaelogy of Innovation: Lessons for Our Times". In: Carlson Curtis e Frank Moss (Orgs.), *Innovation: Perspectives for the 21st Century*. S.l., BBVA, 2010, p. 38; David Christian, *Maps of Time: An Introduction to Big History*. Berkeley: University of California Press, 2005, p. 160.
28. Sander Van der Leeuw, David Lane and Dwight Read, op. cit., p. 91.
29. Van der Leeuw, Lane and Read, op. cit., p. 96.
30. Bruce E., Tonn, Angela Hemrick e Fred Comrad, "Cognitive Representations of the Future: Survey Results". *Futures*, S.l., v. 38, 2006, p. 818.

3. Humildade diante do tempo profundo (pp.49-66)

1. John G. Neihardt, *Black Elk Speaks*. Albany: Excelsior, 2008, pp. 155-6.
2. Jacques Le Goff, *Time, Work and Culture in the Middle Ages*. Chicago: Chicago University Press, 1980, pp. 29-42; Jacques Le Goff, *Medieval Civilization 400-1500*. Londres: Folio Society, 2011, pp. 171, 175, 180-1, 181-2; Jeremy Rifkin, *Time Wars: The Primary Conflict in Human History*. Nova York: Touchstone, 1987, pp. 158-9; Barbara Adam e Chris Groves, *Future Matters: Marking, Making and Minding Futures for the 21st Century*. Leiden: Brill, 2007, p. 7.
3. E.P. Thompson, "Time, Work Discipline and Industrial Capitalism". *Past & Present*, Oxford, v. 38. n. 1, 1967, p. 64-5.
4. Lewis Mumford, *The Human Prospect*. Boston: Beacon Press, 1955, p. 4.
5. Ver: <https://www.theguardian.com/commentisfree/2018/may/27/world-distrac tion-demands-new-focus>.
6. <https://www.theguardian.com/technology/2018/mar/04/has-dopamine-got-us-hooked-on-tech-facebook-apps-addiction>.
7. Jeremy Rifkin, op.cit., pp. 12-3, 226.
8. John McPhee, *Basin and Range*. Nova York: Farrar, Straus and Giroux, 1980, pp. 91- 108; Stephen Jay Gould, Time's Arrow, *Time's Cycle: Myth and Metaphor in the Discovery of Geological Time*. Cambridge, MA: Harvard University Press, 1987, pp. 61-5; Bill Bryson, *A Short History of Nearly Everything*. Londres: Black Swan, 2004, pp. 90-108.
9. Stephen Jay Gould, op. cit., p. 62.
10. Bill Bryson, op. cit., p. 104-5.

274   *Como ser um bom ancestral*

11. H.G. Wells, *The Discovery of the Future*. Nova York: B.W. Huebsch, 1913, pp. 18, 29, 32.
12. H.G. Wells, *The Conquest of Time*. Londres: Watts & Co., 1942, p. 12.
13. James Gleick, *Time Travel: A History*. Londres: Fourth Estate, 2016, pp. 23-4.
14. Stewart Brand, op. cit., p. 2.
15. Ver: <http://longnow.org/clock/>.
16. Tais críticas foram feitas, entre outros, pelo filósofo Stefan Skrimshire, "Deep Time and Secular Time: A Critique of the Environmental 'Long View'". *Theory, Culture and Society*, Nova York, v. 36, n. 1, 2018, pp. 6-8, e a economista Mariana Mazzucato (em comentários no seminário "Planning for a Longer Now", Biblioteca Britânica, Londres, 24 de setembro de 2018).
17. Citado em Stephen Jay Gould, op. cit., p. 3; ver também John McPhee, op. cit., p. 126.
18. Disponível em: <https://www.theguardian.com/science/2005/apr/07/science.highereducation>.
19. <http://www.rachelsussman.com/portfolio/#/oltw/>; <https://www.treehugger.com/the-worlds-oldest-living-trees-4869356#:~:text=This%20ancient%20olive%20tree%20is,at%20over%203%2C000%20years%20old.>.
20. V. Bellanssen e S. Luyssaert, "Carbon Sequestration: Managing Forests in Uncertain Times". *Nature*, S.I. v. 13, n. 506, 2014.
21. Disponível em: <https://www.theguardian.com/books/2019/may/11/richard-powers-interview-the-overstory-radicalised>.
22. Thich Nhat Hanh, *Being Peace*. Berkeley: Parallax Press, 1989, p. 109.

4. Mindset de legado (pp. 67-80)

1. As duas frases nesta citação aparecem respectivamente nas pp. 3 e 4 do discurso pronunciado por Jonas Salk em 1977, "Estamos sendo bons ancestrais?".
2. O desejo de deixar um legado que cultive e molde futuras gerações é conhecido como "generatividade" e remonta à obra do psicólogo Erik Erikson nos anos 1950 (John Kotre, *Make It Count: How to Generate a Legacy That Gives Meaning to Your Life*. Nova York: The Free Press, 1955, pp. 5 e 11; John Kotre, "Generative Outcome". *Journal of Aging Studies*, S.l., v. 9, n. 1, 1995, p. 36; ver também: <http://johnkotre.com/generativity.htm>.
3. Michael Sanders, Sarah Smith, Bibi Groot e David Nolan, "Legacy Giving and Behavioural Insights". Behavioural Insights Team. Bristol: University of Bristol, 2016, pp. 2, 6; ver também: <https://www.philanthropy.com/article/Donation-Grow-4-to-373/236790>; <https://givingusa.org/giving-usa-2019-americans-gave-427-71-billion-to-charity-in-2018-amid-complex-year-for-charitable-giving/>.
4. Kimberley Wade-Benzoni et al., "It's Only a Matter of Time: Death, Legacies and Intergenerational Decisions". *Psychological Science*, S.l., v. 23, n. 7, 2012, pp. 705-6; Kimberley Wade-Benzoni, "Legacy Motivation and the Psychology of Intergenerational Decisions". *Current Opinion in Psychology*, S.l., v. 26, abr. 2019, p. 21.

Notas 275

5. Lisa Zaval, Ezra M. Markowitz e Elke U. Weber, "How Will I Be Remembered? Conserving the Environment for the Sake of One's Legacy". *Psychological Science*, S.l., v. 26, n. 2, 2015, p. 235.

6. Michael Sanders e Sarah Smith, "Can Simple Prompts Increase Bequest Giving? Field Evidence from a Legal Call Centre". *Journal of Economic Behaviour and Organization*, S.l., v. 125 (C), 2016, p. 184.

7. Veja o capítulo 2 de meu livro *Carpe diem* (Rio de Janeiro: Zahar, 2018).

8. Hal Hershfield et al., "Increasing Saving Behavior Through Age-Progressed Renders of the Future Self". *Journal of Marketing Research*, S.l., v. 48, 2011; Hal Hershfield, "The Self Over Time". *Current Opinion in Psychology*, S.l., v. 26, 2019, p. 73; Bina Venkataraman, *The Optimist's Telescope: Thinking Ahead in a Reckless Age*. Nova York: Riverhead, 2019, pp. 20-1.

9. Disponível em: <https://twitter.com/stewartbrand/status/1106102872372985856>.

10. Lewis Hyde, *The Gift: How the Creative Spirit Transforms the World*. Edimburgo: Canongate, 2006, pp. 11-6.

11. Ver: <https://theanarchistlibrary.org/library/petr-kropotkin-the-conquest-of-bread>.

12. Hunger Lovins, Stewart Wallis, Anders Wijkman, John Fullerton, *A Finer Future: Creating an Economy in Service to Life*. Gabriola: New Society Publishers, 2018, p. xiv.

13. Kris Jeter, "Ancestor Worship as an Intergenerational Linkage in Perpetuity". *Marriage & Family Review*, Binghamton, v. 16, n. 1-2, 1991, pp. 196, 199.

14. Num discurso na Politics of Love Conference, All Souls College, Oxford University, 15 de dezembro de 2018, e na entrevista disponível em: <https://learnlawlife.co.nz/2017/10/30/2654>.

15. Lesley Kay Rameka, "Kia whakatomuri te haere whakamua: I walk backwards into the future with my eyes fixed on my past". *Contemporary Issues in Early Childhood*, S.l., v. 17, n. 4, 2017, pp. 387-9; Margaret Nicholls, "What Motivates Intergenerational Practices in Aotearoa/New Zealand", *Journal of Intergenerational Relationships*, Abingdon, v. 1, n. 1, 2003, p. 180; ver também: <https://teara.govt.nz/en/whakapapa-genealogy/print>.

16. Disponível em: <https://www.vice.com/en_us/article/9k95ey/its-transformative-maori-women-talkabout-their-sacred-chin-tattoos>.

17. Disponível em: <https://enablingcatalysts.com/legacy-our-first-responsibility-is-to-be-a-good-ancestor/>.

18. Kris Jeter, op.cit., pp. 215-16.

5. Justiça intergeracional (pp. 81-101)

1. Ver: <https://quoteinvestigator.com/2018/05/09/posterity-ever/>.

2. Disponível em: <https://www.lifegate.com/people/news/greta-thunberg-speech-cop24>.

3. Taxas de desconto oficiais implementadas pelos governos são, por vezes, estruturadas para declinar com o tempo, e para diferir dependendo do risco que se espera de determinado projeto (Mark Freeman, Ben Groom e Michael Spackman, "Social Discount Rates for Cost-Benefit Analysis: A Report for HM Treasury". Londres: HM Treasury, UK Government, 2018, pp. 5, 12, 15.

4. Usado como base para a análise de custo-benefício e desconto, o Livro Verde do Tesouro Britânico fixa a taxa padrão de desconto em 3,5%, a qual reúne dois componentes: uma "preferência de tempo" de 1,5%, que reflete a preferência por algo que valha agora em vez de mais tarde; e um "efeito de riqueza", que supõe um crescimento econômico anual de 2%. Benefícios que se acumulam depois de sessenta anos geralmente não são incluídos em avaliações de projeto, de modo que as taxas de desconto de fato se elevam a 100% nesse ponto (HM Treasury, *The Green Book: Central Government Guidance on Appraisal and Evaluation*. Londres: HM Treasury, UK Government, 2018, pp. 101-3. Para detalhes da decisão relativa às lagoas de maré de Swansea, ver: <http://www.tidallagoonpower.com/wp-content-uploads/2018/07/BEIS-statement-on-Swansea-Bay-Tida-Lagoon.pdf>; https://blackfishengineering.com/2018/07/27/analysis-swansea-bay-tidal-lagoon/; <https://researchbriefings.files.parliament.uk/documents/CBP-7940/CBP-7940.pdf>.

5. Conversa pessoal, 26 de maio de 2019.

6. Stern fixou o componente de preferência temporal da taxa de desconto em 0,1% (valor consideravelmente menor que o usual 1,5% do Tesouro), e o componente de crescimento em 1,3%: Nicholas Stern, *The Economics of Climate Change: The Stern Review*. Cambridge: Cambridge University Press, 2014, pp. i, ix, xii, 304, 629; Frank Ackerman, "Debating Climate Economics: The Stern Review vs Its Critics", Report to Friends of the Earth UK, S.l., jul. 2007, p. 5.

7. United Nations Development Programme, *Human Development Report 2007/8: Fighting Climate Change — Human Solidarity in a Divided World*. Nova York: UNDP, 2007, p. 29.

8. United Nations Development Programme, p. 63. United Nations Development Programme, p. 63.

9. Os idealizadores da Declaração Universal dos Direitos Humanos podem ter querido evitar qualquer repetição das atrocidades da Segunda Guerra Mundial no futuro — jurando "nunca mais" —, mas não demonstraram nenhuma preocupação explícita com a possibilidade de que pessoas no presente violassem os direitos de pessoas no futuro.

10. Gro Harlem Brundtland, *Report of the World Commission on Environment and Development: Our Common Future*. Nova York: Assembleia Geral das Nações Unidas, documento A/42/427, 1987. A expressão "futuras gerações" foi reconhecida antes, na Declaração da Conferência das Nações Unidas sobre o Ambiente Humano, mas seu uso só se tornou generalizado depois do Relatório Brundtland.

11. Mary Robinson Foundation, "A Case for Guardians of the Future". *Climate Justice Position Paper*, Dublin, fev. 2017, pp. 1, 6; Joerg Chet Tremmel (Org.) *Handbook of*

Notas

Intergenerational Justice. Cheltenham, Northampton: Edward Elgar, 2006, p. 192-6; Jamie McQuilkin "Doing Justice to the Future: A Global Index of Intergenerational Solidarity Derived from National Statistics". *Intergenerational Justice Review*, S.l., v. 4, n. 1, 2018, p. 5.

12. Ver: <http://www.italiaclima.org/wp-content/uploads/2015/01/ITA_SFPM_Italian-Youth-Declaration-on-Intergenerational-Equity_Eng_Definitive.pdf>.

13. Ver: <https://www.medact.org/2019/blogs/fighting-for-intergenerational-justi ce-midwives-can-be-climate-champions/>.

14. Mark O'Brien e Thomas Ryan, "Rights and Representation of Future Generations in United Kingdom Policy". Centre for the Study of Existencial Risk. Cambridge: Universidade de Cambridge (2017), pp. 13-8.

15. Papa Francisco, op.cit.

16. Ver: <https://globalnutritionreport.org/reports/global-nutrition-report-2018/burden-malnutrition/>.

17. Ver, por exemplo, um relatório do Centre for the Study of Existential Risk da Universidade de Cambridge defendendo a criação de um Grupo Parlamentar Pluripartidário para Futuras Gerações no Reino Unido (Mark O'Brien e Thomas Ryan, op.cit., p. 13).

18. Derek Parfit, *Reasons and Persons*. Oxford: Clarendon Press, 1987, p. 357.

19. Nicholas Vroussalis, "Intergenerational Justice: A Primer". In: Iñigo González-Ricoy e Axel Grosseries (Orgs.), *Institutions for Future Generations*. Oxford: Oxford University Press, 2016, p. 59.

20. Barry S. Gower, "What Do We Owe Future Generations?". In: David E. Cooper e Joy A. Palmer (Orgs.), *Environment in Question: Ethics and Global Issues*. Abingdon: Routledge, 1992, p. 1.

21. Este gráfico é uma versão revista e reconfigurada de um gráfico da BBC Future originalmente concebido por Richard Fisher, com design de Nigel Hawtin: <https://www.bbc.com/future/article/20190109-the-perils-of-short-termism-civilisa tions-greatest-threat>. Os dados para a projeção futura são baseados na estimativa padrão da ONU de que o número médio de nascimentos por ano no século XXI vai se estabilizar em torno de 135 milhões. Ver: <https://ourworldindata.org/future-population-growth>.

22. O mais conhecido entre eles, o Princípio da Diferença, declara que desigualdades sociais e econômicas devem ser arranjadas de modo que ofereçam o maior benefício para os membros menos favorecidos da sociedade (John Rawls, *Political Liberalism*. Nova York: Columbia University Press, 1993), p. 83).

23. A discussão desta questão por Rawls referiu-se à necessidade de um "princípio de poupança justo" (John Rawls, op.cit., pp. 284-93; Bruce E. Tonn, "Philosophical, Institutional, and Decision Making Frameworks for Meeting Obligations to Future Generations". *Futures*, S.l., v. 95, 2017, p. 46; Mark O'Brien e Thomas Ryan, op. cit., p. 14).

24. Rawls não considerava que um ecossistema saudável tivesse alguma importância para uma sociedade futura justa. Ele era um filósofo do Holoceno, não do

Antropoceno. Para uma discussão útil, ver: Mark O'Brien e Thomas Ryan, op. cit., p. 14; Bruce E. Tonn, op.cit., p. 44, e Mary Robinson Foundation, "A Case for Guardians of the Future", p. 2.

25. Bruce E. Tonn, op.cit., p. 47; John Rawls,op.cit., p. 274.

26. Ver: <https://www.sefaria.org/Taanit.23a?lang=bi>.

27. Citado in Thomas Princen, op.cit., p. 11.

28. John Borrows, "Earth-Bound: Indigenous Resurgence and Environmental Reconciliation". In: Michael Asch, John Borrows e James Tully (Orgs.), *Resurgence and Reconciliation: Indigenous-Settler Relations and Earth Teachings*. Toronto: University of Toronto Press, 2018, p. 62.

29. Conversa pessoal com o autor, Oxford, 14 de novembro de 2017.

30. Papa Francisco, op.cit., p. 118; Roman Krznaric, "For God's Sake, Do Something! How Religions Can Find Unexpected Unity Around Climate Change". *Human Development Occasional Papers*. Nova York: Human Development Report Office, United Nations Development Programme, 2007.

31. Ver: <https://therealnews.com/stories/dlascariso504susuki>.

32. David Suzuki, *The Legacy: An Elder's Vision for Our Sustainable Future*. Vancouver: Greystone Books, 2010, pp. 55, 71-5.

33. Ver: <https://www.nas.org/blogs/article/seventh_generation_sustainability_-_a_new_myth>.

34. Ver: <https://www.bbc.co.uk/ideas/videos/how-can-we-be-better-ancestors-to-future-generatio/p0818lnv?playlist=sustainable-thinking>.

35. Disponível em: <http://ecoactive.com/care-for-earth/earth-guardians>; <https://www.earthguardians.org/engage/2017/5/17>.

36. Ver: <http://www.souken.kochi-tech.ac.jp/seido/wp/SDES-2015-14.pdf>; <http://www.ceids.osaka-u.ac.jp/img/CEIDS_NL_NO.3(English).pdf>.

37. Ver: <https://workthatreconnects.org/the-seventh-generation/>.

38. A holding Plantagon International foi à falência em 2019. O destino de sua Cidade-Fazenda em Kungsholmen, Suécia, e de suas múltiplas patentes para agricultura vertical era desconhecido quando este livro estava sendo escrito.

39. Disponível em: <https://www.aapss.org/news/crafting-rules-to-sustain-resources/>.

6. Pensamento de catedral (pp. 103-26)

1. Ver: <http://www.gutenberg.org/files/35898/35898-h/35898-h.htm>.

2. Correspondência pessoal, 14 maio 2018; ver também: Jennifer Thorp, "New College's Hall and Chapel Roofs", manuscrito, New College, Oxford, 2009.

3. Jared Diamond, *Collapse*, p.523.

4. Gijs Van Hensbergen, *The Sagrada Família: Gaudí's Heaven on Earth*. Londres: Bloomsbury, 2017, pp. 4, 16, 28, 72.

5. Quando estive com Thunberg em Roma, alguns dias depois do incêndio na Notre Dame de Paris, em abril de 2019, ela estava enfurecida pelo fato de que a catedral

Notas 279

já havia recebido promessas de financiamento de centenas de milhões para ser reconstruída, e enquanto isso os governos estavam fracassando tão deploravelmente em financiar as soluções para a emergência climática; ver também: <https://ca thedralthinking.com/thinkers-cathedral-thinking/>; <https://www.theguardian. com/environment/2019/apr/16/greta-thunberg-urges-eu-leaders-wake-up-climate-change-school-strike-movement>.

6. Disponível em: <https://www.theguardian.com/science/2011/apr/06/templeton-prize-2011- martinrees-speech>.

7. Tais projetos, como o Silo Global de Sementes de Svalbard, foram denominados "organizações do tempo profundo" (Frederic Hanusch; Frank Biermann, "Deep-Time Organizations: Learning Institutional Longevity from History". *The Anthropocene Review*, S.l., pp. 1-3, 2019.

8. Robert Macfarlane, *Underland: A Deep Time Journey*. Londres: Hamish Hamilton, 2019, pp. 398-410.

9. Com o tempo, a liderança sufragista desenvolveu mais táticas militantes em razão de sua frustração com o ritmo lento da reforma. Ver: <https://www.bl.uk/votes-for-women/articles/suffragettes-violence-and-militancy>.

10. Ver: <https://www.nytimes.com/1982/01/15/world/soviet-food-shortages-grum-bling-and-excuses.html>.

11. Ver: <https://theconversation.com/introducing-the-terrifying-mathematics-of-the-anthropocene-70749>; < https://www.wbcsd.org/Sector-Projects/Cement-Sustainability-Initiative/Cement-Sustainability-Initiative-CSI>.

12. James Scott, *Seeing Like a State: How Certain Schemes to Improve the Human Condition Have Failed*. Londres: Yale University Press, 1998, p. 111.

13. Conrad Totman, *The Green Archipelago: Forestry in Pre-Industrial Japan*. Athens: Ohio University Press.

14. Ibid. p.79; Conrad Totman, *A History of Japan*. Oxford: Blackwell, 2005, p. 255; Jared Diamond, *Collapse*, p. 299.

15. Conrad Totman, *The Green Achipelago*, pp. 166-7.

16. Jared Diamond, *Collapse*, pp. 304-5. Para uma análise mais detalhada do programa de reflorestamento dos Tokugawa, ver o relatório que escrevi para as Nações Unidas sobre esse tópico (Roman Krznaric, "Food Coupons and Bald Mountains: What the History of Resource Scarcity Can Teach Us About Tackling Climate Chance". *Human Development Occasional Papers*, Nova York, Human Development Report Office, United Nations Development Programme, 2007). Em paralelo ao planejamento feito de cima para baixo houve um certo aumento da ação comunitária popular, como foi, por exemplo, o caso das aldeias que plantaram florestas em terras comunais para assegurar uma herança para futuras gerações.

17. Disponível em: <https://www.prospectmagazine.co.uk/magazine/if-i-ruled-the-world-martin-rees>; <https://www.theguardian.com/science/2010/mar/29/ja-mes-lovelock-climate-change>.

18. Nossa conversa ocorreu quando Martin Rees estava apresentando seu último livro, *On the Future*, na Blackwell's Bookshop, Oxford, em 5 nov. 2018.

280 *Como ser um bom ancestral*

19. Ver: <https://yearbook.enerdata.net/renewables/renewable-in-electricity-pruduc tion-share.html>; <www.tandfonline.com/doi/abs/10.1080/13569775.2013.773204>.
20. Stephen Halliday, *The Great Stink of London: Sir Joseph Bazalgette and the Cleansing of the Victorian Metropolis*. Gloucestershire: Sutton Publishing, 2001, pp. 42-61, 124.
21. Citado in Stephen Halliday, op.cit., p.74.
22. Citado in Stephen Halliday, op.cit., p. 3.
23. Natasha McCarthy, *Engineering: A Beginner's Guide*. Londres: Oneworld, 2009, p. 115.
24. Stewart Brand, *How Buildings Learn: What Happens After They're Built*. S.l.: Phoenix, 1997, p. 181.
25. Ver a discussão sobre a importância da resiliência e da auto-organização para o funcionamento eficaz de sistemas em Donella Meadows, *Thinking in Systems: A Primer*. Londres: Earthscan, 2009, pp. 75-81.
26. Para minha análise de políticas de racionamento na Grã-Bretanha e nos Estados Unidos durante a Segunda Guerra Mundial, ver: Roman Krznaric, "Food Coupons and Bald Mountains: What the History of Resource Scarcity Can Teach Us About Tackling Climate Chance". *Human Development Occasional Papers*, Nova York, Human Development Report Office, Programa de Desenvolvimento das Nações Unidas, 2007.
27. Disponível em: <https://www.weforum.org./agenda/2019/01/our-house-is-on-fi re-16-year-old-greta-thunberg-speaks-truth-to-power/>.
28. Milton Friedman, *Capitalism and Freedom*. Chicago: Chicago University Press, 2002, p. xiv.
29. Jared Diamond, *Collapse*, p. 519; Frank van Schoubroeck; Harm Kool, "The Remarkable History of Polder Systems in the Netherlands". FAO, Roma, 2010. Para um estudo fascinante da gestão comunal da água em Bali, ver Stephen Lansing, *Perfect Order: Recognizing Complexity in Bali*. Princeton: Princeton University Press, 2006.

7. Previsão holística (pp. 127-49)

1. Esta história sobre os sacerdotes do Nilo era frequentemente contada por Pierre Wack, um dos pioneiros em planejamento de situações hipotéticas. Faziam-se previsões também usando instrumentos de medida chamados "nilômetros", cujos variados níveis ajudavam a determinar taxas de impostos. Peter Schwartz, *The Art of the Long View: Planning the Future in an Uncertain World*. S.l.: Currency, 1991, pp. 100-1, 109; Thomas Chermack, *The Foundations of Scenario Planning: the Story of Pierre Wack*. Abingdon: Routledge, 2017; ver também: <https://www.nationalgeographic. com/news/2016/05/160517-nilometer-discovered-ancient-egypt-nile-river-archaeo- logy/>.
2. Jennifer M. Gidley, *The Future: A Very Short Introduction*. Oxford: Oxford University Press, 2017, p.2; Barbara Adam; Chris Groves, op.cit., pp. 2-3, 13; Bertrand de Jouvenel, *The Art of Conjecture*. Londres: Weidenfeld e Nicolson, 1967, p. 89. Para um

Notas 281

relato clássico abordando a previsão como um esforço científico, ver: Alvin Toffler, *Future Shock*. Londres: Pan, 1971. Toffler foi um defensor do "futurismo científico".

3. A expressão também é conhecida como o "cone da possibilidade" (Paul Saffo, "Six Rules for Effective Forecasting". *Harvard Business Review*, Boston, jul-ago. 2007.

4. Nassim Nicholas Taleb, *The Black Swan: The Impact of the Highly Improbable*. Nova York: Random House, 2007, p. xii.

5. Atualizei o exemplo de Harari, usando 2020 como o ano base em vez de 2016 (Yuval Noah Harari, *Homo Deus: uma breve história do amanhã*. São Paulo: Companhia das Letras, 2016, p. 67).

6. Steven Johnson, *Farsighted: How we Make the Decisions That Matter Most*. Nova York: Riverhead, 2018, pp. 82-3.

7. Charles Handy, *The Second Curve: Thoughts on Reinventing Society*. Londres: Random House Books, 2015, pp. 22-5.

8. Paul Saffo. Profissionais especializados em vigilância tecnológica citam com frequência a Lei de Moore, segundo a qual o número de transistores que caberiam num chip dobraria a cada dois anos, aproximadamente. Eles apresentam o fenômeno com uma curva J exponencial, sempre em ascensão. No entanto, até Ray Kurzweil, o guru da Singularidade, admite que a curva J acabará se transformando num S (Theodore Modis, "Why the Singularity Cannot Happen". In: Amnon H. Eden et al. (Orgs.), *The Singularity Hypotheses, The Frontiers Collection*. Berlim: Springer Verlag, 2012, pp. 314-17).

9. Fritjof Capra, *The Turning Point: Science, Society and the Rising Culture*. Londres: Flamingo, 1983, pp. 8, 12.

10. Curvas sigmoides são uma parte essencial da análise no relatório original *The Limits to Growth* (Donella Meadows et al., *The Limits to Growth*. Nova York: Universe Books, 1972, pp. 91-2, 124-6), e aparecem também em *Limits to Growth: The 30-Year Update*, em que são discutidas mais explicitamente (Donella Meadows; Jorgen Randers; Dennis Meadows, *Limits to Growth: The 30-Year Update*. White River Junction: Chelsea Green, 2004, pp. 137-8).

11. Kate Raworth, *Doughnut Economics: Seven Ways to Think Like a 21st-Century Economist*. Londres: Random House Books, 2017, p. 251.

12. Ugo Bardi, *The Seneca Effect: Why Growth is Slow but Collapse is Rapid*. Berlim: Springer, 2017.

13. Jonas Salk e Jonathan Salk, op.cit., p. 31.

14. Jonas Salk.

15. Jonas Salk, *Anatomy of Reality*, pp. 24-5; Jonas Salk e Jonathan Salk, op.cit., pp. 68-73, 90; Jonathan Salk, op.cit.

16. Steven Pinker, *Enlightenment Now: The Case for Reason, Science, Humanism and Progress*. Nova York: Viking, 2018, pp. 32, 153, 154, 306, 327. Para fortes críticas às suas afirmações — especialmente sobre progresso ambiental —, ver o ensaio de Jeremy Lent em Open Democracy (disponível em: <https://www.opendemocracy.net/en/transformation/steven-pinker-s-ideas-are-fatally-flawed-these-eight-gra

phs-show-why/>), a carta aberta do antropólogo Jason Hickell (disponível em: <https://www.jasonhickel.org/blog/2019/2/3/pinker-and-global-poverty>) e o desmantelamento de seus argumentos ambientais por George Monbiot (disponível em: <https://www.theguardian.com/commentisfree/2018/mar/07/environmen tal-calamity-facts-steven-pinker>).

17. Steven Pinker, op.cit., pp. 327-8.

18. Disponível em: <https://quoteinvestigator.com /2013/10/20/no-predict/>.

19. Jennifer M. Gidley, op.cit., pp. 42-5; Hyeonju Son, "The History of the Western Futures Studies Exploration of the Intellectual Traditions and Three-Phase Periodization". *Futures*, S.l, v. 66, fev. pp. 123-4, 2015,; Jenny Andersson, "The Great Future Debate and the Struggle for the World". *The American Historical Review*, Chicago, v. 117, n. 5, pp. 1402-10, 2012.

20. Herman Kahn, *On Thermonuclear War*. Princeton: Princeton University Press, 1960, pp. 20-1, 98. Como uma ilustração de seu pragmatismo racional, Kahn chegou até a sugerir que os idosos deviam ser alimentados com comida contaminada, pois sua expectativa de vida não excederia o tempo que levariam para morrer em consequência disso.

21. Ver: <https://www.newyorker.com/magazine/2005/06/27/fat-man>; <https:// www. nytimes.com/2004/10/10/movies/truth-stranger-than-strangelove.html>.

22. Pierre Wack, "Scenarios: Unchartered Waters Ahead". *Harvard Business Review*, Boston, p. 73, set. 1985.

23. Pierre Wack, op.cit., p. 76; Pierre Wack, "Scenarios: Shooting the Rapids". *Harvard Business Review*, Boston, p. 146, nov. 1985; Peter Schwartz, op.cit., pp. 7-9; <https:// www.strategy-business.com/article/8220?gko=4447f>.

24. Hyeonju Son, op.cit., p. 127.

25. Hyeonju Son, op.cit., p.128; Jennifer M. Gidley, op.cit., p.56-7; Pierre Wack, "Scenarios: Shooting the Rapids", p. 15.

26. Will Steffen et al., op.cit., p. 4; *Intergovernmental Panel on Climante Change, Climate Change 2014: Synthesis Report*. Genebra: IPCC, 2014, pp. 70, 74.

27. Este gráfico é uma versão revisada e reconfigurada de um *Future graphic* da BBC desenhado por Nigel Hawtin e baseado em dados de Luke Kemp. Disponível em: <https://www.bbc.com/future/article/20190218-are-we-on-the-road-to-civilisa-tion-collapse>.

28. Ronald Wright, *A Short History of Progress*. Edimburgo: Canongate, 2004, pp. 78-9; Joseph Tainter, "Problem Solving: Complexity, History, Sustainability". *Population and Environment: A Journal of Interdisciplinary Studies*, S.l., v. 22, n. 1, p. 12, 2000; Jeremy Lent, *The Patterning Instinct: A Cultural History of Humanity's Search for Meaning*. Amherst: Prometheus, 2017, p. 411; Jared Diamond, *Collapse*, pp. 168-70.

29. Ibid., pp. 420-40; Jared Diamond, "Easter Island Revisited". *Science*, Washington D.C., v. 317, n. 5.845, pp. 1692-4, 2007; Tainter, op.cit., pp. 6-9, 20-3; Graeme Cumming; Garry Peterson, "Unifying Research on Social-Ecological Resilience and Collapse". *Trends in Ecology and Evolution*, S.l., v. 32, n. 9, pp. 699-706, 2017; ver

Notas

também: <http://www.marklynas.org/2011/09/the-myths-of-easter-island-jared-diamond-responds/>.

30. Yuval Noah Harari está entre aqueles que afirmam que a sociedade global se tornou tão interdependente que há de fato "apenas uma civilização no mundo" (*21 Lessons for the 21st Century*. Londres: Jonathan Cape, 2018, p. 93).

31. Will Steffen et al, op.cit.

32. Ver: <https://thebulletin.org/2016/09/how-likely-is-an-existential-catastrophe/>.

33. O diagrama se baseia no esquema Três Horizontes, criado pelo pensador de futuros Bill Sharpe (não confundir com um modelo de crescimento de McKinsey cujo nome é o mesmo). Sharpe descreve seu diagrama como uma ferramenta para desenvolver "consciência do futuro" (in: Graham Leicester, *Transformative Innovation: A Guide to Practice and Policy*. Charmouth: Triarchy Press, 2016, pp. 44-52). As várias trajetórias são em grande parte baseadas nas descobertas de pesquisa de Paul Raskin (*Journey to Earthland: The Great Transition to Planetary Civilization*. Boston: Tellus Institute, 2016), Graeme Cumming; Garry Peterson (op.cit.); Rupert Read; Samuel Alexander (*This Civilization is Finished: Conversations of the End of Empire — and What Lies Beyond*. Coburgo: Simplicity Institute, 2019) e Seth Baum et al. ("Long-Term Trajectories of Human Civilization". *Foresight*, S.l., v. 21, n. 1, pp. 53-83, 2019). Para um bom resumo dos debates atuais em torno de como o colapso pode acontecer, ver a análise do teórico de sistemas Nafeez Ahmed.

34. David Wallace-Wells, *The Uninhabitable Earth: A Story of the Future*. Londres: Allen Lane, 2019, p. 28.

35. Paul Raskin, op.cit., pp. 71-91.

8. Meta transcendente (pp. 151-73)

1. Thomas Princen, op.cit., p.vii; Viktor Frankl, *Man's Search for Meaning: An Introduction to Logotherapy*. Londres: Hodder & Stoughton, 1987, p. 20.

2. Carl Sagan, *Pale Blue Dot: A Vision of the Human Future in Space*. Nova York: Ballantine Books, 1997, pp. 51, 333. A importância de haver um *telos* foi discutida por outros pensadores do longo prazo como Ari Wallach. Meu próprio foco em ter uma meta transcendente ou *telos* foi particularmente influenciado pela pioneira pensadora em sistemas Donella Meadows, que afirmou que uma das maneiras mais eficazes de modificar qualquer sistema complexo é mudar sua meta principal (Meadows, op.cit., pp. 161, 194).

3. A ideia da manutenção de privilégio no longo prazo é particularmente evidente no pensamento conservador, em especial nos escritos do filósofo Edmund Burke. Em 1790, Burke escreveu que a sociedade é uma "parceria não somente entre aqueles que estão vivendo, mas entre aqueles que estão vivendo, aqueles que estão mortos e aqueles que estão por nascer". Ele acreditava que deveríamos respeitar a "estupenda sabedoria" do passado que herdamos "de uma longa linhagem de

ancestrais". Tudo isso soa como uma admirável visão de pensamento de longo prazo, baseada em continuidade intergeracional. Mas o verdadeiro alvo de Burke eram os revolucionários franceses, propensos a derrubar a monarquia e a aristocracia que ele admirava tão profundamente como um baluarte contra a plebe. Burke acreditava em conservar-lhes o poder e o privilégio em face dos ventos da mudança. Ele valorizava a tradição porque ela era um meio de manter o sistema existente intacto (Edmund Burke, *Reflections on the Revolution in France*. Londres: J. Dodsley, 1790, parágrafos 55, 56 165).

4. Steven Pinker, op.cit., p. 6.

5. Ronald Wright, op.cit., pp. 37-9; Lawrence Guy Straus, "Upper Paleolithic Hunting Tactics and Weapons in Eastern Europe". *Archaelogical Papers of the American Anthropological Association*, Washington D.C., v. 4, n. 1, pp. 89-93, 1993; George Frison, "Paleoindian Large mammal Hunters on the Plains of North America". *PNAS*, Washington D.C., v. 95, n. 24, pp. 14, 576-83, 1998.

6. Jared Diamond, *Collapse*, pp. 427-9; George Monbiot, *Feral: Searching for Enchantment on the Frontiers of Rewilding*. Londres: Allen Lane, 2013, pp. 90-1, 137-8; Ronald Wright, op.cit., p. 37; Tim Flannery, *The Future Eaters: An Ecological History of the Australian Lands and People*. Londres: Secker & Warburg, 1996, pp. 143, 155, 180-6, pp. 307-8.

7. Por capitalismo, entendo um sistema econômico baseado na busca interesseira do lucro, no domínio do mercado e na posse da propriedade privada, e no qual até o trabalho humano é uma mercadoria para venda (ver: Ellen Meiksins Wood, *The Origin of Capitalism: A Longer View*. Londres: Verso, 2017, p. 2).

8. E.A. Wrigley, *Energy and the English Industrial Revolution*. Cambridge: Cambridge University Press, 2010, pp. 2, 242-9.

9. Disponível em: <http://worldif.economist.com/article/12121/debate>; Tim Jackson, *Prosperity Without Growth: Foundations for the Economy of Tomorrow*. Abingdon: Routledge, 2016, pp. 1-23; Kate Raworth, op.cit., p. 246.

10. Este gráfico é baseado nos dados contidos em Will Steffen et al., "The Trajectory of the Anthropocene: The Great Acceleration". *The Anthropocene Review*, S.l., v. 2, n. 1, 2015.

11. Disponível em: <https://www.marxists.org/reference/archive/wilde-oscar/soul man/>.

12. Jeremy Rifkin, *Time Wars*, p. 154.

13. Roman Krznaric, "For God's Sake, Do Something!", pp. 5-11.

14. Jonathan Porrit, *The World We Made*. Londres: Phaidon, 2013, p. 1.

15. Citado in Maria Alex Lopez. *Invisible Women*. Bloomington: Palibrio, 2013, p. 36.

16. Carl Sagan, op.cit., pp. 309-12.

17. Disponível em: <https://www.vox.com/the-goods/2018/11/2/18053824/elon-musk-death-mars-spaces-kara-swisher-interview.>; <https://www.theguardian.com/technology/2018/mar/11/elon-musk-colonise-mars-third-world-war>.

18. Ver: <https://www.newscientist.com/article/2175414-terraforming-mars-migh-be-impossible-due-to-a-lack-of-carbon-dioxide/>.

Notas

19. Martin Rees, op.cit., p.150. Uma observação semelhante é feita pela geóloga Marcia Bjornerud. Ver: <http://longnow.org/seminars/02019/jul/22/timefulness/>.
20. Tomei o conceito de tecnodivisão [*techno-split* em inglês] emprestado do historiador cultural Jeremy Lent, p. 432.
21. Mark O'Connell, *To Be a Machine: Adventures Among Cyborgs, Utopians, Hackers, and Futurists Solving the Modest Problem of Death.* Londres: Granta, 2017, pp. 6, 29, 51.
22. Ibid., pp. 54-5.
23. Ver: <https://aeon.co/essays/we-are-more-than-our-brains-on-neuroscience-and-being-human>.
24. Yuval Noah Harari, *Homo Deus*, p. 408.
25. Martin Rees, op.cit., p. 58; Jeremy Lent, op.cit., p. 418.
26. Disponível em: <https://www.ncbi.nlm.nih.gov/pubmed/15968832>.
27. Rupert Read e Samuel Alexander, op.cit., p. 20.
28. Jem Bendell, "Deep Adaptation: A Map for Navigating Climate Tragedy". *IFLAS Occasional Paper 2*, Universidade de Columbia, Ambleside, 2018, pp. 2, 6, 12; Roy Scranton, *Learning to Die in the Anthropocene.* San Francisco: City Light Books, 2015, p. 16.
29. Jem Bendell, op.cit., pp. 13, 23. Bendell sustenta que precisamos de uma abordagem tripartite à Adaptação Profunda, algo que envolva "resiliência, renúncia e restauração".
30. Até o próprio Bendell admite essa possibilidade, descrevendo o colapso como "provável" ou "possível" em vez de simplesmente "inevitável" (Ibid., pp. 13, 19).
31. Rebecca Solnit, *A Paradise Built in Hell: The Extraordinary Communities that Arise in Disasters.* Nova York: Penguin, 2010, pp. 2, 8.
32. Disponível em: <https://www.opendemocracy.net/en/transformation/what-will-you-say-your-grandchildren/≥.
33. Rupert Read and Samuel Alexander, op.cit., p. 12.
34. Ver: <https://www.overshootday.org/newsroom/press-release-july-2019-english/>.
35. Disponível em: <https://www.youtube.com/watch?v=sf4oW8OtaPY&t=778s>.
36. Esse pensamento se relaciona com o que o naturalista Aldo Leopold chamou de "ética da terra", a ideia de que "uma coisa está certa quando tende a preservar a integridade, a estabilidade e a beleza da comunidade biótica" (Aldo Leopold, *A Sand County Almanac.* Oxford: Oxford University Press, 1968, pp. 224-5).
37. Citação do filme *Planetary* (<http://weareplanetary.com/>).
38. Brian Eno, op. cit.
39. Janine Benyus, *Biomimcry: Innovation Inspired by Nature.* Nova York: Perennial, 2002, p. 297; Jeremy Rifkin, *Time Wars*, pp. 277-81.

9. Democracia profunda (pp. 177-208)

1. David Hume, *A Treatise of Human Nature.* Londres: John Noon, 1739, livro 3, seção 7.

2. Dennis Thompson, "Representing Future Generations: Political Presentism and Democracy Trusteeship". *Critical Review of International Social and Political Philosophy*, S.l., v. 13, n. 1, 2010, p. 17; Jonathan Boston, op.cit., p. xxvii.

3. Disponível em: <https://www.independent.co.uk/news/world/europe/climate-change-2050-eu-eastern-europe-carbon-neutral-summit-countries-a8968141.html>.

4. Michael K. MacKenzie, "Institutional Design and Sources of Short-Termism". In: Iñigo González-Ricoy; Axel Grosseries (Orgs.), op.cit., p. 27.

5. William Nordhaus, "The Political Business Cycle". *Review of Economic Studies*, Nova York, v. 42, n. 2, pp. 177, 179, 184, 1975.

6. MacKenzie, op.cit., pp. 28-9.

7. Citado in Mark Green (Org.), *The Big Business Reader on Corporate America*. Nova York: Pilgrim Press, 1983, p. 179.

8. Disponível em: <https?//www.oxfordmartin.ox.ac.uk/videos/view/317>.

9. Jared Diamond, op.cit., 430.

10. MacKenzie, op.cit., pp. 29-30; Barbara Adam, op.cit., pp. 136-43; Sabine Pahl et al., "Perceptions of Time in Relation to Climate Change". *WIREs Climate Change*, Londres, v. 5, p.356, maio/jun. 2014; Simon Caney, "Political Institutions and the Future". In: Iñigo González-Ricoy; Axel Grosseries (Orgs.), op.cit., pp. 137-8.

11. Ver: <https://yougov.co.uk/topics/politics/articles-reports/2016/06/27/how-britain-voted>.

12. Oxford Martin Commission, *Now for the Long-Term: The Report of the Oxford Martin Commission for Future Generations*. Oxford: Oxford Martin School, Oxford University, 2013, pp. 45-6.

13. Ver: <https://www.who.int/antimicrobial-resistance/interagency-coordination-group/final-report/en/>.

14. Eric Hobsbawm, *The Age of Capital, 1848-1875*. Londres: Weidenfeld & Nicolson, 1995, p. 82-97.

15. Ver: <https://www.theguardian.com/world/commentisfree/2019/mar/20/eco-fascism-is-undergoing-a-revival-in-the-fetid-culture-of-the-extreme-right>. Essa crescente virada contra a democracia é mais amplamente visível no declínio da legitimidade dos partidos políticos tradicionais em todo o mundo ocidental, bem como na queda de confiança nos governos e na ascensão do populismo de extrema direita. Há até dados para mostrar essa tendência em meio às gerações mais jovens: um estudo constatou que enquanto 60% dos europeus e americanos nascidos nos anos 1950 acreditam que é essencial viver numa democracia, somente 45% dos europeus e pouco mais de 30% dos americanos nascidos nos anos 1980 compartilham dessa opinião (Robert Stefan Foa; Yascha Mounk, "The Signs of Deconsolidation". *Journal of Democracy*, Washington D.C., v. 28, n. 1, 2017).

16. Os exemplos incluem: o Índice Intergeracional de Justiça Europeu, produzido pela Intergenerational Foundation; a medida da "equidade intergeracional" do Fórum Econômico Mundial em seu Índice de Desenvolvimento Inclusivo; o Índice de Justiça Intergeracional de Pieter Vanhuysse; o Modelo de Orientação

Notas 287

a Longo Prazo de Hoftstede e a medida de Sustentabilidade Ecológica de Stefan Wurster ("Comparing Ecological Sustainability in Autocracies and Democracies". *Contemporary Politics*, S.l., v. 19, n. 1 2013.

17. McQuilkin, "Doing Justice to the Future".

18. Para os objetivos deste livro, McQuilkin produziu uma versão atualizada do ISI baseada nos últimos dados disponíveis e fazendo pequenos ajustes em alguns de seus componentes.

19. Ver, por exemplo: Joe Foweraker; Roman Krznaric, "Mesuring Liberal Democratic Performance: An Empirical and Conceptual Critique". *Political Studies*, S.l., v. 48, n. 4 2000.

20. Em relação à discrepância entre os dados, um país como Cuba poderia ter um bom escore no ISI, mas teve de ser omitido em razão da falta de dados em quatro dos dez parâmetros. Cuba é o país com a melhor classificação no Índice de Desenvolvimento Sustentável (Jason Hickel, "The Sustainable Development Index: Measuring the Ecological Efficiency of Human Development in the Anthropocene". *Ecologic Economics*, S.l., v. 167, 2020; ver também: <https://www.sustainabledevelopmentindex.org>.

21. V-Dem Institute, *Democracy Facing Global Challenges: V-Dem Annual Democracy Report 2019*. Gotemburgo: V-Dem Institute, Universidade de Gotemburgo, 2019, p.53. Índices alternativos de democracia que foram considerados mas não escolhidos para a análise incluíram Polity IV, Freedom House e o índice de democracia EIU. Consideramos também outras medidas V-Dem, como Poliarquia.

22. A categoria de "autocracia" inclui uma variedade de formas governamentais, de ditaduras militares e Estados unipartidários a monarquias hereditárias e regimes eleitorais com fortes tendências autoritárias. Um país é classificado como uma "autocracia" se obtém um escore de 0,45 ou menos no Índice V-Dem de Democracia Liberal. Há um debate acadêmico sobre onde esse ponto de corte deveria ser situado. Alguns defendem um ponto de corte mais baixo de 0,42 quando se usam dados V-Dem, ao passo que outros preferem 0,50 (Yuko Kasuya; Kota Mori, "Better Regime Cutoffs for Continuous Democracy Measures". *Users Working Paper Series 2019:25*, Gotemburgo, Instituto das Variedades da Democracia, Universidade de Gotemburgo, Suécia, 2019). Nesta análise, 0,45 foi escolhido como uma justa posição conciliatória. Brunei foi classificado como uma autocracia e Belize como uma democracia, embora eles não estejam incluídos no Índice V-Dem de Democracia Liberal em razão de falta de dados e por isso não aparecem no próprio diagrama de dispersão (somente na análise subsequente). Um regime de "curto prazo" é o que que recebe escore de 50 ou menos no Índice de Solidariedade Intergeracional, que é o escore médio para todos os países.

23. Jonathan Boston, op.cit., p. 170.

24. Mark O'Brien; Thomas Ryan, op.cit., p. 27; Schlomo Sholam; Nira Lamay, "Commission for Future Generations in the Knesset: Lessons Learnt". In: Joerg Chet Tremmel (Org.), *Handbook of Intergenerational Justice*. Northampton: Edward

Elgar, 2006, p. 254; Graham Smith, "Enhancing the Legitimacy of Offices for Future Generations". *Political Studies*, S.l., v. 68, n. 4, p. 5, 2019.

25. O ombudsman húngaro teve seus poderes reduzidos em 2011 após uma mudança na Constituição (Graham Smith, op.cit., p. 4).

26. Disponível em: <https://www.bbc.co.uk/iplayer/episode/m0006bjz/longter mism-how-to-think-in-deep-time-bbc-future-at-hay-festival>; <https://futurege nerations.wales/wp-content/uploads/2017/02/150623-guide-to-the-fg-act-en.pdf>; <https://www.if.org.uk/2019/07/11/how-can-wales-invest-in-climate-action-today-for-future-generations/>.

27. Ver: <https://futuregenerations.wales/news/future-generations-commissioner-for-wales-welcomes-brave-decision-by-first-minister-on-the-m4-relief-road/>. <https://www.ft.com/content/86d32314-86ca-11e9-a028-86cea8523dc2>; <http://www.as sembly.wales /laid%20documents/gen-ld11694-e.pff>.

28. Disponível em: <https://hansard.parliament.uk/lords/2019-06-20/debates/E11B7D05-3E68-4D7FBF09-81E9312918C0/Policy-MakingFutureGenerations%E2 %80%99Interests>.

29. Ver: <https://www.theguardian.com/commentisfree/2019/mar/15/capitalism-destroying-earth-human-right-climate-strike-children>; <https://www.worldfuture-council.org/need-un-high-commissioner-future-generations/>; <https://www.mrfcj. org/wp-content/uploads/2018/02/Global-Guardians-A-Voice-for-Future-Generations-Position-Paper-2018.pdf>.

30. Graham Smith, op.cit., pp. 4-9.

31. Disponível em: <https://www.nationalobserver.com/2018/03/05/news/david-suzuki-fires-death-zone-trudeau-weaver-and-broken-system>.

32. Ver: <https://www.thersa.org/discover/publications-and-articles/matthew-taylor-blog/2019/03/deliberation>.

33. David Owen; Graham Smith, "Sortition, Rotation and Mandate: Conditions for Political Equality and Deliberative Reasoning". *Politics and Society*, S.l., v. 46, n. 3, 2018.

34. Graham Smith, op.cit., p. 13; ver também: Rupert Read, "The Philosophical and Democratic Case for a Citizens' Super-Jury to Represent and Defend Future People". *Journal of International Relations Research*, S.l., n. 3, pp. 15-19, dez. 2013; Simon Caney, "Democratic Reform, Intergenerational Justice and the Challenges of the Long Term", p. 12; Marit Hammond; Graham Smith, "Sustainable Prosperity and Democracy — A Research Agenda". *Centre for the Understanding of Sustainability Prosperity, Working Paper n. 8*, Universidade de Surrey, Guildford, p. 15, 2017; Stuart White, "Parliaments, Constitutional Conventions and Popular Sovereignty". *British Journal of Politics and International Relations*, Oxford, v. 19, n. 2, 2017.

35. Disponível em: <https://www.japanpolicyforum.jp/backnumber/n051/pt20190109210522.html>.

36. O teórico político de Cambridge David Runciman defendeu (um pouco de brinca-deira) que crianças de seis anos deveriam poder votar. Eu sugiro doze como uma

Notas

idade apropriada para ingressar como membro numa assembleia de cidadãos, com base no fato de que esse é o momento de "atingir a maioridade" em muitas culturas, indicando um ponto de inflexão no nível de maturidade de uma pessoa. Eu daria também aos jovens participantes a oportunidade de já ter recebido potencialmente vários anos de educação escolar voltada para a cidadania. Disponível em: <https://www.talkingpoliticspodcast.com/blog/2018/129-democracy-for-young-people>.

37. Tais poderes são similares àqueles sugeridos pelo filósofo e ativista da Extinction Rebellion Rupert Read em sua proposta de uma "terceira casa legislativa" de guardiões para proteger futuras gerações (Rupert Read, *Guardians of the Future: A Constitutional Case for Representing and Protecting Future People*. Lancaster: Green House, 2011, pp. 9-14.

38. Disponível em: <https://phys.org/news/2019-12-climate-activists-victory-dutch--court.html>.

39. Ver: <http://ecoactive.com/care-for-earth/earth-guardians>; <https://www.earthguardians.org/engage/2017/5/17>.

40. Disponível em: <https://www.teenvogue.com/story/xiuhtezcatl-martinez-explains-why-hes-fighting-climate-change>.

41. Ver: <https://www.ourchildrenstrust.org/juliana-v-us>.

42. Joel Bakan, *The Corporation: The Pathological Pursuit of Profit and Power*. Nova York: Free Press, 2004, p. 16.

43. Mark O'Brien; Thomas Ryan, op.cit., p. 36; Rupert Read, op.cit., p. 11; ver também: <https://www.parliament.nz/en/get-involved/features/innovative-bill-protects--whanganui-river-with-legal-personhood/>.

44. Disponível em: <https://www.youtube.com/watch?v=8EuxYzQ65H4>; <eradicatingecocide.com/>; https://www.stopecocide.earth/; <http://www.earthisland.org/journal/index.php/magazine/entry/ecocide_the_fifth_war_crime>.

45. A descentralização e a solidariedade intergeracional parecem estar estreitamente relacionadas: o ISI compartilha 42% de sua variação com um índice de descentralização política, fiscal e administrativa publicado pelo Banco Mundial (Maksym Ivanya; Anwar Shah, "How Close is Your Government to its People? Worldwide Indicators on Localization and Decentralization". *World Bank Policy Research Working Paper 6138*, Washington D.C., 2012).

46. Elinor Ostrom, "A Polycentric Approach for Coping with Climate Change". *World Bank Policy Research Working Paper 5095*, Washington D.C., 2009; Keith Carliste; Rebecca L. Gruby, "Polycentric Systems of Governance: A Theoretical Model for the Commons". *Policy Studies Journal*, Oxford, v. 47, n. 4, pp. 927-52, 2017. Ostrom sustentou que um governo policêntrico é uma maneira especialmente eficaz de gerir recursos ambientais escassos. Ele reflete um dos princípios fundamentais criados pela autora para gerir a Câmara dos Comuns: "Construir responsabilidade por gerir o recurso comum em níveis imbricados, do nível mais baixo até o conjunto do sistema interconectado", <http://www.onthecommons.org/8-keys-successful-commons#sthash.rzGC85Nc.dpbs>.

290   *Como ser um bom ancestral*

47. Parag Khanna, *Connectography: Mapping the Future of Global Civilization*. Londres: Weidenfeld & Nicolson, 2017, p.49; ver também: <https://www.un.org/development/desa/publications/2018-revision-of-world-urbanization-prospects.html>.

48. Parag Khanna, op. cit., pp. 6, 58-60.

49. Esta descrição da Europa como cidades-Estados foi inspirada por um gráfico de John Donald.

50. Ver: <https://www.nytimes.com/2015/07/17/opinion/the-art-of-changing-a-city.html>. <https:www.power-technology.com/featuress/100-club-cities-going-renewables/>; <http://www.cycling-embassy.dk/2017/07/04/copenhagen-city-cyclists-facts-figures-2017/>.

51. Disponível em: <https://www.scientificamerican.com/article/building-more-sustainable-cities>.

52. Ver: <https://media.nesta.org.uk/documents/digital_democracy.pdf>; <https://www.thersa.org/discover/publications-and-articles/rsa-blogs/2017/09/the-digital-city-the-next-wave-of-open-democracy>; <https://datasmart.ash.harvard.edu/news/article/how-smart-city-barcelona-brought-the-internet-of-things-to-life-789>.

53. Jana Belschner, "The Adoption of Youth Quotas after the Arab Uprisings". *Politics, Groups, and Identities*, Abingdon, 2018; <https://budget.fin.gc.ca/2019/docs/plan/chap-05-en.html?wdisable=true>; <https://www.gensqueeze.ca/win_intergenerational_analysis_in_public_finance>; <https://www.intergenerationaljustice.org/wp-content/uploads/2019/02/PP_Newcomer-Quota_2019.pdf>.

54. Minha abordagem para mudança histórica e teorias do poder foi profundamente influenciada pelo livro de Tzvetan Todorov, *The Fragility of Goodness* (Londres: Weidenfeld & Nicolson, 2001); ver também minha análise sobre como a mudança acontece in: Roman Krznaric, *How Change Happens: Interdisciplinary Perspectives for Human Development*.

10. Civilização ecológica (pp. 209-33)

1. Ver: <https://slate.com/business/2014/10/worlds-oldest-companies-why-are-so-many-of-them-in-japan.html>; <https://en.wikipedia.org/wiki/List_of_oldest_companies>.

2. Disponível em: <https://journal.accj.or.jp/masayoshi-sons-300-year-plan>.

3. Dominic Barton et al., "Measuring the Economic Impact of Short-Termism". *McKinsey Global Institute Discussion Paper, S.l.*, pp. 1-2, 2017.

4. Embora não tenha sido o primeiro a cunhar a expressão "civilização ecológica", Korten foi um de seus principais divulgadores no Ocidente. Ele nasceu, muito apropriadamente, na cidadezinha de Longview, em Washington. <https://davidkorten.org/living-earth-econ-for-eco-civ/>.

5. Ver: <https://www.politifact.com/factchecks/2016/jul/06/mark-warner/mark-warner-says-average-holding-time-stocks-has-f/>.

Notas

6. IPPR, *Prosperity and Justice: A Plan for the New Economic — the Report of the IPPR Commission on Economic Justice*. Londres: Intitute for Public Polity Research, 2018, p. 37; ver também: <https://www.ft.com/content/d81f96ea-d43c-11e7-a-303-9060cb1e5f44>; Oxford Martin Commission, op.cit., p. 46.

7. Ernst Ulrich von Weizsäcker; Anders Wijkman, *Come on! Capitalism, Short-termism, Population and the Destruction of the the Planet — A report to the Club of Rome*. Berlim: Springer, 2018, p. 71.

8. Ver: <http://worldif.economist.com/article/12121/debate>.

9. Disponível em: <https://science.sciencemag.org/content/sci/366/6468/950.full.pdf>.

10. Ver: <https://www.nature.com/articles.476148a>.

11. Donella Meadows; Jorgen Randers; Dennis Meadows, op.cit.

12. Herman Daly, *Ecological Economics and Sustainable Development: Selected Essays of Herman Daly*. Northampton: Edward Elgar, 2007, p. 12.

13. Kate Raworth, op.cit., pp. 66, 143.

14. Herman Daly, *Beyond Growth: The Economics of Sustainable Development*. Boston: Beacon Press, 1996, p. 6.

15. O Donut tornou-se, por exemplo, uma base para o planejamento urbano em Amsterdã e em outras cidades que fazem parte da aliança C40 de cidades comprometidas em tomar medidas ligadas às mudanças climáticas. Ver: <https://medium.com/circleeconomy/the-amsterdam-city-doughnut-how-to-create-a-thriving-city-for-a-thriving-planet-423afd6b2892>.

16. Para a mais recente versão do Donut, incluindo detalhes completos de dimensões e dados, ver Kate Raworth, "A Doughnut for the Anthropocene: Humanity's Compass in the 21st Century". *The Lancet Planetary Health*, S.l., v. 1, n. 2, 2017; ver também: Kate Raworth, *Doughnut Economics*, pp. 43-53; Will Steffen et al., "The Anthropocene: From Global Change to Planetary Stewardship". *Ambio*, S.l., v. 40, n. 7, pp. 753-4, 2011.

17. Disponível em: <https://hbr.org/2012/06/captain-planet>; <https://www.unilever.co.uk/sustainable-living/>; <https://www.nytimes.com/2019/08/29/business/paul-polman-unilever-corner-office.html>.

18. Ver: <https://newint.org/features/web-exclusive/2017/04/13/inside-unilever-sustainability-myth>.

19. Ver: <https://www.opendemocracy.net/en/transformation/five-ways-to-curb-power-of-corporations/>. Tal proposta é uma variante dos impostos sobre transações financeiras defendidos por figuras como o senador americano Bernie Sanders.

20. O sucesso da medida do governo francês é, contudo, matéria de debate. Ver: <https://www.epi.org/blog/lessons-french-time-tax-high-frequency-trading/>; <https://www.theguardian.com/business/economics-blog/2014/apr/04/high-frequency-trading-markets-tobin-tax-financial-transactions-algorithms>.

21. Ver: <https://bcorporation.net>; <https://www.forbes.com/sites/billeehoward/2017/10/01/joey-bergstein-cause-brand-purpose/#81aa5d345939>.

22. John Kay, "The Kay Review of UK Equity Markets and Long-Term Decision Making", Departamento de Inovação, Negócios e Habilidades, Governo do Reino Unido, 2012, p. 13.
23. Ver: <https://www.overshootday.org/newsroom/press-release-july-2019-english/>.
24. Disponível em: <https://www.opendemocracy.net/en/transformation/five-ways-to-curb-power-of-corporations>.
25. Daniel Christian Wahl, *Designing Regenerative Cultures*. Charmouth: Triarchy Press, 2016; Ernst Ulrich von Weizsäcker; Anders Wijkman, pp. 101-44.
26. Kate Raworth, *Doughnut Economics*, p. 212.
27. Ver: <https://www.weforum.org/agenda/2019/02/companies-leading-way-to-circular-economy/>.
28. <https://fab.city>; Michael Blowfield; Leo Johnson, *The Turnaround Challenge: Business and the City of the Future*. Oxford: Oxford University Press, 2013, pp. 193-5.
29. Disponível em: <https://www.ted.com/talks/marcin_jakubowski?language=en>.
30. Ver: <http://theconversation.com/how-fab-labs-help-meet-digital-challenges-in-africa-99202>.
31. Michel Bauwens; Vasilis Niaros, *Changing Society Through Urban Commons Transitions*. Amsterdã: P2P Foundation, 2017, pp. 21-2; ver também: <https://blog.p2pfoundation.net/futures-of-production-through-cosmo-local-and-commons-based-design/2019/09/18>; <http://wiki.commonstransition.org/wiki/Cosmo-localism_and_the_futures_of_material_production>; <https://environment-journal.online/articles/plymouth-pledge-to-produce-everything-they-consume-by-2054>.
32. Ver: <https://www.cdp.net/en/cities/world-renewable-energy-cities>.
33. Jeremy Rifkin, *The Third Industrial Revolution: How Lateral Power is Transforming Energy, the Economy and the World*. Nova York: Martin's Griffin, 2013, p. 62.
34. Ver: <http://microgridmedia.com/bangladesh-emerges-hotbed-solar-micro grids-p2p-energy-trading/>; <https://unfccc.int/climate-action/momentum-for-change/ict-solutions/solshare>; <https://www.worldbank.org/en/results/2013/04/15/bangladesh-lighting-up-rural-communities>.
35. Kate Raworth, *Doughnut Economics*, pp. 176-8, 226.
36. Timothy Mitchell, *Carbon Democracy: Political Power in the Age of Oil*. Londres: Verso, 2011, pp. 19-21.
37. George Monbiot, op.cit., pp. 8, 69-70, 84-5; ver também: Jared Diamond, *Collapse*, p. 425.
38. Rewilding Britain, *Rewilding and Climate Breakdown: How Restoring Nature Can Help Decarbonise the UK*. Steyning: Rewilding Britain, 2019, pp. 4, 6; Bronson W. Griscom et al., "Natural Climate Solutions". *PNAS*, Washington D.C., v. 114, p. 44, 2017.
39. E.A. Wrigley, op.cit., p. 3.
40. Ver: <https://www.government.nl/topics/circular-economy>.

Notas

41. Ryu Jaeyun, *5 Keys to Understanding China: A Samsung Veteran Shares How to Succeed in China*. Irvine: Seoul Selection, 2016, p. x.
42. Sebastian Heilmann (Org.), *China'a Political System*. Lanham: Rowman & Littlefield, 2016, p. 302.
43. Ver: <http://www.cwzg.cn/politics/201605/28471.html>; <http://www.cqhri.com/.lddy_mobile/jdzs/20170911/12505426402.html>
44. <https://thediplomat.com/2018/02/chinas-ai-agenda-advances/>; Fei Xu, *The Belt and Road: The Global Strategy of China High-Speed Railway*. S.l.: Truth and Wisdom Press/Springer, 2018, p. 189.
45. Ver o discurso do presidente Xi para o 19º Congresso Nacional do Partido Comunista da China: <http://www.chinadaily.com.cn/china/19thcpcnational-congress/2017-11/04/content_34115212.htm>; <https://www.ecowatch.com/china-ecological-civilization-2532760301.html>.
46. Disponível em: <https://www.ecowatch.com/china-floating-solar-farm-2516880461.html>.
47. Disponível em: <https://www.nytimes.com/2017/01/05/world/asia/china-renewable-energy-investment.html>.
48. Barbara Finamore, *Will China Save the Planet?*. Cambridge: Polity Press, 2018, p. 1.
49. Sebastian Heilmann (Org.), op.cit., p. 361.
50. Du Ding, "China's 'Two Century Goals': Progress and Challenges". *EAI Background Brief n. 1072*, Universidade Nacional de Cingapura, S.l., 2015; ver também: <https://www.ecowatch.com/china-ecological-civilization-2532760301.html>.
51. Ver: <https://patternsofmeaning.com/2018/02/08/what-does-chinas-ecological-civilization-mean-for-humanitys-future/>; <http://www.independent.co.uk/news/world/asia/how-did-china-use-more-cement-between-2011-and-2013-than-the-us-used-in-the-entire-20th-century-10134079.html>.
52. Ver: <https://www.eia.gov/todayinenergy/detail.php?id=33092>.
53. Ver: <https://www.iea.org/reports/world-energy-outlook-2017-china>; Global Environmental Institute, *China's Involvement in Coal-Fired Projects Along the Belt and Road*. Pequim: Global Environmental Institute, 2017, p. 1; Jared Diamond, *Collapse*, pp. 372-3.
54. Richard Smith, "China's Drivers and Planetary Ecological Collapse". *Real World Economics Review*, S.l., n. 82, p. 27, 2017; Björn Conrad, "Environmental Policy: Curtailing Urban Pollution". In: Sebastian Heilmann (Org.), op.cit., pp. 356-7; ver também: <https://cleantechnica.com/2014/10/06/chinas-21st-century-dilemma-development-carbon-emissions/>.
55. Isto é o que Kate Raworth (*Doughnut Economics*, pp. 259-60) descreve como "desacoplamento absoluto suficiente"; ver também: Tim Jackson; Peter Victor, "Unraveling the Claims for (and Against) Green Growth". *Science*, Washington D.C., v. 366, n. 6468, 2019.
56. Disponível em: <https://www.theguardian.com/books/2019/sep/21/vaclav-smil-interview-growth-must-end-economists>.

57. Philip Alston, *Climate Change and Poverty: Report of the Special Rapporteur on Extreme Poverty and Human Rights*. Genebra: A/HRC/41/39, UN Human Rights Council, 2018.
58. Ver: <https://www.theguardian.com/inequality/2017/nov/14/worlds-richest-wealth-credit-suisse>.

11. Evolução cultural (pp. 235-53)

1. Davis descreve a etnosfera como "a rede cultural da vida" e a define como "a soma total de todos os pensamentos e sonhos, mitos, ideias, inspirações e intuições trazidos à existência pela imaginação humana desde a aurora da consciência". Disponível em: <https://www.ted.com/talks/wade_davis_on_endangered_cultu res/transcript?language=en>. O conceito de etnosfera tem algumas semelhanças com a noção de "noosfera" de Pierre Teilhard de Chardin (*The Phenomenon of Man*. S.l.: Collins, 1970, pp. 200-4) e a ideia de "consciência coletiva", tal como usada originalmente por Émile Durkheim. Mas eu não a utilizo para me referir a qualquer tipo de entidade reificada com uma existência independente; trata-se simplesmente de um conceito para descrever ideias que são amplamente compartilhadas por um grande número de pessoas e que moldam sua *Weltanschauung*.
2. David Sloan Wilson, *This View of Life: Completing the Darwinian Revolution*. Nova York: Vintage, 2019, p. xiv; ver também: Jonas Salk (*Anatomy of Reality*, pp. 32, 114), que descreveu a evolução cultural como "evolução metabiológica". Ele acreditava que a própria evolução evoluiu e agora tornou-se em parte uma questão de escolha humana.
3. Olivia Bina et al., "The Future Imagined: Exploring Fiction as a Means of Reflecting on Today's Grand Societal Challenges and Tomorrow's Options". *Futures*, S.l., pp. 170, 178, 180, jun. 2016.
4. Disponível em: <http://www.bbc.com/culture/story/20190110-how-science-fiction-helps-readers-understand-climate-change>; <https://www.theguardian.com/books/2015/aug/07/science-fiction-realism-kim-stanley-robinson-alistair-reynolds-ann-leckie-interview>.
5. Olaf Stapledon, *Star Maker*, Londres: Methuen, 1937.
6. James Attlee, "A Place That Exists Only in Moonlight: Katie Paterson & JMW Turner", Turner Contemporary, Margate, Reino Unido, 2019.
7. *The Guardian*, Londres, 27 maio 2015.
8. Conversa pública entre Katie Paterson, Elif Shafak e o autor na Biblioteca Britânica, 8 out. 2019.
9. Correspondência pessoal, 6 set. 2018; ver: <https://www.wired.com/2007/07/interview-brian-eno-on-full-transcript/>.
10. Conversa pessoal, 15 jan. 2019; ver: <http://superflux.in/index.php/work/futu reenergylab/#>; <https://www.thenational.ae/arts-culture/uturis-symposium-weimar-2019-international-cultural-event-opens-with-praise-for-uae-1.877009>.

Notas 295

11. Ver: <https://www.popsci.com/virtual-reality-coral-reef-environment/>; <http://vhil.stanford.edu/pubs/2014/short-and-long-term-effects-of-embodied-experiences-in-immersive-virtual-environments/>.

12. Disponível em: <https://www.popsci.com/virtual-reality-coral-reef-environment>; <http://vhil.stanford.edu/pubs/2014/short-and-long-term-effects-of-embodied-experiences-in-immersive-virtual-environments/>.

13. Eric Hobsbawm, *Nations and Nationalism Since 1780: Programme, Myth, Reality.* Cambridge: Cambridge University Press, 1990, pp. 80-1.

14. Benedict Anderson, *Imagined Communities: Reflections on te Origin and Spread of Nationalism.* Londres: Verso, 1991, pp. 5-7.

15. Yuval Noah Harari, *Homo Deus*, p. 380.

16. Correspondência pessoal com a fundadora de Roots of Empathy, Mary Gordon, 11 out. 2019; ver: <www.rootsofempathy.org>.

17. Disponível em: <https://www.nfer.ac.uk/publications/FUTL21/FUTL21.pdf>.

18. Disponível em: <http://www.bullfrogfilms.com/guides/foninternhiroshhrnextgenguide.pdf>.

19. Disponível em: <http://www.politicalscience.hawaii.edu/courses/syllaby/dator/pols342_dator_S13.pdf; Jake Dunagan et al., "Strategic Foresight Studio: A First-Hand Account of an Experiential Futures Course". *Journal of Futures Studies*, S.l., v. 23, n. 3, p. 62, 2019.

20. Disponível em: <https://mralancooper.medium.com/ancestry-thinking-52fd3f-f8da17>.

21. Disponível em: <https://sdgacademy.org/course/planetary-boundaries-human-opportunities/>.

22. Lynn White, "The Historical Roots of Our Ecologic Crisis". *Science*, Washington D.C., v. 155, n. 3.767, p. 1205, 1967; Roman Krznaric, *How Change Happens: Interdisciplinary Perspectives for Human Development.*

23. Papa Francisco, op.cit.

24. Entrevista com o dr. Tebaldo Vinciguerra, Conselho Pontifício para Justiça e Paz, Roma, 20 abr. 2018.

25. Ver: <https://www.theguardian.com/commentisfree/2018/dec/16/divestment-fossil-fuel-industry-trillions-dollars-investments-carbon>.

26. Ver: <https://thehumanist.com/magazine/may-june-2019/features/whats-really-behind-evangelicals-climate-denial>.

27. Ver: <https://www.pewforum.org/2012/12/18/global-religious-landscape-exec/>.

28. O próprio Hawken vê o movimento ambientalista menos como uma religião descentralizada do que como uma resposta imune, de um ponto de vista biológico, à ameaça à saúde planetária. (*Blessed Unrest: How the Largest Social Movement in History is Restoring Grace, Justice and Beauty to the World.* Nova York: Penguin, 2008, capítulo 1.

29. Eu lhe fiz essa pergunta num evento público no Sheldonian Theatre, Oxford, 2 out. 2019.

12. O caminho do bom ancestral (pp. 255-62)

1. Wallace-Wells, op.cit., p. 12.
2. Ver: <https://www.ted.com/talks/carole_cadwalladr_facebook_s_role_in_brexit_and the_threat_to_democracy?language=en>.
3. Ver: <https://publications.iom.int/system/files/pdf/wmr_2018_en.pdf>.
4. Friedman, op.cit., p. xiv.
5. Theodore Zeldin, *Conversation*. Londres: Harvill Press, 1998, p. 14.
6. Wallace-Wells, op.cit., p. 34.
7. James Scott, *Two Cheers for Anarchism: Six Easy Pieces on Autonomy, Dignity, and Meaningful Work and Play*. Princeton: Princeton University Press, 2012, p. 141.
8. Disponível em: <http://inside.sfuhs.org/dept/history/US_History_reader/Chapter14/MLKriverside.htm>.
9. Ver: <https://theconversation.com/climate-change-yes-your-individual-action-does-make-a-difference-115169>; <https://www.vox.com/2016/5/4/11590396/solar-power-contagious-maps>.

Apêndice (pp. 263-5)

1. Jamie McQuilkin, "Doing Justice to the Future"; ver também: Jamie McQuilkin, *Intergenerational Solidarity, Human Values and Consideration of the Future*. Reykjavík: Faculdade de Psicologia, Universidade da Islândia, 2015, tese apresentada para a obtenção do grau de *Magister Scientiarum*.

Lista de ilustrações

Os gráficos nas páginas 23, 38, 44, 86, 90, 93, 132, 134, 142, 145, 153, 156, 187, 189, 203 são de Nigel Hawtin

Página 52: Alamy / © University of York/Heritage Images

Página 63: Alamy / Library Book Collection

Página 80: Getty Images / William Campbell

Página 106: Alamy / Archivah

Página 120: Alamy / World History Archive

Página 138: Reproduzido por Roman Krznaric a partir de *On Thermonuclear War* de Herman Kahn.

Página 163: Alamy / Piero Cruciatti

Página 185: Roman Krznaric

Página 196: Ritsuji Yoshioka

Página 216: Kate Raworth

Página 225: Alamy / Joerg Boethling

Página 243: Superflux

Página 252: Alamy / Iconpix

Página 259: Roman Krznaric e Nigel Hawtin

Página 265: Jamie McQuilkin

Bibliografia

ACKERMAN, Frank. *Debating Climate Economics: The Stern Review vs Its Critics. Report to Friends of the Earth*, S.l., jul. 2007.

ADAM, Barbara. *Time*. Cambridge: Polity Press, 2004.

_____; GROVES, Chris. *Future Matters: Marking, Making and Minding Futures for the 21st Century*. Publicado também como *Future Matters: Action, Knowledge, Ethics*. Leiden: Brill, 2007.

ALSTON, Philip. *"Climate Change and Poverty: Report of the Special Rapporteur on Extreme Poverty and Human Rights*. Genebra: A/HRC/41/39, UN Human Rights Council, 2018.

ANDERSON, Benedict. *Imagined Communities: Reflections on the Origin and Spread of Nationalism*. Londres: Verso, 1991 [Ed. bras.: *Comunidades imaginadas*. Trad. Denise Bottmann. São Paulo: Companhia das Letras, 2008].

ANDERSSON, Jenny. "The Great Future Debate and the Struggle for the World". *The American Historical Review*, Chicago, v. 117, n. 5, pp. 1402-10, 2012.

ASIMOV, Isaac. *Foundation*. Londres: Panther, 1960 [Ed. bras.: *Fundação*. Trad. Fabio Fernandes; Marcelo Barbao. São Paulo: Aleph, 2019].

ATTLEE, James. "A Place That Exists Only in Moonlight: Katie Paterson & JMW Turner". Turner Contemporary, Margate, Reino Unido, 2019.

BAKAN, Joel. *The Corporation: The Pathological Pursuit of Profit and Power*. Nova York: Free Press, 2004.

BARDI, Ugo. *The Seneca Effect: Why Growth is Slow but Collapse is Rapid*. Berlim: Springer, 2017.

BARKOW, Jerome; COSMIDES, Leda; TOOBY, John. *The Adapted Mind: Evolutionary Psychology and the Generation of Culture*. Oxford: Oxford University Press, 1996.

BARTON, Dominic et al. "Measuring the Economic Impact of Short-Termism". *McKinsey Global Institute Discussion Paper*, S.l., 2017.

BATESON, Mary Catherine. *Composing a Further Life: The Age of Active Wisdom* Londres: Vintage, 2011.

BAUM, Seth et al. "Long-Term Trajectories of Human Civilization". *Foresight*, S.l., v. 21, n. 1, pp. 53-83, 2019.

BAUMEISTER, Roy. "Collective Prospection: The Social Construction of the Future". In: SELIGMAN, Martin et al. *Homo Prospectus*. Oxford: Oxford University Press, 2016.

_____. et al. "Everyday Thoughts in Time: Experience Sampling Studies of Mental Time Travel". *PsyArXiv*, Ithaca, 2018.

BAUWENS, Michel; NIAROS, Vasilis. *Changing Society Through Urban Commons Transitions*. Amsterdã: P2P Foundation: 2017.

BELLASSEN, Valentin; LUYSSAERT, Sebastiaan. "Carbon Sequestration: Managing Forests in Uncertain Times". *Nature*, S.I., v. 13, n. 506, 2014, pp. 153-5.

BELSCHNER, Jana. "The Adoption of Youth Quotas after the Arab Uprisings". *Politics, Groups, and Identities*, Abingdon, 2018.

BENDELL, Jem. "Deep Adaptation: A Map for Navigating Climate Tragedy". *IFLAS Occasional Paper 2*, Universidade de Cumbria, Ambleside, 2018.

BENYUS, Janine. *Biomimcry: Innovation Inspired by Nature*. Nova York: Perennial, 2002.

BERRIDGE, Kent; Morten Kringelbach. "Affective Neuroscience of Pleasure: Reward in Humans and Animals". *Psychopharmacology*, Berlim, v. 199, n. 3, pp. 457-80, 2008.

BIDADANURE, Juliana. "Youth Quotas, Diversity and Long-Termism: Can Young People Act as Proxies for Future Generations". In: GONZÁLEZ-RICOY, Iñigo; GROSSERIES, Axel (Orgs.). *Institutions for Future Generations*. Oxford: Oxford University Press, 2016.

BINA, Olivia et al. "The Future Imagined: Exploring Fiction as a Means of Reflecting on Today's Grand Societal Challenges and Tomorrow's Options". *Futures*, S.I., *Futures*, S.I., pp. 166-84, jun. 2016.

BLOWFIELD, Michael; Leo Johnson. *The Turnaround Challenge: Business and the City of the Future*. Oxford: Oxford University Press, 2013.

BORROWS, John. "Earth-Bound: Indigenous Resurgence and Environmental reconciliation". In: ASCH, Michael; BORROWS, John; TULLY, James (Orgs.). *Resurgence and Reconciliation: Indigenous-Settler Relations and Earth Teachings*. Toronto: University of Toronto Press, 2018.

BOSTON, Jonathan *Governing the Future: Designing Democratic Institutions for a Better Tomorrow*. Bingley: Emerald, 2017.

BRAND, Stewart. *How Buildings Learn: What Happens After They're Built*. S.l.: Phoenix, 1997.

_____. *The Clock of the Long Now: Time And Responsibility*. Nova York: Basic Books, 1999).

BRUNDTLAND, Gro Harlen. *Report of the World Commission on Environment and Development: Our Common Future*. Nova York: Assembleia Geral das Nações Unidas documento A/42/427 (1987).

BRYSON, Bill. *A Short History of Nearly Everything*. Londres: Black Swan, 2004.

BURKE, Edmund. *Reflections on the Revolution in France*. Londres: J. Dodsley, 1790.

BUSBY GRANT, Jane; SUDDENDORF, Thomas. "Recalling Yesterday and Predicting Tomorrow". *Cognitive Development*, v. 20, S.l., pp. 362-72, 2005.

CANEY, Simon. "Political Institutions and the Future". In: GONZÁLEZ-RICOY, Iñigo; GROSSERIES, Axel (Orgs.). *Institutions for Future Generations*. Oxford: Oxford University Press, pp. 135-55, 2016.

_____. "Democratic Reform, Intergenerational Justice and the Challenges of the Long Term". *Center for the Understanding of Sustainability Prosperity*, Universidade de Surrey, Guildford, 2019.

CAPRA, Fritjof. *The Turning Point: Science, Society and the Rising Culture*. Londres: Flamingo, 1983 [Ed. bras.: *O ponto de mutação*. São Paulo: Cultrix, 2012].

CARLISLE, Keith; GRUBY, Rebecca L. "Polycentric Systems of Governance: A Theoretical Model for the Commons". *Policy Studies Journal*, Oxford, v. 47, n. 4, pp. 927- 52, 2017.

CARSE, James. *Finite and Infinite Games: A Vision of Life as Play and Possibility*. Nova York: Free Press, 1986.

CHERMACK, Thomas. *The Foundations of Scenario Planning: The Story of Pierre Wack*. Abingdon: Routledge, 2017.

CHRISTIAN, David. *Maps of Time: An Introduction to Big History*. Berkeley: University of California Press, 2005.

CONRAD, Björn. "Environmental Policy: Curtailing Urban Pollution". In: HEILMANN, Sebastian (Org.). *China's Political System*. Lanham: Rowman & Littlefiel, 2016.

CREWE, Ivor; KING. Anthony. *The Blunders of Our Government*. Londres: Oneworld, 2014.

CUMMING, Graeme; PETERSON, Garry. "Unifying Research on Social-Ecological Resilience and Collapse", *Trends in Ecology and Evolution*, S.l., v. 32, n. 9, pp. 695-713, 2017.

DALY, Herman. *Beyond Growth: The Economics of Sustainable Development*. Boston: Beacon Press, 1996.

_____. *Ecological Economics and Sustainable Development: Selected Essays of Herman Daly*. Northampton: Edward Elgar, 2007.

DARWIN, Charles. *The Descent of Man*. Nova York: Appleton and Company, 1889. [Ed. bras. *A origem do homem e a seleção sexual*. São Paulo: Hemus, 2002.]

DATOR, Jim. "Decolonizing the Future". In: SPEKKE, Andrew [Org.]. *The Next 25 Years: Challenges and Opportunities*. Chicago: World Future Society, 1975.

DE JOUVENEL, Bertrand. *The Art of Conjecture*. Londres: Weidenfeld & Nicolson, 1967.

DIAMOND, Jared. "Easter Island Revisited". *Science*, Washington D.C., v. 317, n. 5.845, pp. 1692-4, 2007

_____. *Collapse: How Societies Choose to Fail or Survive*. Londres: Penguin, 2011.

DING, Lu. "China's 'Two Century Goals': Progress and Challenges". *EAI Background Brief n. 1072*, Universidade Nacional de Cingapura, S.l., 2015.

DRYZEK, John. "Institutions for the Anthropocene: Governance in a Changing Earth System". *British Journal of Political Studies*, Cambridge, v. 46, n. 4, pp. 937-56, 2014.

DUNAGAN, Jake et al. "Strategic Foresight Studio: A First-Hand Account of an Experiential Futures Course". *Journal of Futures Studies*, S.l., v. 23, n. 3, pp. 57-74, 2019.

EAGLETON, Terry. *Hope Without Optimism*. Londres: Yale University Press, 2015.

ELLIS, Charles D. *The Partnership: The Making of Goldman Sachs*. Nova York: Penguin, 2009.

ENNOS, Roland. "Aping Our Ancestor". *Physics World*, Bristol, pp. 32-6, maio 2014.

ENO, Brian. "The Big Here and Long Now". Long Now Foundation, San Francisco (2000).

FINAMORE, Barbara. *Will China Save the Planet?*. Cambridge: Polity Press, 2018.

FLANNERY, Tim. *The Future Eaters: An Ecological History of the Australian Lands and People*. Londres: Secker & Warburg, 1996.

FOA, Robert Stefan; MOUNK, Yascha. "The Signs of Deconsolidation". *Journal of Democracy*, Washington, D.C., v. 28, n. 1, pp. 5-15, 2017.

FOWERAKER, Joe; KRZNARIC, Roman. "Measuring Liberal Democratic Performance: An Empirical and Conceptual Critique". *Political Studies*, S.l., v. 48, n. 4, pp. 759-87, 2000.

FRANKL, Viktor, *Man's Search for Meaning: An Introduction to Logotherapy*. Londres: Hodder & Stoughton, 1987. [Ed. bras.: *Em busca de sentido*. Petrópolis: Vozes, 2020.]

FREEMAN, Mark; GROOM, Ben; SPACKMAN, Michael. *Social Discount Rates for Cost-Benefit Analysis: A Report for HM Treasury*. Londres: HM Treasury, UK Government, 2018

FRIEDMAN, Milton. *Capitalism and Freedom*. Chicago: Chicago University Press, 2002. [Ed. bras.: *Capitalismo e liberdade*. Trad. Afonso Celso da Cunha Serra. Rio de Janeiro: LTC, 2014].

FRISON, George. "Paleoindian Large Mammal Hunters on the Plains of North America". *PNAS*, Washington D.C., v. 95, n. 24, pp. 14, 576-83, 1998.

GIDLEY, Jennifer M. *The Future: A Very Short Introduction*. Oxford: Oxford University Press, 2017.

GILBERT, Daniel. *Stumbling on Happiness*. Nova York: Harper Perennial, 2007.

GIONO, Jean. *The Man Who Planted Trees*. White River Junction: Chelsea Green, 1985. [Ed. bras. *O homem que plantava árvores*. Trad. Samuel Titan Jr.; Cecilia Ciscato. São Paulo: Editora 34, 2018].

GLEICK, James. *Time Travel: A History*. Londres: Fourth Estate, 2016.

GLOBAL Environmental Institute. *China's Involvement in Coal-Fired Projects Along the Belt and Road*. Pequim: Global Environmental Institute, 2017

GOULD, Stephen Jay. *Time's Arrow, Time's Cycle: Myth and Metaphor in the Discovery of Geological Time*. Cambridge, MA: Harvard University Press, 1987.

GOWER, Barry S. "What Do We Owe Future Generations?". In: COOPER, David E.; PALMER, Joyn A. (Orgs.). *Environment in Question: Ethics and Global Issues*. Abingdon: Routledge, 1992.

GREEN, Mark (Org.), *The Big Business Reader on Corporate America*. Nova York: Pilgrim Press, 1983.

GRISCOM, Bronson W. et al. "Natural Climate Solutions". *PNAS*, Washington, D.C., v. 114, n. 44, pp. 11645-50, 2017.

HALLIDAY, Stephen. *The Great Stink of London: Sir Joseph Bazalgette and the Cleansing of the Victorian Metropolis*. Gloucestershire: Sutton Publishing, 2001.

HAMMOND, Marit; SMITH, Graham. "Sustainable Prosperity and Democracy — A Research Agenda". *Centre for the Understanding of Sustainability Prosperity, Working Paper n. 8*, Universidade de Surrey, Guildford, p. 15, 2017.

HANDY, Charles. *The Second Curve: Thoughts on Reinventing Society*. Londres: Random House Books, 2015

HANH, Thich Nhat. *Being Peace*. Berkeley: Parallax Press, 1989.

HANUSCH, Frederic; BIERMANN, Frank. "Deep-Time Organizations: Learning Institutional Longevity from History". *The Anthropocene Review*, S.l., pp. 1-23, 2019.

HARARI, Yuval Noah. *Homo Deus: A Brief History of Tomorrow*. Londres: Vintage, 2017. [Ed. bras.: *Homo Deus: Uma breve história do amanhã*. Trad. Paulo Geiger. São Paulo: Companhia das Letras, 2016.]

_____. *21 Lessons for the 21st Century*. Londres: Jonathan Cape, 2018. [Ed. bras.: *21 lições para o século 21*. Trad. Paulo Geiger. São Paulo: Companhia das Letras, 2018.]

HAWKEN, Paul. *Blessed Unrest: How the Largest Social Movement in History is Restoring Grace, Justice and Beauty to the World*. Nova York: Penguin, 2008.

HAWKES, Kristen. "The Grandmother Effect". *Nature*, Londres, v. 428, n. 1 28, pp. 128-9, 2004.

HEILMANN, Sebastian (Org.). *China's Political System*. Lanham: Rowman & Littlefield, 2016.

HERSHFIELD, Hal. "The Self Over Time", *Current Opinion in Psychology*, S.l., v. 26, pp. 72-5, 2019.

_____. et al. "Increasing Saving Behavior Through Age-Progressed Renders of the Future Self", *Journal of Marketing Research*, S.l., v. 48, pp. S23-37, 2011.

HICKEL, Jason. "The Sustainable Development Index: Measuring the Ecological Effciency of Human Development in the Anthropocene'. *Ecological Economics*, S.l., v. 167, 2020.

HM TREASURY. *The Green Book: Central Government Guidance on Appraisal and Evaluation*. Londres: HM Treasury, UK Government, 2018.

HOBSBAWM, Eric. *Nations and Nationalism Since 1780: Programme, Myth, Reality*. Cambridge: Cambridge University Press, 1990. [Ed. bras.: *Nações e nacionalismo desde 1870*. Trad. Maria Celia Paoli; Anna Maria Quirino. Rio de Janeiro: Paz e Terra, 2012.]

_____. *The Age of Capital, 1848-1875*. Londres: Weidenfeld & Nicolson, 1995. [Ed. bras.: *A era do capital, 1848-1875*. Trad. Luciano Costa Neto. Rio de Janeiro: Paz e Terra, 2012.]

HUME, David. *A Treatise of Human Nature*. Londres: John Noon, 1739. [Ed. bras.: *Tratado da natureza humana*. Trad. Déborah Danowski. São Paulo: Edusp, 2009.]

HYDE, Lewis. *The Gift: How the Creative Spirit Transforms the World*. Edimburgo: Canongate, 2006.

INTERGOVERNMENTAL PANEL on Climate Change. *Climate Change 2014: Synthesis Report*. Genebra: IPCC, 2014.

IPPR. *Prosperity and Justice: A Plan for the New Economic_— The Report of the IPPR Commission on Economic Justice*. Londres: Institute for Public Policy Research, 2018.

IVANYA, Maksym; SHAH, Anwar. "How Close Is Your Government to its People?" Worldwide Indicators on Localization and Decentralization'. *World Bank Policy Research Working Paper 6138*, Washington D.C., 2012.

JACKSON, Tim. *Prosperity Without Growth: Foundations for the Economy of Tomorrow*. Abingdon: Routledge, 2016.

_____; VICTOR, Peter. "Unraveling the Claims for (and Against) Green Growth". *Science*, Washington, D.C., v. 366, n. 6468, pp. 950-1, 2019.

JAEYUN, Ryu. *5 Keys to Understanding China: A Samsung Veteran Shares How to Succeed in China*. Irvine: Seoul Selection, 2016.

Bibliografia

JETER, Kris. "Ancestor Worship as an Intergenerational Linkage in Perpetuity". *Marriage & Family Review, Review*, Binghamton, v. 16, n. 1-2, pp. 195-217, 1991.

JOHNSON, Steven. *Farsighted: How We Make the Decisions That Matter Most*. Nova York: Riverhead, 2018.

JUNGK, Robert. *Tomorrow is Already Here: Scenes from a Man-Made World*. Londres: Rupert Hart-Davis, 1954.

KAHN, Herman. *On Thermonuclear War*. Princeton: Princeton University Press, 1960.

KASUYA, Yuko; MORI, Kota. "Better Regime Cutoffs for Continuous Democracy Measures". *Users Working Paper Series 2019:25*, Gotemburgo, Instituto das Variedades da Democracia, Universidade de Gotemburgo, Suécia, 2019.

KAY, John. "The Kay Review of UK Equity Markets and Long-Term Decision Making", Departamento de Inovação, Negócios e Habilidades, Governo do RU, 2012.

KHANNA, Parag. *Connectography: Mapping the Future of Global*. Londres: Weidenfeld & Nicolson, 2017.

KOTRE, John. *Make It Count: How to Generate a Legacy That Gives Meaning to Your Life*. Nova York: The Free Press, 1995.

_____. "Generative Outcome". *Journal of Aging Studies*, S.l., v. 9, n. 1, pp. 33-41, 1995.

KRINGELBACH, Morten. *The Pleasure Centre: Trust Your Animal Instincts*. Oxford: Oxford University Press, 2009.

_____; PHILLIPS, Helen. *Emotion: Pleasure and Pain in the Brain*. Oxford: Oxford University Press, 2014.

KRZNARIC, Roman. *How Change Happens: Interdisciplinary Perspectives for Human Development*. Oxford: Oxfam, 2007.

_____. "For God's Sake, Do Something! How Religions Can Find Unexpected Unity Around Climate Change". *Human Development Occasional Papers*. Nova York: Human Development Report Office, Programa de Desenvolvimento das Nações Unidas, 2007.

_____. "Food Coupons and Bald Mountains: What the History of Resource Scarcity Can Teach Us About Tackling Climate Change". *Human Development Occasional Papers*, Nova York, Human Development Report Office, Programa de Desenvolvimento das Nações Unidas, 2007.

_____. *Empathy: Why It Matters, and How to Get It*. Londres: Rider Books, 2015. [Ed. bras.: *O poder da empatia: A arte de se colocar no lugar do outro para transformar o mundo*. Rio de Janeiro: Zahar, 2015.]

_____. *Carpe Diem Regained: The Vanishing Art of Seizing the Day*. Londres: Unbound, 2017. [Ed. bras.: *Carpe diem: Resgatando a arte de aproveitar a vida*. Rio de Janeiro: Zahar, 2018.]

LANSING, Stephen. *Perfect Order: Recognizing Complexity in Bali*. Princeton: Princeton University Press, 2006.

LE GOFF, Jacques. *Time, Work, and Culture in the Middle Ages*. Chicago: Chicago University Press, 1980. [Ed. bras.: *Para uma outra Idade Média: Tempo, trabalho e cultura no Ocidente*. Petrópolis: Editora Vozes, 2013.

_____. *Medieval Civilization 400-1500*. Londres: Folio Society, 2011.

LEICESTER, Graham. *Transformative Innovation: A Guide to Practice and Policy*. Charmouth: Triarchy Press, 2016.

LENT, Jeremy, *The Patterning Instinct: A Cultural History of Humanity's Search for Meaning*. Amherst: Prometheus, 2017.

LEOPOLD, Aldo, *A Sand County Almanac*. Oxford: Oxford University Press, 1968.

LOPEZ, Maria Alex, *Invisible Women*. Bloomington: Palibrio, 2013.

LOVINS, Hunger et al. *A Finer Future: Creating an Economy in Service to Life*. Ilha Gabriola: New Society Publishers, 2018.

MACFARLANE, Robert, *Underland: A Deep Time Journey*. Londres: Hamish Hamilton, 2019.

MACKENZIE, Michael K., "Institutional Design and Sources of Short-Termism". In: GONZÁLEZ-RICOY, Iñigo; GROSSERIES, Axel (Orgs.). *Institutions for Future Generations*. Oxford: Oxford University Press, 2016.

MARY ROBINSON FOUNDATION. "A Case for Guardians of the Future". *Climate Justice Position Paper*, Dublin, fev. 2017

_____. Climate Justice. "Global Guardians: A Voice for the Future". *Climate Justice Position Paper*, Dublin, abr. 2017.

MCCARTHY, Natasha. *Engineering: A Beginner's Guide*. Londres: Oneworld, 2009.

MCPHEE, John, *Basin and Range*. Nova York: Farrar, Straus and Giroux, 1980.

MCQUILKIN, Jamie. *Intergenerational Solidarity, Human Values and Consideration of the Future*. Reykjavík: Faculdade de Psicologia, Universidade da Islândia, 2015, tese apresentada para a obtenção do grau de *Magister Scientiarum*.

_____. "Doing Justice to the Future: A Global Index of Intergenerational Solidarity Derived from National Statistics". *Intergenerational Justice Review*, S.l., v. 4, n. 1, pp. 4-21, 2018.

MEADOWS, Donella. *Thinking in Systems: A Primer*. Londres: Earthscan, 2009.

_____. et al. *The Limits to Growth*. Nova York: Universe Books, 1972. [Ed. bras. *Limites do crescimento*. Rio de Janeiro: Qualitymark Editora, 2007.]

_____; RANDERS, Jorgen; MEADOWS, Dennis. *Limits to Growth: The 30-Year Update*. White River Junction: Chelsea Green, 2004.

MEIKSINS WOOD, Ellen. *The Origin of Capitalism: A Longer View*. Londres: Verso, 2017.

MISCHEL, Walter; SHODA, Yuichi; RODRIGUEZ, Monica. "Delay of Gratification in Children". *Science*, Washington, D.C., v. 244, n. 4.907, pp. 933-98, 1989.

MITCHELL, Timothy. *Carbon Democracy: Political Power in the Age of Oil*. Londres: Verso, 2011.

MODIS, Theodore. "Why the Singularity Cannot Happen". In: EDEN, Amnon H. et al. (Orgs.). *The Singularity Hypotheses, The Frontiers Collection*. Berlim: Springer Verlag, 2012, pp. 311-39.

MONBIOT, George. *Feral: Searching for Enchantment on the Frontiers of Rewilding*. Londres: Allen Lane, 2013.

MUMFORD, Lewis. *The Human Prospect*. Boston: Beacon Press, 1955.

NEIHARDT, John G. *Black Elk Speaks*. Albany: Excelsior, 2008.

NICHOLLS, Margaret. "What Motivates Intergenerational Practices in Aotearoa/New Zealand", *Journal of Intergenerational Relationships*, Abingdon, v. 1, n. 1, pp. 179-81, 2003.

NORDHAUS, William. "The Political Business Cycle", *Review of Economic Studies*, Nova York, v. 42, n. 2, pp. 169-90, 1975.

O'BRIEN, Mark; RYAN, Thomas. "Rights and Representation of Future Generations in United Kingdom Policy", Centre for the Study of Existential Risk, University of Cambridge, 2017.

O'CONNELL, Mark. *To Be a Machine: Adventures Among Cyborgs, Utopians, Hackers, and the Futurists Solving the Modest Problem of Death*. Londres: Granta, 2017.

O'LEARY, Maureen et al. "The Placental Mammal Ancestor and the Post- K- Pg Radiation of Placentals". *Science*, Washington. D.C., v. 339, n. 6.120, pp. 662-7, 2013.

ORD, Toby, *The Precipice: Existential Risk and the Future of Humanity*. Londres: Bloomsbury, 2020).

OSTROM, Elinor. "A Polycentric Approach for Coping with Climate Change". *World Bank Policy Research Working Paper 5095*, Washington D.C., 2009.

OWEN, David; SMITH, Graham. "Sortition, Rotation and Mandate: Conditions for Political Equality and Deliberative Reasoning". *Politics and Society*, S.l., v. 46, n. 3, pp. 419-34, 2018.

OXFORD MARTIN COMMISSION. *Now for the Long-Term: The Report of the Oxford Martin Commission for Future Generations*. Oxford: Oxford Martin School, Oxford University, 2013, pp. 45-6.

PAHL, Sabine et al. "Perceptions of Time in Relation to Climate Change". *WIREs Climate Change*, Londres, v. 5, pp. 375-88, maio/jun. 2014.

PAPA FRANCISCO. *Laudato Si'*. Carta encíclica do Santo Padre Francisco, Cidade do Vaticano, Roma, 2015.

PARFIT, Derek. *Reasons and Persons*. Oxford: Clarendon Press, 1987.

PASSIG, David. "Future Time-Span as a Cognitive Skill in Future Studies". *Futures Research Quarterly*, S.l., pp. 27-47, inverno 2004.

PINKER, Steven. *Enlightenment Now: The Case for Reason, Science, Humanism and Progress*. Nova York: Viking, 2018.

PORRITT, Jonathon. *The World We Made*. Londres: Phaidon, 2013.

PRINCEN, Thomas. "Constructing the Long Term: The Positive Case in Climate Policy and Other Long Crises". Working Paper, Frederick A. e Barbara M. Erb Institute for Global Sustainable Enterprise, Universidade de Michigan, Ann Arbor, 2007.

_____. "Long-Term Decision-Making: Biological and Psychological Evidence", *Global Environmental Politics*, Cambridge MA, v. 9, n. 3, pp. 9-19, 2009.

RAILTON, Peter. "Introduction". In: SELIGMAN, Martin et al. *Homo prospectus*. Oxford: Oxford University Press, 2016.

RAMEKA, Lesley Kay. "Kia whakatōmuri te haere whakamua: I walk backwards into the future with my eyes fixed on my past". *Contemporary Issues in Early Childhood*, S.l., v. 17, n. 4, pp. 37-398, 2017.

RASKIN, Paul. *Journey to Earthland: The Great Transition to Planetary Civilization*. Boston: Tellus Institute, 2016.

RATEY, John. *A User's Guide to the Brain*. Londres: Abacus, 2013.

RAWLS, John. *A Theory of Justice*. S.l.: Belknap Press, 1971. [Ed. bras.: *Uma teoria da justiça*. São Paulo: Martins Fontes, 2016.]

_____. *Political Liberalism*. Nova York: Columbia University Press, 1993.

RAWORTH, Kate. *Doughnut Economics: Seven Ways to Think Like a 21st-Century Economist*. Londres: Random House Books, 2017. [Ed. bras.: *Economia Donut*. Trad. George Schlesinger. Rio de Janeiro: Zahar, 2019.]

_____. "A Doughnut for the Anthropocene: Humanity's Compass in the 21st Century", *The Lancet Planetary Health*, S.l., v. 1, n. 2, pp. 48-9, 2017.

READ, Rupert. *Guardians of the Future: A Constitutional Case for Representing and Protecting Future People*. Lancaster: Green House, 2011.

_____. "The Philosophical and Democratic Case for a Citizens' Super-Jury to Represent and Defend Future People". *Journal of International Relations Research*, S.l., n. 3, pp. 5-29, dez. 2013.

_____; ALEXANDER, Samuel. *This Civilization Is Finished: Conversations on the End of Empire — and What Lies Beyond*. Coburgo: Simplicity Institute, 2019.

REES, Martin. *On the Future: Prospects for Humanity*. Princeton: Princeton University Press, 2018.

REWILDING BRITAIN. *Rewilding and Climate Breakdown: How Restoring Nature Can Help Decarbonise the UK*. Steyning: Rewilding Britain, 2019.

RIFKIN, Jeremy, *Time Wars: The Primary Conflict in Human History*. Nova York: Touchstone, 1987.

_____. *Biosphere Politics: A New Consciousness for a New Century*. Nova York: Crown, 1991.

_____. *The Third Industrial Revolution: How Lateral Power is Transforming Energy, the Economy and the World*. Nova York: Martin's Griffin, 2013.

ROBERTS, William A. "Are Animals Stuck in Time?". *Psychological Bulletin*, Washington, D.C., v. 128, n. 3, pp. 473- 89, 2002.

SAFFO, Paul. "Six Rules for Effective Forecasting". *Harvard Business Review*, Boston, jul.-ago. 2007.

SAGAN, Carl, *Pale Blue Dot: A Vision of the Human Future in Space*. Nova York: Ballantine Books, 1997. [Ed. bras.: *Pálido ponto azul*. Trad. Rosaura Eichenberg. São Paulo: Companhia das Letras, 2020.]

SALK, Jonas, "Are We Being Good Ancestors?". Discurso de aceitação do prêmio Jawaharlal Nehru por Compreensão Internacional, Nova Délhi, 10 jan. 1977. Reeditado em *World Affairs: The Journal of International Issues,* Nova Délhi, v. 1, n. 2, pp. 16-8, dez. 1992.

_____. *Anatomy of Reality: Merging of Intuition and Reason*. Nova York: Columbia University Press, 1983.

_____; SALK, Jonathan. *A New Reality: Human Evolution for a Sustainable Future*. Westport: City Point Press, 2018.

Bibliografia

SALK, Jonathan. "Planetary Health: A New Perspective". *Challenges*, S.l., v. 10, n. 7, pp. 1-7, 2019.

SANDERS, Michael; SMITH, Sarah. "Can Simple Prompts Increase Bequest Giving? Field Evidence from a Legal Call Centre". *Journal of Economic Behaviour and Organization*, S.l., v. 125(C), pp. 179-91, 2016.

_____. et al. "Legacy Giving and Behavioural Insights". Behavioural Insights Team. Bristol: University of Bristol, 2016.

SCHUBOTZ, Ricarda. "Long-Term Planning and Prediction: Visiting a Construction Site in the Human Brain". In: WELSCH, Wolfgang et al. (Orgs.). *Interdisciplinary Anthropology*. Berlim: Springer-Verlag, 2011.

SCHWARTZ, Peter. *The Art of the Long View: Planning the Future in an Uncertain World.* S.l.: Currency, 1991.

SCOTT, James. *Seeing Like a State: How Certain Schemes to Improve the Human Condition Have Failed.* Londres: Yale University Press, 1998.

_____. *Two Cheers for Anarchism: Six Easy Pieces on Autonomy, Dignity, and Meaningful Work and Play.* Princeton: Princeton University Press, 2012.

SCRANTON, Roy, *Learning to Die in the Anthropocene.* San Francisco: City Lights Books, 2015.

SELIGMAN, Martin et al. *Homo prospectus.* Oxford: Oxford University Press, 2016.

SEUSS, Dr. *The Lorax.* S.l.: HarperCollins, 1997. [Ed. bras. *O Lórax.* Trad. Bruna Beber. São Paulo: Companhia das Letrinhas, 2017.]

SHOHAM, Shlomo; LAMAY, Nira. "Commission for Future Generations in the Knesset: Lessons Learnt". In: TREMMEL, Joerg Chet (Org.). *Handbook of Intergenerational Justice.* Northampton: Edward Elgar, 2006.

SKRIMSHIRE, Stefan. "Deep Time and Secular Time: A Critique of the Environmental Long View". *Theory, Culture and Society*, Nova York, v. 36, n. 1 pp. 63-81, 2018.

SLAUGHTER, Richard. "Long-Term Thinking and the Politics of Reconceptualization", *Futures*, S.l., v. 28, n. 1, pp. 75-86, 1996.

SMITH, Graham. "Enhancing the Legitimacy of Offices for Future Generations'. *Political Studies*, S.l., v. 68, n. 4, 2019.

SMITH, Richard. "China's Drivers and Planetary Ecological Collapse". *Real World Economics Review*, S.l., n. 82, 2017.

SOLNIT, Rebecca. *A Paradise Built in Hell: The Extraordinary Communities that Arise in Disasters.* Nova York: Penguin, 2010.

SON, Hyeonju. "The History of Western Futures Studies: An Exploration of the Intellectual Traditions and Three-Phase Periodization". *Futures*, S.l., v. 66, pp. 120-37, fev 2015.

STAPLEDON, Olaf. *Star Maker.* Londres: Methuen, 1937. Disponível em: <http://uten berg.net.au/ebooks06/0601841.txt>.

_____. *Last And First Men: A Story of the Near and Far Future.* S.l.: Millennium, 1999.

STEFFEN, Will et al. "The Anthropocene: From Global Change to Planetary Stewardship". *Ambio*, S.l., v. 40, n. 7, pp. 739-61, 2011.

STEFFEN, Will et al. "The Trajectory of the Anthropocene: The Great Acceleration", *The Anthropocene Review*, S.l., v. 2, n. 1, pp. 81-98, 2015.

_____. "Trajectories of the Earth System in the Anthropocene". *PNAS*, Washington D.C., v. 115, n. 33, pp. 8, 252-9, 2019.

STERN, Nicholas. *The Economics of Climate Change: The Stern Review*. Cambridge: Cambridge University Press, 2014.

STRAUS, Lawrence Guy. "Upper Paleolithic Hunting Tactics and Weapons in Western Europe". *Archeological Papers of the American Anthropological Association*, S.l., v. 4, n. 1, pp. 89-93, 1993.

SUZUKI, David. *The Legacy: An Elder's Vision for Our Sustainable Future*. Vancouver: Greystone Books, 2010.

TAINTER, Joseph. "Problem Solving: Complexity, History, Sustainability". *Population and Environment: A Journal of Interdisciplinary Studies*, S.l., v. 22, n. 1, pp. 3-41, 2000.

TALEB, Nassim Nicholas. *The Black Swan: The Impact of the Highly Improbable*. Nova York: Random House, 2007. [Ed. bras.: *A lógica do Cisne Negro: O impacto do altamente improvável*. Trad. de Marcelo Schild. Rio de Janeiro: BestSeller, 2015.]

TEILHARD DE CHARDIN, Pierre. *The Phenomenon of Man*. S.l.: Collins, 1970. [Ed. bras.: *O fenômeno humano*. São Paulo, Editora Cultrix, 1989.]

THOMPSON, Dennis. "Representing Future Generations: Political Presentism and Democratic Trusteeship". *Critical Review of International Social and Political Philosophy*, S.l., v. 13, n. 1, pp. 17-37, 2010.

THOMPSON, E.P. "Time, Work Discipline and Industrial Capitalism". *Past & Present*, Oxford, v. 38, n. 1, pp. 56-97, 1967.

THORP, Jennifer. "New College's Hall and Chapel Roofs", manuscrito, New College, Oxford, 2009.

TODOROV, Tzvetan, *The Fragility of Goodness*. Londres: Weidenfeld & Nicolson, 2001.

TOFFLER, Alvin, *Future Shock*. Londres: Pan, 1971.

TONN, Bruce E., "Philosophical, Institutional, and Decision Making Frameworks for Meeting Obligations to Future Generations", *Futures*, v. 95, 2017, p.44-7.

_____; HEMRICK, Angela; CONRAD, Fred. "Cognitive Representations of the Future: Survey Results". *Futures*, S.l., v. 38, pp. 810-29, 2006.

TOTMAN, Conrad. *The Green Archipelago: Forestry in Pre-Industrial Japan*. Athens: Ohio University Press, 1989.

_____. *A History of Japan*. Oxford: Blackwell, 2005.

TREMMEL, Joerg Chet (Org.). *Handbook of Intergenerational Justice*. Northampton: Edward Elgar, 2006.

UNITED NATIONS DEVELOPMENT PROGRAMME. *Human Development Report 2007/8: Fighting Climate Change — Human Solidarity in a Divided World*. Nova York: UNDP, 2007.

VAN DER LEEUW, Sander. "The Archaeology of Innovation: Lessons for Our Times'. In: CURTIS, Carlson; MOSS, Frank (Orgs.). *Innovation: Perspectives for the 21st Century*. S.l.: BBVA, 2010.

Bibliografia 309

van der leeuw; lane, David; read, Dwight. "The Long-Term Evolution of Social Organization". In: lane, David et al. (Orgs.). *Complexity Perspectives in Innovation and Social Change*. Heildeberg: Springer, 2009.

van hensbergen, Gijs. *The Sagrada Família: Gaudí's Heaven on Earth*. Londres: Bloomsbury, 2017.

van schoubroeck, Frank; kool, Harm. "The Remarkable History of Polder Systems in the Netherlands", fao, Roma, 2010.

v-dem institute. *"Democracy Facing Global Challenges: V-Dem Annual Democracy Report 2019*. Gotemburgo: V-Dem Institute, Universidade de Gotemburgo, 2019.

venkataraman, Bina. *The Optimist's Telescope: Thinking Ahead in a Reckless Age*. Nova York: Riverhead, 2019.

von weizsäcker, Ernst Ulrich; wijkman, Anders. *Come On! Capitalism, Short-termism, Population and the Destruction of the Planet — A Report to the Club of Rome*. Berlim: Springer, 2018.

vrousalis, Nicholas. "Intergenerational Justice: A Primer". In: gonzález-ricoy, Iñigo; Grosseries, Axel (Orgs.). *Institutions for Future Generations*. Oxford: Oxford University Press, 2016, pp. 49-64.

wack, Pierre. "Scenarios: Unchartered Waters Ahead". *Harvard Business Review,* Boston, pp. 73- 89, set. 1985.

_____. "Scenarios: Shooting the Rapids". *Harvard Business Review*, Boston, pp. 139-50, nov. 1985.

wade-benzoni, Kimberley. "Legacy Motivations and the Psychology of Intergenerational Decisions". *Current Opinion in Psychology*, S.l., v. 26, pp. 19-22, abr. 2019.

_____. et al. "It's Only a Matter of Time: Death, Legacies, and Intergenerational Decisions". *Psychological Science*, S.l., v. 23, n. 7, pp. 704-9, 2012.

wahl, Daniel Christian. *Designing Regenerative Cultures*. Charmouth: Triarchy Press, 2016.

wallace-wells, David. *The Unhabitable Earth: A Story of the Future*. Londres: Allen Lane, 2019. [Ed. bras.: *A terra inabitável*. Trad. Cassio de Arantes Leite. São Paulo: Companhia das Letras, 2019.]

wells, H.G., *The Discovery of the Future*. Nova York: B.W. Huebsch, 1913.

_____. *The Conquest of Time*. Londres: Watts & Co., 1942.

white, Lynn. "The Historical Roots of Our Ecologic Crisis". *Science*, Washington, D.C., v. 155, n. 3767, pp. 1203-7, 1967.

white, Stuart. "Parliaments, Constitutional Conventions, and Popular Sovereignty". *British Journal of Politics and International Relations*, Oxford, v. 19, n. 2, 2017.

whybrow, Peter. *The Well-Tuned Brain: A Remedy for a Manic Society*. Nova York: Norton, 2016.

wilson, David Sloan. *This View of Life: Completing the Darwinian Revolution*. Nova York: Vintage, 2019.

wright, Ronald, *A Short History of Progress*. Edimburgo: Canongate, 2004.

WRIGLEY, E. A,, *Energy and the English Industrial Revolution*. Cambridge: Cambridge University Press, 2010.

WURSTER, Stefan. "Comparing Ecological Sustainability in Autocracies and Democracies", *Contemporary Politics*, v. 19, n. 1, 2013.

XU, Fei. *The Belt and Road: The Global Strategy of China High- Speed Railway*. Truth and Wisdom Press/Springer, 2018.

ZAVAL, Lisa; MARKOWITZ, Ezra M.; WEBER, Elke U. "How Will I Be Remembered? Conserving the Environment for the Sake of One's Legacy'", *Psychological Science*, S.l., v. 26, n. 2, pp. 231-6, 2015.

ZELDIN, Theodore. *Conversation*. Londres: Harvill Press, 1998.

Índice remissivo

Números de páginas em *itálico* referem-se a imagens e gráficos

Abadia Einsiedeln (Suíça), 250
aborígenes australianos, 37, 59
Acádia, *142, 143*
"acampamento Terra", 172
acidificação dos oceanos, 140, 244
Acordo do Clima de Paris (2015), 81, 202
"Adaptação Profunda", 167-8
administração profunda, filosofia/valor da, 96-7
"adoção de perspectiva", empatia de, 20
África, 80, 181, 223, 229
África do Sul, *187*, 225
agora, o: curto agora, 20, 76, 236, 258; em constante expansão, 56; longo agora, 95, 147, 172, 258
agricultura, 28, 116, 141, 226; revolução agrícola, 32; urbana, 99
água, 94, 119, 144, *156*, 197, 205, 211, 229; agricultura e, 141; aquedutos antigos, *107*, 113; do Nilo, 127; *waterschappen* (conselhos da água nos Países Baixos), 108, 126
Aire-sur-la-Lys (França), 51
Alabama (EUA), 17
Alemanha, 105, 109, 123, 168, 184, 204, 224
Alexandre, o Grande, 67
algoritmos, 14, 18, 211, 219, 256
Alston, Philip, 232
Alto Comissário para Futuras Gerações (ONU), 193
Amazon.com, 58
Amazônia: floresta amazônica, 140, 200
American Museum of Natural History (Nova York), 61-2, *63*
ancestrais, culto aos, 74, *75*
Anderson, Benedict, 245
animais, direitos dos, 66
animismo pagão, 249
Anning, Mary, 62
antena de áudio, implantes de, 163
Antigo Testamento, 74
Antropoceno, 24, 125, *156*, 158

antropologia, 21; "antecipatória", 244
apaches, 79
"apartheid climático", 232, 255
"apocalipse de entretenimento", indústria de, 237
Apollo, programa espacial, 172
aquecimento global, 35, 54, 85, 104, *156*, 220, 238; e 1,5°C, 146, 166, 223; e 3-4°C, 166; *ver também* mudanças climáticas
árabes, países, 139
Arábia Saudita, 183
argônio, átomos de, 98
Aristóteles, 130, 151
Arizona (EUA), 58, 164
"armadilha do progresso", 116
armas biológicas, 117, 129, 135
armas nucleares/guerra nuclear, 13, 15, 137
arqueologia, 56
arte do tempo profundo, 57-8
arte, mundo da, 240-2, 251-3
árvores: carvalhos, 25, 64, 79, 103; desmatamento, 116, 143, 170, 198; floresta amazônica, 140, 200; florestas tropicais, *156*; incêndios florestais, 123, 128, 140, 144; oliveira de Creta, 64; Palo Alto, El (sequoia de mil anos da Califórnia), 244; plantio de, 18, 25, 80, 111; reflorestamento, 109, 116, 117, 229; sequoias, 62, *63*, 64, 244; "tempo das árvores", 227; Treebeard (árvore fictícia), 64
Ásia Central, 229
Asimov, Isaac: *Fundação*, 148-9
Assembleia Geral da ONU, 198
assembleias de cidadãos, 22, 101, 189-90, 193-7, 207, 260; Assembleia de Cidadãos da Irlanda, 194, 196
assistência médica, 15, 71, 83, 94, 104, 110, 125, 192, 195, 199, 232
astecas, 143
Atbara, rio (Etiópia), 127
Atenas, 194-5

311

aterros sanitários, 221

Attenborough, David, 16

Atwood, Margaret: *O conto da aia*, 237

Austrália, 17, 37, 68, 123, 154, 181, 255

Áustria, *185*, 187-8, 206; Memory of Mankind, projeto (Martin Kunze), 58

autocracias, 182-3, 186-8

autogovernadas, cidades-Estados, 189-201

automação, 17, 246

autoritarismo/regimes autoritários, 9, 117-8, 178, 183, 185-6, 188

Avatar (filme), 237

"avó", efeito da, 36-9, *38*

Babiš, Andrej, 179

Bach, Johann Sebastian, 242

backcasting (método de planejamento), 146

Bailenson, Jeremy, 244

Balança, a (todas as pessoas que estão vivas hoje num lado, e todas as gerações ainda por nascer no outro), 87-93, *90*, 100

Banco da Inglaterra, 18, 206

Banco do Vaticano, 250

Banco Mundial, 130, 214, *264*

Bangladesh, 139, 210, 224-5, 233

Barcelona, 107, 222; Catedral da Sagrada Família, 105

Bardi, Ugo, 133

Barragem das Três Gárgantas (China), 229

Basta! (movimento social global), 159

Bastão, O (Regra de Ouro intergeracional), 87, 89, *90*, 94-5, 100, 191

Bateson, Mary Catherine, 15

Bauwens, Michel, 223

Bazalgette, Joseph, 109, 120-2, 193

"B Corps" (movimento), 219

belemnite (antiga criatura semelhante à lula), 62

Bélgica, *185*

bem-estar, 10, 16, 18, 82, 87-8, 90-2, 94, 96, 110, 122-3, 152, 158, 166, 178, 192, 214-5, 217-8, 227, 233, 263; Estado de bem-estar social, 9-10, 123

Ben & Jerry's (indústria alimentícia), 219

Bendell, Jem, 166-7

Benyus, Janine, 170

Bezos, Jeff, 58-9

Biblioteca Britânica (Londres), 109

Biblioteca do futuro (Noruega), 241

Big Data, 131, 229

Big Issue (revista), 192

biocapacidade da Terra, superação da, 170-1, 220

biocombustíveis, 221

biodiversidade, 54, 135, 170, 215, 226

biologia, 122; genética, 191; revoluções biológicas, 56; sintética, 66, 144

"biorregionais", cidades-Estados, 205

biorritmos cíclicos do mundo natural, 58

biotecnologia, 100

bioterrorismo, 49

Bird, John, 192

blockchain (sistema informacional), 147

Bogotá (Colômbia), 204

"Bola de Gude Azul, A" (imagem de todo o planeta Terra), 172

bolha das pontocom (2000), 211

Bolívia: Lei dos Direitos da Mãe Terra (2010), 200

Bolsa de Valores de Nova York, 211

bom ancestral: caminho do, 26, 172, 255, 257, 261-2; como podemos ser, 13, 15, 17, 19, 21, 25; conversas do, 259-60; currículos do, 248

Borrows, John, 96

Bostrom, Nick, 15

Boulding, Kenneth, 212-3

Brand, Stewart, 58, 71, 122; *How Buildings Learn*, 122

Brasil, 109, 206, 210, 224; Curitiba, 224; Grande São Paulo, 202

Brasília, 109, 114-5

Bretton Woods, sistema financeiro de, 123

Brexit, 129, 180

British Heart Foundation, 69

Brunel, Isambard Kingdom, 121

budismo, 117, 167, 249

Buffett, Warren, 209-10

Buri Goalini (Bangladesh), 225

Burle Marx, Roberto, 109

Butão, 227

C40 (Grandes Cidades para Liderança do Clima), 202

cabo de guerra pelo, 11-46, *23*

caçadores-coletores, 154

Cage, John: Organ²/ASLSP (composição musical intergeracional), 240

Califórnia (EUA), 25, 62, 64, 244, 248

Callenbach, Ernest, 159

camada de ozônio, *156*, 181

Camadas Humanas (seminário do Long Time Project), 76

Índice remissivo

Câmara dos Comuns (Reino Unido), 119, 193
Câmara dos Lordes (Reino Unido), 118-9, 192
Camboja, 183
câmera de tempo profundo (Tempe, Arizona), 58
Cameron, James, 237
Caminhada do tempo profundo (aplicativo), 61
caminho do bom ancestral, 26, 172, 255, 257, 261-2
caminhos, descobridores de, 45
Canadá, 109, 194, 247; cidade de Edmonton, 221; Visão de cem anos de sustentabilidade, 109
Canal do Midi (França), 108
Canal do Panamá, 108, 112
Cancer Research UK, 69
Candy, Stuart, 244
caos social, 144, 167
capitalismo, 20, 24, 51, 143, 146, 155, 209, 211, 218, 233, 235; consumidor e, 59, 155; de consumo, 155, 235; especulativo, 23, 209, 211, 218; industrial, 155, 233; "reinvenção do capitalismo", 146
captura e armazenamento de carbono (CCS), 164
carbono, 156; acúmulo de dióxido de carbono na atmosfera, 170; captura e armazenamento de carbono (CCS), 164; ciclo do, 54, 66; emissões de, 81, 114, 146, 179-80, 194, 196, 206-7, 222-3, 226, 231, 233, 260; pegada de, 184; sequestro de, 226
Carlos Magno, 62
carvalhos, 25, 64, 79, 103
carvão, 15, 230-1
Casas do Parlamento (Reino Unido), 119, 120
"cascata trófica" de regeneração ecológica, 226
caso Urgenda (Países Baixos, 2019), 198
castores, 112, 154, 226
catedrais europeias, 28, 106, 113; Catedral da Sagrada Família (Barcelona), 105; Catedral de Ely (Inglaterra), 106; ver também pensamento de catedral (arte de planejar para o futuro distante)
Cavalo Branco de Uffington (Inglaterra), 251-3
celulares, telefones, 30, 49, 54, 154, 205, 253, 258
cem anos (limiar mínimo para o pensamento de longo prazo), 24-5, 60, 83, 97, 109, 112, 116, 214, 230, 241

Cem Cidades Resilientes, 202
Centro de Resiliência de Estocolmo, 248
Centro para Futuros Estratégicos (Cingapura), 206
CEOs, salário de, 219
cérebro: atualização do, 162; "cérebro de marshmallow" (fixado em desejos e recompensas a curto prazo), 27, 29, 32, 35, 42, 45-6, 155, 256, 258; "cérebro de noz" (permite-nos visualizar futuros distantes e trabalhar para a obtenção de metas de longo prazo), 27-8, 32-6, 42-3, 45-6, 79, 104, 112, 173, 236; córtex pré-frontal dorsolateral, 34; criogenicamente congelado, 164; dopamina e, 18, 30, 54; "emulação de todo o cérebro", 162; "funções executivas" do, 34; hipotálamo de ratos, 29; indústria da distração e, 54; "interruptor de legado", 70; lobo frontal, 34; pirueta temporal e, 42-3; salto cognitivo para o pensamento de longo prazo e, 36-42, 38; tamanho/peso do cérebro de Homo sapiens, 34
cérebro humano: evolução cognitiva do, 41
chimpanzés, 33
China, 18, 74, 108, 110, 118, 141, 182-4, 228-31; ambição de se tornar uma "civilização ecológica", 228; Barragem das Três Gargantas, 229; confucianismo, 75; cultura chinesa, 75, 228; desenvolvimento urbano na, 229; dinastia Ming, 107, 113; dinastia Shang, 141; "Festival dos Fantasmas Famintos" (culto aos ancestrais), 74-5; Grande Muralha da, 107, 113; Índice de Solidariedade Intergeracional (ISI), 187; megacidades da, 202; Nova Rota da Seda, 229, 231; planejamento de longo prazo e, 107; Planos Nacionais de 35 anos, 43; política do filho único (programa de controle populacional), 110; Projeto de Transferência de Água Sul-Norte, 108, 229; "Velho tolo remove as montanhas, O" (história chinesa folclórica), 228
chippewas, 96
cibercrimes, 129
cibersegurança, 229
ciborgues, 92, 163, 164
ciclo do carbono, 54, 66
ciclos eleitorais, 43, 54, 179, 190
ciclos naturais, 53
cidades, 203; assembleias de cidadãos, 22, 101, 189-90, 193-7, 207, 260; C40 (Grandes

Cidades para Liderança do Clima), 202; Cem Cidades Resilientes, 202; cidades inteligentes, 229; cidades-Estados autogovernadas, 189-90, 201; "cidades-Estados biorregionais", 205; como a maior e mais duradoura tecnologia, 205; costeiras, 49; da Liga Hanseática, 204; desenvolvimento urbano na China, 229; "diplomacidade" (cidades que contornam governos nacionais e fazem acordos independentes), 204; economia circular em, 222; Fab City (movimento), 222; fontes renováveis de energia em, 204; ideal grego da *pólis* (cidade-Estado autogovernada), 202; litorâneas, 62; megacidades, 202; Parlamento Global de Prefeitos, 202; pegada ecológica das, 205; planejamento urbano, 108, 115, 183, 196; Ur e Uruk (cidades sumérias), 141; urbanização, 155

cimento, indústria de, 114, 121, 230

Cingapura, 182-4, 187, 206

"Cinturão Taiheiyō" (megalópole de Tóquio-Nagoya-Osaka), 202

circular, economia, 215, 221-2, 227, 232

"cisne negro", eventos, 129

civilização: colapso civilizacional, 16, 21, 26, 45, 115, 124, 143-44, 145, 153, 166, 168, 214, 259; primeiros seres humanos, 37; três caminhos da civilização humana, 140, 144, 145, 148

civilização ecológica, ambição da China de se tornar uma, 209-33

civilizações antigas, tempo de vida médio de, 141, 142

Clã da Tartaruga (nação Onondaga), 96

Clarke, Arthur C., 56

Clube de Roma: relatório *Os Limites do crescimento* (1972), 132

código aberto, softwares e hardwares de, 222

colapso civilizacional, 16, 21, 26, 45, 115, 124, 143, 153, 166, 168, 214, 259

cólera, epidemias de, 109, 119

Colômbia, 204

Colônia (Alemanha), 51

colonialismo, 26

colonização do futuro, 85, 175, 241, 256, 258

combustíveis fósseis, 16, 91, 95, 100, 113, 155, 165, 169, 184, 194, 198, 227, 230-1, 233, 250, 256, 260

Comissão Mundial de Meio Ambiente e Desenvolvimento da onu, 88

Comissão para Desenvolvimento Sustentável e os Direitos de Futuras Gerações (Tunísia), 191

Comissariado das Gerações Futuras (País de Gales), 18, 191-2

comissários das futuras gerações, 197-8

Comitê de Mudanças Climáticas (Reino Unido), 206

Comitê de Política Econômica (Reino Unido), 207

Comitê de Política Monetária do Banco da Inglaterra, 206

"Comitê para o Futuro" (Finlândia), 191

"Compre agora", botão (Amazon.com), 14, 45, 59

Comunidade Europeia do Carvão e do Aço, 110, 113

"comunidade imaginária", 245-6, 258

Conan Doyle, Arthur: *As aventuras de Sherlock Holmes*, 62

"cone da incerteza", 129

Confederação Iroquesa, 96

Conferência da onu Sobre o Clima (Katowice, Polônia, 2018), 16, 81

consciência ecológica, 158, 250

Conselho Metropolitano de Obras (Londres), 119, 120

Conselho Nacional de Segurança, unidade pandêmica do (eua), 9

Conselho sobre o Futuro (Suécia), 191

Constituição dos Estados Unidos (1787), 85, 109

consumismo, 24, 30, 45, 210, 227, 249

controle social, manipulação e, 237

Convenção Europeia sobre Direitos Humanos, 198

conversas do bom ancestral, 259-60

Cooper, Alan, 248

cooperação social, 36, 39-40, 133, 168

coral, recifes de, 243-4

Coreia do Sul, 204, 247

coronavírus (covid-19), pandemia de, 9-10

corpo, transplantes de partes do, 162

corporações/economia corporativa, 25, 100, 179, 200, 212, 217-9, 224

corrente interligada da humanidade, 61, 66, 75-6, 78

Corte Criminal Internacional (cci, Haia), 200

córtex pré-frontal dorsolateral, 34

Índice remissivo

Cosmic Pathway (American Museum of National History), 61
cosmolocal, produção, 221-3
cosmologia hindu, 59
Costa, Lúcio, 109
Costa Rica, 184, *185*, 187, 247
cotas parlamentares para a juventude, 206
Crash de Wall Street (1929), 15
crescimento da população mundial, 133, *156*, 214, 264
"crescimento verde", 146, 231
Creta, ilha de (Grécia), 64
criogenicamente congelado, cérebro, 164
crise climática, 9, 28, 106, 146, 169, 235, 248
crise ecológica, 81, 140, 147, 164, 167-8
crise financeira asiática (1997), 211
crise financeira global (2008), 125, 180, 211
cristianismo, 51, 55, 74, 97, 167, 249-50
culto aos ancestrais, 74, 75
culturas indígenas, 82, 99, 171
Curitiba (PR), 224
currículos do bom ancestral, 248
curto prazo, pensamento de, 10, 14-20, 22-31, 35, 45, 49-50, 53, 59, 65-6, 98, 104, 112, 118, 128, 133, 140, 144, 154-5, 166, 177-81, 186, 189-90, 192, 194-5, 197, 204-5, 207, 211-2, 217-9, 227, 256-8; seis forças propulsoras do, 21
curva S (curva sigmoide), lógica da, 130-5, 140-1, 144, 148
"cutucada da morte", 68-71

dádivas intergeracionais, poder das, 79
Daly, Herman, 214-5
Dar es Salaam (Tanzânia), 223
Darwin, Charles, 39, 55; *A origem do homem e a seleção sexual*, 39
Dator, Jim, 247
Davenport, Juliet, 82, 84
Davis, Wade, 235
Dawkins, Richard, 250
DearTomorrow (website), 248
Decide Madri (plataforma de tecnologia), 205
Declaração dos Direitos Humanos (França, 1789), 88
Declaração Universal dos Direitos Humanos (ONU, 1948), 88, 247
decrescimento, movimento de, 215
Deep Time Walk (aplicativo), 61
Dellinger, Drew, 5

democracia: liberal, 186; participativa, 193-4, 197; profunda, 177-208; representativa, 24, 101, 147, 180, 186, 190, 197, 256; V-Dem (índice de democracia liberal), 186, *187*
"democratização da energia", 224
dependência, 30, 39, 160, 210, 220, 231
derretimento do gelo polar, 87, 140, 143-4, 158, 241
desativação nuclear, 84
descobridores de caminhos, 45
"desconto hiperbólico", 31
desigualdade, 17, 135, 143, 145, 155, 164, 184, 204, 235, 237, 255, 264
desmatamento, 116, 143, 170, 198
desmoronamento institucional, 144-6
desnutrição, 89
desperdício, 114, 220-1
"despotismo esclarecido", 182
Development and the Environment (Relatório sobre o Desenvolvimento Mundial, 1992), 214-5
Dia depois de amanhã, O (filme), 237
Diamond, Jared, 16, 104, 143, 180
Dickens, Charles: *Tempos difíceis*, 52; *Uma canção de Natal*, 237
dieta vegetariana, 71
Dinamarca, *185*
"diplomacidade" (cidades que contornam governos nacionais e fazem acordos independentes), 204
direito ao voto, 189, 206
direitos civis, 17, 114
direitos das mulheres, 22, 80, 101, 111, 180, 199
direitos dos animais, 66
direitos humanos, 66, 88, 118, 188, 199
direitos intergeracionais, 189-90, 197, 207, 247, 260
direitos planetários, 200
Discos de Ouro (enviados para o espaço pelas Voyager, 1977), 57
"dispositivos de compromisso", 206
Disraeli, Benjamin, 119
distração digital, *23*, 53, 236
distração, indústria da, 54
distribuição de renda, 110, 135, 155, 184
"ditadura benevolente", 117, 182
Djoser, faraó, 107
doenças produzidas por engenharia genética, 129
domesticação de plantas e animais, 42

dominação da elite, 143
Donut, economia, 213-9, *216*, 224, 232, 260
dopamina, 18, 30, 54
Doutor Fantástico (filme), 137
Doxat, John, 121
Dr. Seuss: *Lórax, O*, 213

Eagleton, Terry, 25
Earth Guardians (organização mundial de jovens), 99, 198
Eco-92 (Rio de Janeiro), 139
"ecoautoritarismo", 182
"ecocídio", 200-1
economia: "ações de sétima geração", 99; capitalista *ver* capitalismo; ciências econômicas pluralistas, 215; circular, 215, 221-2, 227, 232; compartilhada, 223; corporativa *ver* corporações/economia corporativa; "crescimento verde", 146, 231; curva S (curva sigmoide) e, 131; descontos, 82-3; Donut, 213-9, *216*, 224, 232, 260; ecológica, 213-4; economias planejadas, 220; finança especulativa, 211; "mania de crescimento", 215; mercados financeiros, 14, 17-8, 23, 43, 65, 129, 131, 140, 211, 214, 219, 258; perpétuo progresso e, *23*, 152, *153*, 157, *166*; PIB (Produto Interno Bruto), 85, 132-3, 155-6, 184, 210, 215, 217, 232, *264*; regenerativa, 209, 211, 232-3, 242; tendência ao curto prazo como propulsor da, 211
Economia do Bem Comum, 215
Economics of Climate Change, The (Stern, relatório de 2006), 84-5
Edda, sagas nórdicas do, 74
Edmonton (Canadá), 221
Edo (antigo nome de Tóquio), 116
educação, 94, 134, 152, 183, 191, 199, 215, 236, 245, 246-7; primária, 159, 199, 264; universitária, 33
"efeito da avó", 36-9, *38*
efeito estufa, 109, 166, 198, 202, 226, 231
"efeito panorâmico", 172
Egito Antigo, 127, *142*; Pirâmide de Degraus de Saqqara, 107
eleições: ciclos eleitorais, 43, 54, 179, 190; "eleições livres e justas", 186
elevações do nível do mar, 49, 140, 230
elite, dominação da, 143
Emirados Árabes Unidos, 242; Future Energy Lab, The, 242-3; Ministério dos Assuntos de Gabinete e o Futuro, 18, 191

emissões de carbono, 81, 114, 146, 179-80, 194, 196, 206-7, 222-3, 226, 231, 233, 260
emissões de gases de efeito estufa, 109, 166, 198, 202, 226, 231
empatia, 20-1, 38, 40, 74, 78, 244, 246-7; cognitiva, 20
"emulação de todo o cérebro", 162
energia, 156; de marés e ondas, 84; democrática, 221; "democratização da energia", 224; "eletrificação em enxame", 224; eólica, 204, 230, 251; fontes renováveis de, 15, 82, 84, 118, 123, 184, 204, 219, 223-4, 229, 243, 261, *264*; microrredes de, 224; nuclear, 84, *264*; sistemas de, 223-4; solar, 118, 121, 223-5, 230, 233, 261
Enerkem (companhia canadense de resíduos), 221
engenharia, obras de, 121-2
engenharia genética, doenças produzidas por, 129
Eno, Brian, 20, 58, 172, 242
eólica, energia, 204, 230, 251
Época A *versus* Época B, 133-4, 149
erosão do solo, 170
Escócia, 57, 225, 227; *ver também* Reino Unido
escravidão, 26, 72, 89, 114, 201, 245; ativistas antiescravidão, 22, 201, 245; "Navio negreiro Brookes, O" (pôster britânico), 245
escravização das futuras gerações, *86*
esgotos de Londres, construção dos, 22, *109*, 122, 123
espaço, programa de exploração do, 43
Espanha, 22, 107, *185*, 194, 220; aqueduto de Segóvia, 107
"especulativa", ficção, 237
esperança e otimismo, distinção entre, 25
Estação Espacial Internacional, 171
Estados-nações, 181-2, 201-5, 256
Estados Unidos, 9, 22, 50, 68, 89, 100, 108-10, 114, 123, 130, 132, 136-9, 179, 181, 184, 198, 202, 210, 264; Constituição americana (1787), 85, 109; Força Aérea dos, 136; Kings River Lumber Company, 62, 64; New Deal, 22, 110, 123; Parque Nacional Yellowstone, 109, 226; prefeituras dos, 202; Suprema Corte dos, 200; unidade pandêmica do Conselho Nacional de Segurança, 9
"eterno retorno", 50, 54, 221
ética ambiental, 39, 82, 218, 238

Índice remissivo

"etnosfera", 235-6, 250, 258
Europa, 19, 28, 50, 51, 61, 73, 84, 114, 154, 167, 203-4, 213, 229, 245; Comunidade Europeia do Carvão e do Aço, 110, 113; nacionalismo europeu, 245; reimaginada como cidades-Estados, 203; União Europeia, 110, 123, 130, 179-80, 182, 203
Eurotúnel (França-Inglaterra), 108, 112, 121
eventos "cisne negro", 129
evolução cultural, 235-253; Cavalo Branco de Uffington e o poder da, 251-3
"externalidades" (tipo de dano colateral que é excluído dos sinais de preço do mercado), 214
extinção de espécies, 156; animais sob ameaça de extinção, 240, 251; extinção em massa, 73, 154; "sexta extinção", 16
Extinction Rebellion (Reino Unido), 22, 89, 148, 159, 169

Fab City (movimento), 222
fábrica, relógio da, 52-4, 58, 65
Facebook, 18, 53-4, 131
fake news, 54, 104
"falácia da extrapolação", 138
fast food, indústria do, 14, 155
Felicidade Nacional Bruta, 227
feminismo, 244
Fenícia, 141, 142
ferramentas, fabricação primitiva de, 36, 38, 40-2, 45
Ferrovia Transiberiana (Rússia), 108
"Festival dos Fantasmas Famintos" (China), 74-5
ficção: "ecotópica", 159; científica, 56, 148, 163, 232, 236-8; "especulativa", 237
filantropia, 67-70
filho único, política do (programa de controle populacional da China, 1979-2015), 110
Filhos da esperança (filme), 237
Filipinas, 198
filmes especulativos, 237-8
finança especulativa, 211
financiamento coletivo, 105, 107
Finer, Jem: "Longplayer" (composição musical), 18-9
Finkbeiner, Felix, 18
Finlândia, 185; "Comitê para o Futuro", 191; Onkalo, repositório de lixo nuclear de, 110, 114

Flannery, Tim, 154
Flecha, A (o quão extensa deve ser nossa responsabilidade pelas consequências futuras de nossas ações), 87-91, 90, 100
"florescimento de um único planeta", conceito de, 153, 169
florestas tropicais, 156; floresta amazônica, 140, 200
Flórida (EUA), 139
fluxo de informação, velocidade do, 129
fome, 57, 111, 116, 144, 167, 168, 232, 257
fontes renováveis de energia, 15, 82, 84, 118, 123, 184, 204, 219, 223-4, 229, 243, 261, 264
Força Aérea dos Estados Unidos, 136
Fórum Econômico Mundial (Davos, Suíça), 124, 183
fósseis, 55, 62, 241
Foundation for the Rights of Future Generations, 88-9
Fourier, Charles, 158
França, 54, 108, 111, 181, 185, 188, 245; Declaração dos Direitos Humanos (1789), 88; imposto sobre negociações algorítmicas de alta frequência, 219; Iter (instalação de pesquisa de fusão nuclear), 114; Revolução Francesa (1789), 228, 245
Francisco, papa, 18, 89, 249; Laudato si' (encíclia de 2015), 249-250
Frankl, Viktor, 151
Freiburg (Alemanha), 109, 204
Freud, Sigmund, 32
Friedman, Milton, 111, 123-4, 211, 257
Fukushima, usina nuclear de (Japão), 110
"funções executivas" do cérebro, 34
Fundação David Suzuki, 247
Fundação Rockefeller, 202
Fundo Monetário Internacional (FMI), 212, 264
Fundo Soberano de Riqueza (Noruega), 110, 113
furacões, 124, 255; Katrina, 168; Sandy, 232
Future Design (movimento japonês), 99, 195-6
Future Energy Lab, The (Emirados Árabes Unidos), 242-3
FutureLab (Reino Unido): Futures Thinking Teachers Pack, 247
futuro, colonização do, 85, 175, 241, 256, 258
futurologia ("estudos do futuro"), 56
"futuros residentes", imaginação de, 195

Gaia, hipótese de, 172, 251
Galeano, Eduardo, 159
Gandhi, Mahatma, 17
Ganson, Arthur: *Máquina com concreto*, 240
Garan, Ron, 171
gases de efeito estufa, emissões de, 109, 166, 198, 202, 226, 231
Gaudí, Antoni, 105, 106, 107
geleiras islandesas, 240, 241
gelo, idades do, 237
gelo polar, derretimento do, 87, 140, 143-4, 158, 241
Gênesis, Livro do, 55
genética, 129, 162, 191
geoengenharia, 135, 164-5
geologia, 56
gerações não nascidas, 93, 199, 246
Giddens, Anthony, 193
Gilbert, Daniel, 32, 35
Giono, Jean: "O homem que plantava árvores", 27-8
Global Village Construction Set, 222-3
Goldman Sachs (banco), 24, 232
Good Energy (empresa de energia renovável), 82, 84
Google, 129, 131
Gore, Al, 18-9, 179
"governança policêntrica", 201
governo civil, origem do, 178
GPS, 53
Grã-Bretanha, 17, III, 119, 121, 123, 226, 245; *ver também* Reino Unido
grande aceleração, a, 156
"Grande Curto", 211
Grande Depressão, 110, 123
Grande Fedor (Londres, 1858), 22, *109*, 118-9, *120*, 123-4, 193
Grande Lei da Paz (nações iroquesas), 98
Grande Muralha da China, 107, 113
Grande São Paulo (SP), 202
grãos silvestres, domesticação, 42
gratificação instantânea, 28, 45, 59, 155, 256
Grécia: Mileto, 108
Grécia Antiga, *142*; Olímpia, 67; planejamento urbano na, 108; *telos* (meta ou propósito supremo), 151
Greenpeace, 88, 230
greve climática, movimento de, 260
Greves das Escolas pelo Clima, 207, 248
Groenlândia, 58, 140, 158

"guardiões do futuro" (funcionários ou instituições públicas com a competência específica de representar futuros cidadãos), *189*, 190, 193, 207, 261
guerra biológica, riscos de, 104
Guerra Fria, 129, 136
guerra nuclear, 13, 15, 137
"guerra temporal", 54

habitação social, 15, 123, 191, 197, 215
Halberstadt (Alemanha), 240
Handy, Charles, 132
Hansen, James, 198
Harari, Yuval Noah, 129, 164, 246
Harbisson, Neil, 163
hardwares de código aberto, 222
Haussmann, barão, 108, 112
Havaí, Universidade do, 247
Hawken, Paul: *Blessed Unrest*, 250
Hayek, Friedrich, III
Haynes, Cathy: Stereochron Island (campanha), 240
Hehaka Sapa, ou Alce Negro (líder dos sioux), 50
Heinrich Parler, o Velho (arquiteto), 105
Hidalgo, Anne, 204
hidrocarbonetos, *264*
Higgins, Polly, 200-1
hinduísmo: *kalpa* ("dia de Brahma" na cosmologia hindu), 59; *Mahabharata* (épico hindu), 74
Hipódamo de Mileto, 108
Hitler, Adolf, 114
Hobbes, Thomas, 39, 167
Holanda *ver* Países Baixos
Holoceno, 24, 125
Homo habilis, 34
Homo prospectus (espécie "guiada pela imaginação de alternativas que se estendem no futuro"), 32
Homo sapiens, 32, 34, 61, 92, 112, 154
hotel mais antigo do mundo (Japão), 209
Houdini (companhia de roupas de esporte), 222
Howe, Sophie, 191-2
humanidade: corrente interligada da, 61, 66, 75-6, 78; história evolucionária da, 56; história humana, 16-7, 19, 50-1, 56, 59, 74, 101, *107*, 158, 224, 236; meta transcendente para a, 21, *23*, 28, 151-2, 155, 157, 159, 161, 163, 165, 167, 169, 171-3, 177, 225, 251, 259, 261;

Índice remissivo

primeiros seres humanos, 37; sociabilidade do ser humano, 39; três caminhos da civilização humana, 140, 144, *145*, 148
humanismo renascentista, 167
Hume, David, 178
humildade diante do tempo profundo, 21, 49-66, 259
Hungria, *185*, 187, 191
Hutton, James, 55
Huxley, Aldous, 159

ictiossauros, 62
Idade da Pedra, 41, 154
idade da Terra, 55
Idade do Bronze, 252
Idade Média, *23*, 50, 157, 249, 252
idade mínima para o voto, rebaixamento da, 206
idades do gelo, 237
Igreja católica, 51, 250
Igreja luterana de Ulm Minster (Alemanha), 107
Ilha de Páscoa, 143
Iluminismo, 154
imaginação: dom da pirueta temporal e, 42-3
Imhotep, 107
imigrantes, 17, 68, 257
"impacto intergeracional" de orçamentos governamentais, 206
Império Acádio, *142*, 143
Império Asteca, 143
Império Romano, 26, 60, 107, 132, 141-4, *142*
implantes de antena de áudio, 163
impostos, 123, 127, 192, 218-9
impressoras 3D, 223
incêndios florestais, 123, 128, 140, 144
"incerteza", cone da, 129
incerteza em rede, *23*, 129, 131
Índia, 119, 167, 182; Marcha do Sal (1930), 17
Índice de Desenvolvimento Humano do Programa de Desenvolvimento da ONU, 263
Índice de Solidariedade Intergeracional (ISI), 118, 182-88, 199, 201, 263-4
indígenas, 21, 25, 36, 50, 82, 96-100, 171, 198-9, 247
individualismo, 39, 235 •
industrialização, 227
infoentretenimento, 54
infraestrutura, 84, *107*, 121, 125, 229

Inglaterra, 202; descoberta do tempo profundo na Inglaterra vitoriana, 54-57; *ver também* Reino Unido
Inje (Coreia do Sul), 204
insegurança (no aqui e agora), 256-7
institucional, desmoronamento, 144-6
Instituição dos Engenheiros Civis (Reino Unido), 122
inteligência artificial (IA), 15, 66, 81, 129, 144, 197, 209, 229, 246
interesses especiais, 179
interesses pessoais, 31, 256-7
Intergenerational Justice Review (revista), 183, 263
International Baccaleaureate, 248
internet, 53, 163, 167
"interruptor de legado" do cérebro, 70
inuítes, 154
inundações, 84, 108, 110, 126-7, 230, 255; inundação de Santa Lúcia (Países Baixos, 1287), 126
Investimento Estrangeiro Direto Global (IED), *156*
investimentos de longo prazo, 260
iPhone, 65
Irã (Qanats de Gonabad), 107
Irlanda, *185*; Assembleia de Cidadãos da, 194, 196; *ver também* Reino Unido
iroqueses, 96, 98; Grande Lei da Paz, 98; princípio iroquês da sétima geração, 99
Ise Jingū (Japão), 107
Islândia, 184, *185*, 187, 227; geleiras da, 240-1
isolamento, 227
Israel: Comissão para Futuras Gerações (parlamento israelense), 191
Istambul, 205
Itália, 89, 181, *185*
Iter (instalação francesa de pesquisa de fusão nuclear), 114

Jackson, Tim, 155
Jain, Anab, 242-3
Jakubowski, Marcin, 222
James, P.D.: *Children of Men*, 237
janela de Overton (gama das políticas aceitáveis na política convencional num dado momento), 207-8
Japão, 22, 99, 107-9, 115-7, 195-6, 209; assembleias de cidadãos no, 195; empresas antigas no, 209; Future Design, 99, 195-6; megalópole de Tóquio-Nagoya-Osaka

("Cinturão Taiheiyō"), 202; Nishiyama Onsen Keiunkan (hotel de águas termais), 209; pré-industrial (civilização estruturada em torno da madeira), 115-6; programa de reflorestamento do, 109, 116-7; Protocolo de Quioto (1997), 139; xoguns, 116-7

Jenny (máquina de fiar), 167

Jerusalém, 62

justiça intergeracional, 21, 81-101, 147, 173, 190-1, 193, 199, 206, 232, 259; Balança, a (todas as pessoas que estão vivas hoje num lado, e todas as gerações ainda por nascer no outro), 87-93, 90, 100; Bastão, O (Regra de Ouro intergeracional), 87, 89, 90, 94-5, 100, 191; Flecha, A (o quão extensa deve ser nossa responsabilidade pelas consequências futuras de nossas ações), 87-91, 90, 100; "júris intergeracionais", 196; "justiça regenerativa", 94; sétima geração, princípio da, 25, 36, 81-2, 96-100, 171, 177, 198; Tribunal de Justiça Intergeracional, 89; Venda, A (distribuição intergeracional de recursos), 87, 89, 90, 92, 94, 100

juventude, cotas parlamentares para a, 206

Kahn, Herman; *On Thermonuclear War*, 136-8

Kahneman, Daniel, 22

Kalahari (África), 154

kalpa ("dia de Brahma" na cosmologia hindu), 59

Katrina, furacão (2005), 168

Keats, Jonathon, 58

Kemp, Luke, 141

Kerr, James, 75

keynesianismo, 212, 257

Khaldun, Ibn, 130

Khanna, Parag, 202, 204

"Kia whakatōmuri te haere whakamua" ["Ando para trás no futuro com os olhos fixos em meu passado"] (provérbio maori), 75

Kickstarter (site de financiamento coletivo), 219

King, Martin Luther, 158, 260

Kings River Lumber Company (eua), 62, 64

Knesset (parlamento israelense): Comissão para Futuras Gerações do, 191

Korten, David, 210, 232

Kringelbach, Morten, 29, 31

Kropotkin, Piotr, 72, 158

Kubrick, Stanley, 137

kula (troca cerimonial dos massim), 72

Kunze, Martin: Memory of Mankind (projeto), 58

Lang, Fritz, 237

Laudato si' (encíclica do papa Francisco, 2015), 249-50

Layard, Richard, 193

Le Corbusier, 115

Le Goff, Jacques, 51

Le Guin, Ursula, 159; *A curva do sonho*, 237

Leeuw, Sander van der, 41-2

legado familiar, 68, 78-9

legado, mindset de, 21, 23, 67-80, 82, 259

Lei de Bem-Estar para Futuras Gerações (País de Gales, 2015), 191

Lei dos Direitos da Mãe Terra (Bolívia, 2010), 200

Lent, Jeremy, 168, 218, 220

Levallois, técnica (pedra lascada), 41

Levy, Gus, 24

liberdades civis, 186

Liga Hanseática (Europa), 204

Limites do crescimento, Os (Relatório do Clube de Roma, 1972), 132

Limites Planetários, nove, 215

linha de produção, ritmo da, 52

liquens, 58

Lisboa, Universidade de, 237

lobo frontal, 34

Locke, John, 39

Londres, 19, 118-20, 124, 202, 240, 252; Grande Fedor (1858), 22, 109, 118-9, 120, 123-4, 193; Natural History Museum, 64

Long Now Foundation (Califórnia), 25, 58, 112, 252

Long Time Project: Camadas Humanas (seminário), 76

longevidade humana, 167; "velocidade de escape da longevidade", 162

longo agora, conceito de, 95, 147, 172, 258

longo prazo: planejamento de, 104-127, 107, 205 salto cognitivo para o pensamento de, 36-42, 38

Lovelock, James, 117, 172, 182

Luxemburgo, 185

Lyell, Charles, 55

Lyme Regis (Inglaterra), 62

Lyons, Oren, 96, 99

Índice remissivo

maasais (povo tanzaniano), 97
Maathai, Wangari, 80, 111
Macaulay, Thomas, 135
Macy, Joanna, 76, 99
madeira, extração de, 98
Mãe Terra, 97, 171, 250-1
Mahabharata (épico hindu), 74
Mahuta, Nanaia, 75
maias, 26, 143
Malinowski, Bronisław, 72
Malta, 191
Manchester (Inglaterra), 114, 202
"mania de crescimento", 215
manufatura de artefatos, 42
Mao Tsé-tung, 108, 228
maoris, 75, 200; *"Kia whakatōmuri te haere whakamua"* ["Ando para trás no futuro com os olhos fixos em meu passado"] (provérbio), 75; *ta moko* (tatuagens), 75; *whakapapa*, conceito de, 68, 74-6, 78-9, 261; Whanganui, rio, 200
"mapas cognitivos", 37-8
máquina de escrever mecânica, 24
máquina de fiar multifusos, 167
Marcha do Sal (Índia, 1930), 17
marés, energia de, 84
Margulis, Lynn, 172
Marshall, Ilhas, 37
"marshmallow", cérebro de (fixado em desejos e recompensas a curto prazo), 27-32, 35, 42, 45-6, 155, 256, 258
marshmallow, teste do, 31
Marte, 131, 161-2, 247
Martinez, Xiuhtezcatl, 198
Marx, Groucho, 81, 88
Marx, Karl, 123, 130, 157-8; *Manifesto comunista*, 111
marxismo, 111, 212
Masayoshi Son, 209
massim, povos (ilhas Trobriand), 72
McCarthy, Cormac: *The Road*, 167
McKinsey (firma de consultoria em administração), 209-10
McPhee, John, 59
McQuilkin, Jamie, 183, 186, 263
Meadows, Dennis, 214
Meadows, Donella, 214, 248
Medusa (personagem mitológica), 201
megacidades, 202
"memórias ameaçadas", preservação de, 58
Memory of Mankind, projeto (Martin Kunze), 58

mensagens instantâneas, 53
mentalidade *ver* mindsets
mercados financeiros, 14, 17-8, 23, 43, 65, 129, 131, 140, 211, 214, 219, 258
Mesopotâmia, 13, 205
meta transcendente para o desenvolvimento da humanidade, 21, 23, 28, 151-2, 155, 157, 159, 161, 163, 165, 167, 169, 171-3, 177, 225, 251, 259, 261
metáfora, poder da, 59-60
"metas de envolvimento", redes sociais e, 53
Metrópolis (filme), 237
microrredes de energia, sistemas de, 224
migração global, 17, 37, 154, 167, 204, 257
Mikami, Yoshiyuki, 240
Mileto (Grécia), 108
mindsets, 20; mindset de legado, 21, 23, 67-9, 71, 73, 75, 77-9, 82, 259
mineração, 98, 182, 200, 212, 224
Ming, dinastia (China), 107, 113
Ministério dos Assuntos de Gabinete e o Futuro (Emirados Árabes Unidos), 18, 191
Mischel, Walter, 31
MIT (Massachusetts Institute of Technology), 214
Mockus, Antanas, 204
"modo de sobrevivência", 166-8
mohawk, bênção: "Obrigado, Terra. Tu conheces o caminho", 173
Monbiot, George, 225-6
Mondragón (Espanha), 220
mongóis, 107
Mont Pelerin Society, 111
Montreal, Protocolo de (1987), 181
moradias ecológicas modulares, 223
More, Thomas, 158
mórmons, 112
Morris, William, 158
mortalidade infantil, 184, 264
"morte, cutucada" da, 68-71
Movimento Cinturão Verde (Quênia), 80
movimento cooperativo (séc. XIX), 220
movimento de decrescimento, 215
movimento transumanista, 162
movimentos sociais, 89, 101, 114, 131, 207
mudanças climáticas, 16, 81, 83, 87, 117, 123, 135, 143, 161, 166-7, 192, 194, 198, 202, 215, 216, 244, 250-1, 261; *ver também* aquecimento global
Muir, John, 64
mulheres, direitos das, 22, 80, 101, 111, 180, 199

Mumford, Lewis, 52
"Mundo da Fortaleza" (os ricos se isolam em enclaves protegidos), 145
mundo natural, biorritmos cíclicos do, 58
Muralha da China, 107, 113
Muro de Berlim, queda do (1989), 178
música, 18, 72, 240, 245; "generativa", 242
Musk, Elon, 161-2

nacionalização da indústria, 123
Nações Unidas *ver* onu
Nagoya (Japão), 202
Nangiria, Samwel, 97
nanorrobôs, 15
nanotecnologia, 15, 81
Napoleão Bonaparte, 62
narrativas, poder das, 78, 236-7
Nasa (National Aeronautics and Space Administration), 43
"Nascer da Terra" (imagem do planeta tomada da espaçonave Apollo 8), 172
National Trust (Reino Unido), 252
Natura (empresa brasileira de cosméticos), 219
Natural History Museum (Londres), 64
Nature (revista), 213
"Navio negreiro Brookes, O" (pôster britânico), 245
negacionismo, 144, 166, 169
negociações algorítmicas de alta frequência, 219
neoliberalismo, 111, 211-2, 235, 257
Neolítico, 32, 42
Nepal, 184, *185*
New College (Oxford), 103
New Deal (eua), 22, 110, 123
New Deal Verde, 227
New York Times, The (jornal), 62
Niemeyer, Oscar, 109, 115
Nietzsche, Friedrich, 151
Nilo, rio, 127
Nishiyama Onsen Keiunkan (hotel de águas termais do Japão), 209
nível do mar, elevações do, 49, 140, 230
Nordhaus, William, 85, 179
Noruega, 110-3; *Biblioteca do futuro*, 241; Fundo Soberano de Riqueza, 110, 113; Silo Global de Sementes de Svalbard, 18, *111*
Nosso futuro comum (Relatório Brundtland, onu, 1987), 88
notícias a cabo, canais de, 181

"notícias lentas", 181
Nova Rota da Seda (China), 229, 231
Nova York: American Museum of National History, 61-2, *63*; Bolsa de Valores de, 211; furacão Sandy (2012), 232
Nova Zelândia, 75, *185*, 200, 227
"Novo Paradigma" (caminho transformativo), 147
"noz", cérebro de (permite-nos visualizar futuros distantes e trabalhar para a obtenção de metas de longo prazo), 27-8, 32-6, 42-3, 45-6, 79, 104, 112, 173, 236

"Obrigado, Terra. Tu conheces o caminho" (bênção mohawk), 173
obsoletos, projetos institucionais, 256
Occupy (movimento), 129
oceanos, 114, 169; acidificação dos, 140, 244; elevações do nível do mar, 49, 140, 230; envenenamento dos, 16, 91, 140
Oculus (headset), 243
Oglala Lakota (nação indígena de Dakota do Sul), 98
Oldest Living Things in World, The (projeto fotográfico), 57
Olímpia (Grécia), 67
oliveira de Creta, 64
olmecas, 141
Onagawa, usina nuclear de (Japão), 110
Onkalo, repositório de lixo nuclear de (Finlândia), 110, 114
onu (Organização das Nações Unidas), 18, 88, 93, 123, 133, 202, 232, 263-4; Alto Comissário para Futuras Gerações da, 193; Assembleia Geral da, 198; Comissão Mundial de Meio Ambiente e Desenvolvimento, 88; Conferência da onu Sobre o Clima (Katowice, Polônia, 2018), 16, 81; Declaração Universal dos Direitos Humanos (1948), 88, 247; Nosso futuro comum (Relatório Brundtland, 1987), 88
Open Building Institute, 223
opep (Organização dos Países Exportadores de Petróleo), 139
Oposa, Antonio, 198
orçamentos governamentais, "impacto intergeracional" de, 206
Organização Mundial da Saúde (oms), 10, 110
Organização para a Cooperação e Desenvolvimento Econômico (ocde), 146, 184
Osaka (Japão), 202

Índice remissivo 323

Ostrom, Elinor, 99, 201
otimismo e esperança, distinção entre, 25
Our Children's Trust (EUA), 22, 89
Overton, janela de (gama das políticas aceitáveis na política convencional num dado momento, 207-8
ozônio, camada de, *156*, 181

paganismo/animismo pagão, 249
Painel Intergovernamental sobre Mudanças Climáticas (IPCC), 140, 166
País de Gales: Comissariado das Gerações Futuras, 18, 191-2; *ver também* Reino Unido
Países Baixos, *185*; Caso Urgenda (2019), 198; economia circular nos, 227; gestão dos pôlderes, 108, 126; inundações nos, 126
Paleolítico, 41; Superior, 154
Palihapitiya, Chamath, 18
Palo Alto, El (sequoia de mil anos da Califórnia), 244
Panamá, Canal do, 108, 112
pandemias, 9, 15; de coronavírus (COVID-19), 9-10
Parfit, Derek, 91
Paris: Acordo do Clima de Paris (2015), 81, 202; programa de obras públicas de (séc. XIX), 108, 112; revoltas estudantis (1968), 228
Parker, Sean, 53
Parlamento Global de Prefeitos, 202
Parque Nacional Yellowstone (EUA), 109, 226
parteiras, 89
participativa, democracia, 193-4, 197
Pascal, Blaise, 37
Patagonia (empresa de roupas), 219
Paterson, Katie: *Fossil necklace* (colar de contas de fósseis), 241; *Vatnajökull* (som de uma geleira islandesa em derretimento), 241
Pavlov, Ivan, 54
pedra lascada, ferramentas de, 41, 45
peer to peer (economia compartilhada), 223-4
pegada de carbono, 184
pensamento de catedral (arte de planejar para o futuro distante), 22, 28, 45, 82, 104-6, 114, 124, 173, 177, 193, 230; *ver também* planejamento de longo prazo; previsão holística
pensamento de longo prazo, 104-127, *107*, 205; salto cognitivo para o, 36-42, *38*

"pensamento lento", 195
pensamento sistêmico, 132, 248
Perez, Carlota, 166
permafrost siberiano, derretimento do, 140
perpétuo progresso, ideais de, *23*, 152, *153*, 157, 166
Perseu (personagem mitológico), 201
Persson, Kristina, 191
Peste Negra, 167
petróleo, 99, 110, 113, 115, 128, 137, 139, 180, 200, 207, 230
PIB (Produto Interno Bruto), 85, 155, *156*, 184, 210, 215, 217, 232, *264*; crescimento do, 132-3, 210
piedade filial, ideal confuciano de, 75
Pinker, Steven, 134-5, 154; *O novo Iluminismo*, 134
Pirâmide de Degraus (Saqqara, Egito), 107
pirueta temporal, 42-6
planejamento de longo prazo, 104-127, *107*, 205; *ver também* pensamento de catedral (arte de planejar para o futuro distante); previsão holística
planejamento de situação hipotética, 145, 147
planejamento urbano, 108, 115, 183, 196
Plano Marshall, 123
Planos Nacionais de 35 anos (China), 43
Planos Quinquenais (União Soviética), 110, 114
Plantagon (empresa sueca de agricultura urbana), 99
Plants-for-the-Planet (campanha), 18
Playfair, John, 55, 57
pobreza, 92, 134, 152, 155, 157, 193, 197, 232; infantil, 15, 89, 197
pôlderes, gestão dos (Países Baixos), 108, 126
Políbio, 130
"policêntrica", governança, 201
pólio (paralisia), 13
pólis, ideal grego da (cidade-Estado autogovernada, 202
política do filho único (programa de controle populacional da China, 1979-2015), 110
políticas públicas, 15, 99, 113, 183, 201
Polman, Paul, 217-8
Polônia, 68, 77; Conferência da ONU Sobre o Clima (Katowice, 2018), 16, 81
poluição, 146, 191, 214, 229, 242-3
pontocom, bolha das (2000), 211
população mundial, crescimento da, 133, *156*, 214, *264*

Porritt, Jonathon: *The World We Made*, 159
Portland (cimento), 121
Powers, Richard, 65
Pré-Cambriano, 60
"precipício de Sêneca" (conceito), 133
prefeituras, 202
"presentismo" político, 23, 178-81
previsão holística (previsão de múltiplos caminhos para a civilização), 22, 23, 82, 127-9, 131, 133, 135, 137, 139, 141, 143, 145, 147, 149, 173, 259
previsões climáticas, 139
Primeira Cruzada (séc. xii), 62
Primeira Nação Chippewa de Nawash (Ontário, Canadá), 96
primeiros seres humanos, 37
Princen, Thomas, 37
privatização, 211
produção cosmolocal, 221-3
Projeto de Transferência de Água Sul-Norte (China), 108, 229
projetos institucionais obsoletos, 256
propagandas, 54, 70, 131, 239
prosperidade, 169, 172-3, 177
protestos de rua, 71, 100, 178
Protocolo de Montreal (1987), 181
Protocolo de Quioto (1997), 139
"psico-história", 148-9
"psicologia de império", 121
psicologia prospectiva, 32, 35
psicoterapia existencial, 151
Pullman, Philip: *Fronteiras do Universo*, 76
Punch (revista britânica), 120

Qanats de Gonabad (Irã), 107
Quênia, 80, 111, 123
Quioto, Protocolo de (1997), 139
qwerty, teclado, 24

racionamento em tempo de guerra, 123
Ramsey, Frank, 87
Rand Corporation, 136
Raskin, Paul, 145, 147
ratos, 29-31, 33, 143
Rawls, John, 92, 94; *Uma teoria da Justiça*, 92
Raworth, Kate, 132, 215, 216, 217, 221
Read, Rupert, 169
Reagan, Ronald, 111, 211
rebelião regenerativa, como iniciar uma, 220
recifes de coral, 243-4

recompensas imediatas, 28-31, 83
redes sociais, 53, 181-2
Rees, Martin, 18, 60, 106, 117-8, 161, 193, 205
"refaunação", movimento de, 221, 225-6
reflorestamento, 109, 116-7, 229
Reforma, caminho da, 144-8
regenerativa, economia, 209, 211, 232-3, 242
Regra de Ouro ("Faça pelos outros aquilo que gostaria que eles fizessem por você"), 94-5
Reino Unido, 22, 69-70, 84-5, 89, 109-11, 113, 118, 180, 192-4, 206-7, 226; Câmara dos Comuns, 119, 193; Câmara dos Lordes, 118-9, 192; Casas do Parlamento, 119, 120; Comissariado das Gerações Futuras (País de Gales), 18, 191-2; Comitê de Mudanças Climáticas, 206; Comitê de Política Econômica do, 207; Comitê de Política Monetária do Banco da Inglaterra, 206; descoberta do tempo profundo na Inglaterra vitoriana, 54-7; dispositivos de compromisso", 206; *Economics of Climate Change, The* (Stern, relatório de 2006), 84-5; Extinction Rebellion (organização), 22, 89, 148, 159, 169; FutureLab, 247; Grande Fedor (Londres, 1858), 22, 109, 118-9, 120, 123-4, 193; Instituição dos Engenheiros Civis, 122; National Trust, 252; projeto energético das lagoas de maré em Swansea Bay, 84; Rowntree, fábrica de chocolate (Yorkshire), 52; Serviço Nacional de Saúde do, 192; sufragistas do, 111, 114
relacionamento, habilidades de, 246
Relatório sobre o Desenvolvimento Mundial: *Development and the Environment* (1992), 214-5
relatórios trimestrais de empresas, 43
religiões, 43, 50, 94, 97, 105, 151, 245-6, 249-51
relógio, tirania do: relógio comunal, nascimento do, 51; relógio da fábrica, 52-4, 58, 65; *Relógio de 10 mil anos* (Texas), 58-9, 112, 114, 241
remuneração de ceos, 219
Renascença, 167, 202
Renovação de Paris (séc. xix), 108, 112
resiliência, 10, 122, 136, 233
retorno para o acionista, 219
revoltas estudantis (Paris, 1968), 228
revolução agrícola, 32
Revolução Francesa (1789), 228, 245
Revolução Industrial, 52, 58, 155, 227, 249

Índice remissivo

Revolução Verde, 164
revoluções biológicas, 56
Rewilding Britain, 226
Rich, Nathaniel, 28
Rifkin, Jeremy, 54, 158, 224
Riley, Terry: *In C* (composição musical), 242
Rio de Janeiro: Eco-92 no, 139
Riquet, Pierre-Paul, 108
"risco existencial", 15, 45, 89, 144
ritmos cíclicos da natureza, 65, 198
Robinson, Kim Stanley, 238
robôs/robótica, 132, 209; nanorrobôs, 15
Rockström, Johan, 73, 144, 215
Roma Antiga, 26, 60, 132, 141-4, *142*
Romênia, 225
Roosevelt, Franklin Delano, 22
Rothschild, família, 211
Rowntree, fábrica de chocolate (Yorkshire), *52*
Royal Dutch Shell, 137, 139
Royal Society (Edimburgo), 55
Ruskin, John, 103, 125
Rússia, 108, 183, 187; Coleção de Sementes Vavilov, *111*; derretimento do *permafrost* siberiano, 140; Ferrovia Transiberiana, 108

Saffo, Paul, 132
Sagan, Carl, 151, 160
sagas nórdicas, 74
Sagrada Família (catedral de Barcelona), 105
Saijo, Tatsuyoshi, 195
salário de CEOS, 219
Salk, Jonas, 5, 13-4, 67, 79, 133-4, 149, 258
Saltmarshe, Ella, 76
salto cognitivo para o pensamento de longo prazo, 36-42, *38*
san, povos (Kalahari), 154
Sandy, furacão (2012), 232
Santa Lúcia, inundação de (Países Baixos, 1287), 126
São Paulo (SP), 202
Sars, surto de (2003), 9
saúde, sistemas de *ver* assistência médica
Scott, James, 260
Segóvia, aqueduto de (Espanha), 107
Segunda Guerra Mundial (1939-45), 10, 68, 77, 110, *111*, 123, 168, 212
Segunda-Feira Negra (1987), 211
seleção natural, 39, 235
Seligman, Martin, 32-3, 40
Sellers, Peter, 137

sementes, bancos/cofres de, 18, 43, 111, 113
Sen, Amartya, 87
Sêneca, 133
senso de direção de povos nativos, 37
sequoias, 62, *63*, 64, 244
seres humanos *ver* humanidade
Serviço Nacional de Saúde (Reino Unido), 192
sétima geração, 25, 36, 81, 96; ações da, 25; princípio da, 82, 96-100, 171, 177, 198
"Sétima Geração", oficina da (Joanna Macy), 99
Seventh Generation (empresa de produtos de limpeza sustentáveis), 99, 219
"sexta extinção", 16
Shang, dinastia (China), 141
Shell, 137, 139
Sibéria: derretimento do *permafrost* siberiano, 140; Ferrovia Transiberiana, 108
Silo Global de Sementes de Svalbard (Noruega), 18, *111*
sindicatos, 158
"síndrome da mudança da linha de base", 225-6
sioux oglalas, 50
"sistemas adaptativos complexos", 242
sistemas de energia, 223-4
sit-down, protestos, 100
Smil, Václav, 231
Smith, Adam, 227
Smith, Graham, 195
Smith, Hannah, 76
Smith, Richard, 231
"sobrevivência", modo de, 166-8
sociabilidade do ser humano, 39
socialismo de Estado, 167, 220
SoftBank, 209
softwares de código aberto, 222
solar, energia, 118, 121, 223-5, 230, 233, 261
solidariedade intergeracional, 18, 184, 186, 188, 246, 249, 263; Índice de Solidariedade Intergeracional (ISI), 118, 182-88, 199, 201, 263-4
Solnit, Rebecca: *A Paradise Built in Hell*, 168
solo, erosão do, 170
SpaceX, 161
Staffordshire Blue (tijolos), 121
Stapledon, Olaf, 56, 238-9; *Last and First Men: A Story of the Near and Far Future*, 56; *Star Maker*, 238
Steffen, Will, 144, 215

Stern, Nicholas, 85

Stiglitz, Joseph, 198

subsídios: agrícolas, 226; para combustíveis fósseis, 260

Suécia, 118, *185*, 188, 227; Conselho sobre o Futuro, 191; Plantagon (empresa sueca de agricultura urbana), 99; Universidade de Gotemburgo, 186

sufragistas, 17, 111, 114, 158

Suíça, *185*, 201; Abadia Einsiedeln, 250; Fórum Econômico Mundial (Davos), 124, 183

Suméria, 141, 143

Sunrise Movement (EUA), 89

Superflux (estúdio de design anglo-indiano), 242-3

"superinteligência", 162

Suprema Corte das Filipinas, 198

Suprema Corte dos Estados Unidos, 200

Sussman, Rachel: The Oldest Living Things in World (projeto fotográfico), 57

sustentabilidade, 18, 88, 99, 109, 133, 159, 166, 169, 170, 191, 214, 218, 220

Suzuki, David, 97-8, 194, 247

Swansea Bay, lagoas de maré em (Reino Unido), 84

ta moko (tatuagem maori), 75

Tainter, Joseph, 143

Taiwan, 9

Talmude, 95

Tâmisa, rio, 118-20, 124

Tanzânia, 97, 223

taoismo, 231

"tarefa concreta", busca de significado em, 151

teclado QWERTY, 24

tecnolibertação, 153, 160, 164; tecnoconserto, 160, 164; tecnodivisão, 160, 162-4; tecnofuga, 160-1, 164

tecnologia: digital, 45, 53, 211; manipulação e controle social pela, 237; virtual, 244

telefone, 53, 241

telégrafo, 53

telescópio, 62, 65

telos (meta ou propósito supremo), 151-2, 160, 162, 170, 172-3

Tempe (Arizona), câmera de tempo profundo em, 58

tempo: cabo de guerra pelo, 11-46, *23*; cem anos (limiar mínimo para o pensamento de longo prazo), 24-5, 60, 83, 97, 109, 112, 116, 214, 230, 241; conceito cristão, 51 (tempo como "dádiva de Deus"); descoberta do tempo profundo na Inglaterra vitoriana, 54-57; "guerra temporal", 54; humildade diante do tempo profundo, 21, 49-66, 259; pirueta temporal, 42-6; "provocar a rebelião", 175, 177-262; *Relógio de 10 mil anos*, 58-9, 112, 114, 241; "tempo das árvores", 227; "tempo mercantil", 51; "tempo profundo", 36, 49-66, 173, 177, 241, 251, 259; visão cíclica do, 50

terra nullius ("terra de ninguém"), 17

Terra, idade da, 55

"terraformação", 161-2

testamentos, 68-70, 79, 237

teste do marshmallow, 31

Tetlock, Philip, 130

Texas (EUA): *Relógio de 10 mil anos*, 58-9, 112, 114, 241

Thatcher, Margaret, 111, 211

Thich Nhat Hanh (monge zen), 65

Thing from the Future, The (jogo de cartas), 244

Thorp, Jennifer, 103

Thunberg, Greta, 22, 81, 100, 105, 124

Times, The (jornal), 119

Tokugawa, reflorestamento de (Japão), 109, 116-7

Tolkien, J.R.R.: *O senhor dos anéis*, 64

Tóquio, 116, 195-6, 202, 209

Totman, Conrad, 115

Transformação, caminho da, 144-8

transplantes de partes do corpo, 162

transumanista, movimento, 162

Treebeard (árvore fictícia), 64

três caminhos da civilização humana, 140, 144, *145*, 148

Tribunal de Justiça Intergeracional, 89

Trobriand, ilhas, 72

Trump, Donald, 129, 181, 199, 202

tsunami de 2011, 110

Tunísia, 187, 191, 206

"Twittercracias", 181

Uffington, Cavalo Branco de (Berkshire Downs), 251-3

Ulm Minster (Alemanha), 105, 107

União Europeia, 110, 123, 130, 179-80, 182, *203*

União Soviética, 137; Planos Quinquenais, 110, 114

Índice remissivo

Unilever (conglomerado anglo-holandês), 217-8
Universidade da Califórnia em Berkeley, 248
Universidade de Gotemburgo (Suécia), 186
Universidade de Lisboa, 237
Universidade de Stanford: Virtual Human Interaction Lab, 243-4
Universidade do Havaí, 247
Untermensch (ideologia nazista), 164
Ur e Uruk (cidades sumérias), 141
urbanização, 155, 202; planejamento urbano, 108, 115, 183, 196
Uruguai, 184, *185*
usura, 51
utopias, 157-60, 166

Vale do Silício (Califórnia), 218
Valhalla (salão da mitologia nórdica), 74
valores coletivos, 24, 68, 72, 92, 95, 125, 133-4, 146, 199, 218, 235-6, 246-7, 250-1, 258
varíola, 72, 110
Vaticano, 250
Vatnajökull (som de uma geleira islandesa em derretimento), 241
Vavilov (Coleção de Sementes da Rússia), *111*
V-Dem (índice de democracia liberal), 186, *187*
vegetarianismo, 71
"Velho tolo remove as montanhas, O" (história chinesa folclórica), 228
"velocidade de escape da longevidade", 162
Venda, A (distribuição intergeracional de recursos), 87, 89, *90*, 92, 94, 100
Verne, Júlio, 237
videntes antigos e modernos, 128
vikings, 74
Virtual Human Interaction Lab (Universidade de Stanford), 243-4
virtual, tecnologia, 244
Visão de cem anos de sustentabilidade (Vancouver do Norte, Canadá), 109

voto: direito ao, 189, 206; rebaixamento da idade mínima para o, 206; sufragistas, 17, 111, 114, 158
Voyager (espaçonave), 57

Waal, Frans de, 40
Wack, Pierre, 137
Wade-Benzoni, Kimberly, 69
Wallace-Wells, David: *A terra inabitável*, 255
Waterloo, Batalha de (1815), 211
waterschappen (conselhos da água nos Países Baixos), 126
Watson, Jeff, 244
Well-being Economy Governments, 227
Wells, H.G., 19, 56, 146, 237, 255, 260; *A máquina do tempo*, 56
Whaipooti, Julia, 75
whakapapa (conceito maori), 68, 74-6, 78-9, 261
Whanganui, rio (Nova Zelândia), 200
White, Lynn, 249
White Mountains (Califórnia), 64, 244
Whybrow, Peter, 30
WikiHouse, 223
Wilde, Oscar, 157
Wilson, Woodrow, 179
World Wildlife Fund, 240
Wright, Ronald, 154
Wrigley, Tony, 155
Wykeham, William de, 103-4

Xi Jinping, 229, 231
xoguns, 116-7

Yellowstone, Parque Nacional (EUA), 109, 226
yin e yang (conceito taoista), 231
YouTube, 53

Zamiátin, Ievguêni: *Nós*, 237
Zeldin, Theodore, 258
zen, 65
Zeus (divindade grega), 67
Zhou Enlai, 228

ESTA OBRA FOI COMPOSTA POR MARI TABOADA EM DANTE PRO E
IMPRESSA EM OFSETE PELA LIS GRÁFICA SOBRE PAPEL PÓLEN SOFT
DA SUZANO S.A. PARA A EDITORA SCHWARCZ EM JULHO DE 2021

A marca FSC® é a garantia de que a madeira utilizada na fabricação do papel deste livro provém de florestas que foram gerenciadas de maneira ambientalmente correta, socialmente justa e economicamente viável, além de outras fontes de origem controlada.